Johann Joachim Eschenburg

Denkmäler altdeutscher Dichtkunst

Johann Joachim Eschenburg

Denkmäler altdeutscher Dichtkunst

ISBN/EAN: 9783742894465

Hergestellt in Europa, USA, Kanada, Australien, Japan

Cover: Foto ©Thomas Meinert / pixelio.de

Manufactured and distributed by brebook publishing software
(www.brebook.com)

Johann Joachim Eschenburg

Denkmäler altdeutscher Dichtkunst

DENKMÄLER

ALTDEUTSCHER DICHTKUNST

BESCHRIEBEN UND ERLÄUTERT

VON

JOHANN JOACHIM ESCHENBURG

HERZOGL. BRAUNSCH LÜNEBURG. HOFRATHE,
KANONIKUS DES STIFTES ST. CYRIAKUS, UND
PROFESSOR DES COLLEGII CAROLINI
ZU BRAUNSCHWEIG.

BREMEN
BEI FRIEDRICH WILMANS
1799.

SEINEN

UND

DER VATERLÄNDISCHEN DICHTKUNST

·EHRWÜRDIGSTEN FREUNDEN

GLEIM und KLOPSTOCK

GEWIDMET.

VORBERICHT.

Seit mehrern Jahren fand ich in dem Studium der ältern deutfchen Literatur angenehme Befchäftigung und Erholung für meine Nebenftunden; und von Zeit zu Zeit theilte ich den Erfolg meiner Unterfuchungen und gelegentlichen Entdeckungen in verfchiedenen Zeitfchriften dem deutfchen Publikum mit. Der Glieder diefes letztern find freilich nicht gar viele, die an Gegenftänden diefer Art lebhaftes Interefse nehmen; indefs fcheint fich ihre Anzahl doch während der letzten Jahrzehnde vermehrt, und die Liebe zu den Alterthümern vaterländifcher Literatur keinen unbeträchtlichen Zuwachs erhalten zu haben. Diefe mir erfreuliche Bemerkung, und der bei

mir immer reger gewordne Wunfch, zur Ver-
breitung diefes Studiums mitwirken zu kön-
nen, vereint mit dem Beifall, welchen Män-
ner von Anfehen meinen Bemühungen fchenk-
ten, wurden mir Ermunterungen, jene zer-
ftreuten Auffätze wieder zur Hand zu nehmen.
Verbeffert und durch manche Zufätze erwei-
tert geb' ich fie alfo hier in einer Sammlung,
die aufserdem noch einige neue und fpäter
entworfene Beiträge zur altdeutfchen Dichter-
literatur enthält. Sollte diefe Sammlung Bei-
fall finden, fo bin ich nicht abgeneigt, fie fort-
zufetzen, und künftig mehr dergleichen For-
fchungen mitzutheilen, deren Stof in meinen
Händen, und zum Theil fchon wirklich verar-
beitet ift.

Bei denen Stücken diefer Sammlung, wel-
che fchon ehedem, obgleich minder vollftän-
dig, im Druck erfchienen find, ift in folgen-
der Inhaltsanzeige ihre erfte Bekanntma-
chung nachgewiefen; die übrigen werden hier
zum erftenmal geliefert:

I.

ÜBER

DAS RITTERGEDICHT

WIGAMUR.

I.

ÜBER

DAS RITTERGEDICHT
WIGAMUR.

Unftreitig macht das Zeitalter der fogenannten
Minnefinger in der Gefchichte unfrer ältern
vaterländifchen Dichtkunft die glänzendfte Epoche.
Dafs wir mit diefem Zeitalter und den erheblich-
ften dichterifchen Werken deffelben weniger unbe-
kannt find, verdankt man immer noch vorzüglich
den patriotifchen Bemühungen Bodmer's und
Breitinger's, und ihrer Herausgabe der foge-
nannten Maneffifchen Sammlung. Auch hat
man dem erftern verdienftvollen Gelehrten, feinen
Abfchriften und Ermunterungen, es vornehmlich
zu danken, dafs die anfehnliche, von dem Profeffor
Müller zum Druck beförderte Sammlung von
Gedichten diefes Zeitpunkts den Vorrath jener Ue-
berrefte fo anfehnlich bereichert hat. Bei dem Al-
len aber ift das Studium diefer Dichter felbft und
ihrer auf uns gekommenen Werke noch lange fo
ausgebreitet nicht, als es zum Vortheil unfrer Li-

teratur, unfrer Sprache und Dichtkunft, billig
feyn follte und zu feyn verdiente. Unfer vereh-
rungswürdiger G l e i m hat durch feine fchon vor
mehrern Jahren bekannt gemachten glücklichen
Nachahmungen und Umbildungen des leichtern
Minnefanges auf die Arbeiten diefer Dichter und
ihre Vorzüge aufs neue hingewiefen; und feitdem
haben andre würdige Männer, in der B r a g u r,
und andern periodifchen Schriften, theils den Cha-
rakter diefer Dichterklaffe näher beftimmt, theils
fich mit Nachbildung oder Erklärung ihrer Ueber-
refte befchäftigt.

Auch hat man mancherlei Vorfchläge zu ihrer
gröfsern Verbreitung gethan, und manche würdige
Männer hielten ihre Umänderung, die Verwand-
lung der alten Wortfügung diefer Gedichte in unfre
heutige, und der veralteten Ausdrücke in neuere,
für das fchicklichfte Mittel dazu. Ich geftehe mei-
nen Zweifel, ob diefe Verfahrungsart für das Befte
unfrer Sprache und Literatur rathfam und zuträg-
lich feyn würde. Denn, nicht zu gedenken, dafs
eine Umkleidung diefer Art, mit aller möglichen
Schonung und Mäfsigung unternommen, am Ende
doch nur Zwitterformen hervorbringen möchte; fo
fcheint mir auch ein grofser Theil der Originalität
jener alten Sänger in ihrer Sprache, und felbft in
folchen Ausdrücken derfelben zu liegen, die uns
Neuern faft gänzlich fremd geworden find. Und
um die Bereicherung unfers Sprachvorraths, wozu
diefe alten Ueberbleibfel eine fo ergiebige Quelle

öffnen, wär' eſ dann, bei einer ſolchen Umände-
rung, faſt ganz geſchehen.

Weit dienlicher, denk' ich, würde der treue
Abdruck des Textes in ſeiner urſprünglichen Ge-
ſtalt, und die Hinzufügung kurzer Spracherklärun-
gen und Gloſſarien für den gröſsern Theil der Leſer
ſeyn, denen alsdann die Sprache der Minneſinger,
theils durch dieſe Hülfen, theils durch öfteres und
fortgeſetztes Leſen, und durch öftere Wiederkehr
der nämlichen Wörter und Redensarten, gar bald
verſtändlicher werden müſste. Bei den von Bod-
mer herausgegebenen *Proben der alten ſchwäbi-
ſchen Poeſie* und den ſogenannten *Fabeln aus den
Zeiten der Minneſinger* iſt in dieſer Abſicht ſchon
manches, bei der Maneſſiſchen und Müllerſchen
Sammlung hingegen, einige wenige daraus entlehnte
Stücke ausgenommen, noch gar nichts gethan.*)

Kenner unſrer Literatur wiſſen ohne mein Er-
innern, daſs auſser den bisher gedruckten Gedich-
ten jener Epoche noch viele in Handſchriften vor-
handen ſind, von denen man zum Theil nur aus
literariſchen Nachweiſungen Kunde 'hat. Es wäre
zu wünſchen, daſs man von dergleichen Gedichten
eine vorläufige Nachricht und Beſchreibung ertheil-
te, die in manchen Fällen ſchon hinreichen könn-

---

*) Nur Ein gröſsers Rittergedicht dieſes Zeitpunkts iſt bis-
her mit allen den hier erforderlichen Rückſichten bear-
beitet und kommentirt worden, der *Iwain des Hartmann
von Owe*, mit Ueberſetzung, Anmerkungen, und einem
Gloſſarium von *Karl Michaeler;* Wien, 1786, 2 Bün-
de. 8.

ten, vornehmlich wenn der poetifche Werth der-
felben nicht ganz vorzüglich wäre. Solch einen
Beitrag will ich denn auch hier von einem bisher
noch völlig unbekannten alten Rittergedichte mit-
theilen.

Diefes Gedicht, mit der Auffchrift: Vom Rit-
ter Wigamur, befindet fich unter den Hand-
fchriften der herzoglichen Bibliothek zu Wolfen-
büttel. Ihr ehemaliger Auffeher, Leffing, mach-
te mich zuerft damit bekannt. Die Handfchrift
füllt einen etwa zwei Finger dicken Quartband,
und ift auf ftarkes Papier gefchrieben, mit Schrift-
zügen, die fpätftens aus der erften Hälfte des funf-
zehnten Jahrhunderts zu feyn fcheinen, leicht aber
auch noch älter feyn mögen. Das Gedicht felbft
ift ohne Zweifel wenigftens fchon um hundert Jahr
früher verfertigt; wenn gleich die Sprache bei die-
fer fpätern Abfchrift verändert und verneuet zu feyn
fcheint, und daher nicht ganz mit der Sprache und
Rechtfchreibung der Gedichte des Maneffifchen Ko-
dex übereinftimmt. Die gemalten Figuren, mit
welchen diefe Handfchrift häufig verfehen ift, be-
deuten wenig; fie find fchlecht gezeichnet und fehr
nachläffig ausgeführt. Oben auf der erften Seite
fteht folgende Ueberfchrift ftatt des Titels:

Hie vacht fich an das puch Wigamurs
Des ritters mit dem adler der bey künig
Artus was vnd an der tafelrunde fafs.

Und daneben ftehen, nach einem Zeichen der Ab-
fonderung (⊄) die Worte: gar ein Schönes.

Der Held diefes Gedichts gehört, wie fchon die
Auffchrift andeutet, zu den Rittern der berühmten
Tafelrunde an dem fabelhaften Hofe des Königs
Arthur oder Artus. Sein Name ift wohl un-
ftreitig aus dem altdeutfchen Worte wigen oder
wigan, Krieg führen, gebildet, von Wig, wel-
ches Krieg bedeutet, und wovon auch Wigant,
oder Weigant, ein Kriegsheld, herkommt, und
aus dem franzöfifchen Worte amour, welches,
Amur gefchrieben, fich mehrmals, einzeln und
zufammengefetzt, in den alten deutfchen Ritter-
büchern findet. Der Name Wigamur felbft aber
ift mir bisher noch nicht anderswo vorgekom-
men, *) als in einem Gedichte des Tanhufer, in
der Maneffifchen Sammlung, Th. II. S. 62, wo die-
fer Dichter die Vorzüge feiner Geliebten vor an-
dern Schönen rühmt, die bei den Alten und in den
Rittererzählungen der Neuern gepriefen werden,
und unter andern fagt:
> Her Wigamur da vor Camvoleis
> Wol tet ers als wir han vernomen.

Fs gab mehrerlei Bearbeitungen der Gefchichte des
Königs Artus und feiner Tafelrunde, in ausländi-
fchen fowohl, als in deutfchen Reimen, und man-
cherlei Romane, in welchen die Thaten einzelner
Ritter feines Hofes befungen wurden, in deren Zahl
auch der gegenwärtige gehört. Vermuthlich hatte

*) In dem Verzeichniffe der Ritter von der runden Tafel,
welches im *Théatre d'honneur et de chévalerie* des *Vul-
fon de la Colombiere*, T. I. p. 136 ff. befindlich ift,
wird kein Wigamur genannt.

der deutfche Verfaffer, wie das meiftens bei unfern
alten romantifchen Sängern der Fall war, ein aus-
ländifches, vielleicht provenzalifches Rittergedicht
gleichen Inhalts bei feiner Arbeit zur Hand; ob
es mir gleich bisher noch nicht geglückt ift, diefe
Quelle ausfündig zu machen. Sie vorauszufetzen,
veranlaffen mich gleich die erften Zeilen:

> *Wir lefen jn den puchen*
> *Der es kan dar jn fuchen*
> *Manig feltzam mere*
> *Wie das ain künig wäre u. f. w.*

Ich will jetzt den Inhalt des Ganzen, und eini-
ge Verfe daraus, dem Lefer vorlegen, und die letz-
tern mit einigen Spracherklärungen begleiten.

Es war ein König, Namens Paltriot, der zu
Lendrie regierte, und fich durch feine vortheil-
hafte Geftalt, durch feine Tugend und ritterliche
Tapferkeit, grofsen Ruhm erwarb. Seine Gemah-
lin war feiner würdig, und die Schönfte im Lande.
Sie hatten einen Sohn, den fie Wigamur nann-
ten. Der König Artus fandte zum Paltriot,
und liefs ihn famt feiner Gemahlin zu fich einladen,
um bei Turnieren und andern Spielen gegenwärtig
zu feyn, welche zu Karidol *) follten gehalten
werden. Sie zogen mit einem anfehnlichen Gefolge

---

*) *Le Grand* bemerkt bei den von ihm herausgegebenen
Fabliaux et Contes, T. I. p. 16. ed. in 12., dafs die Ritter-
dichter dem Könige Artus vier Städte geben, wo die
meiften Abentheuer ihren Anfang nahmen: Carama-
lot, wo die berühmte runde Tafel war, Carlion, Ca-
radigan und Carduel. Die letztere ift es vermuth-
lich, die hier Karidol heifst.

dahin, und wurden fehr ehrenvoll und freundfchaft-
lich empfangen. Es war dort eine Hochzeitfeier,
die einen Monat und eine Woche lang dauerte:

> *Die waren fie do alle*
> *Mit frölichem fchalle*
> *Wan jn da nichts gebraft* [1])
> *Er wär fründe oder gaft*
> *Den ward allen vorgetragen*
> *Als jr das mer* [2]) *hörent fagen*
> *Das yemant kunt erdenken*
> *Auch traten die fchenken*
> *Vor dem tifch manigen wank* [3])
> *Wein vnd lautter trank* [4])
> *Siroppel vnd auch marras* [5])
> *Des waren da die gold vafs* [6])
> *Voll zu allen ftunden*
> *Das die Tafelrunden*

[1]) gebrach, mangelte.

[2]) Das Mähr, die Gefchichte.

[3]) bewegten fich oft hin und her. So führt Frifch die
Redensart an: keinen Wank thun, d. i. unbeweg-
lich da ftehen. Beim Ottfried fteht Wank mehr-
mals für Zweifel.

[4]) Lauteres, unvermifchtes Getränk. Vielleicht auch eine
befondere Art von Getränk, dergleichen man auch fonft in
Hamburg unter dem Namen Luterdrank verfertigte,
der bei Hochzeiten und Kindtaufen gefchenkt wurde.

[5]) Nach der Bemerkung eines Ungenannten, der im *Deut-
fchen Mufeum* v. 1779, B. II. S. 449. einige Wörter diefes
von mir dort zuerft bekannt gemachten Gedichts erklär-
te, ift Marras vermuthlich Kirfchwein, von dem
lateinifchen Worte marasca, eine faure Kirfche. So
heifst jetzt noch der Kirfchbranntwein Marasquin.
Vergl. *Scherzens Gloffar von Oberlin*, unter ma-
rat, marras und moras.

[6]) Die goldnen Trinkgefäfse.

Auch mocht man da fchawen
Vil manig fchöne frawen
Mit rofen rotem munde
Mit fleyffe fchön gepunden [7])
Mit lachenden augen liecht.

Nachdem diefes Feft geendigt war, gieng König
Paltriot nach Lendrie zurück. In feiner Gefell-
fchaft war der König von Karthafyg; und bei ih-
rer Rückkehr erfuhren Beide einen traurigen Vor-
fall, der fich während ihrer Abwefenheit eräug-
net hatte. Ein wildes Weib, **Lespia** genannt, die
in dem Lande wohnte, und dem Könige mancher-
lei Schaden zufügte, hatte den jungen **Wigamur**
aufgefangen und mit fich ins Meer getragen. Dort
pflegte fie feiner, und erzog ihn mit zwei Töch-
tern, deren eine fie ihm einft zur Gattin beftimmte.
Sie hatte einen hohlen Stein im Meere zu ihrem Auf-
euthalte; ihre Speife waren Fifche und wilde Thiere.
Eines Tages geht diefes Meerweib *) auf Raub aus,
und fängt ein Meerwunder von ganz feltfamer Ge-
ftalt, mit einem Menfchenkopfe, bedeckt mit Bor-
ften ftatt des Haars, mit langem grünfarbigen Barte,
mit Schuppen an den Brüften, zwei Rinderfüfsen,
u. f. f. Diefes Ungeheuer bindet fie mit einem lan-

---

7) mit fchönen Bändern gefchmückt.

*) Dichtungen diefer Art find in den alten Ritterromanen,
befonders in diefer Klaffe derfelben, die zur Gefchichte
der Tafelrunde gehören, nicht ungewöhnlich. In dem
alten englifchen *Morte Arthur* kommt die *Lady of the
Lake* fehr oft vor, und verübt viel Zauber und Wunder.
Vergl. *Warton's Obff. on Spenfer's Fairy Queen*, Vol. I.
p. 27 ff.

gen Riemen, und fchleppt es fo in ihre Höhle, weil
es ihr vor wenig Tagen ihren Mann getödtet hat.
Gebunden liegt es dort in einem Winkel; und fie
befiehlt den Kindern, ihm nicht zu nahe zu kom-
men. Sie felbft eilt jetzt in einen Wald, wo ihre
beiden Brüder fich aufhalten, um diefen von ihrem
Fange zu erzählen. In dem Walde jagt eben der
König Paltriot. Das wilde Weib begegnet ihm,
und läuft vor den Hunden:

> Da pliefs er an den ftunden
> Der kunig das horn kreftiklich
> Ermant die hundt gar fraifslich [1]
> Vil vafte [2] auf die fart
> Die rofs wurden nicht gefpart
> Die jäger ritten auf jr fpar [3]
> Die hundt trieben fie an ain ftat dar [4]
> Da fie nicht mocht empflichen [5]
> Sie tüten fie vmbziehen
> Jr ward gefchoffen ain zain [6]
> Mit ainem pogen durch ain pain
> Da muefs fy beleyben da
> Gern wer fy gewefen anderfwa.

Man nimmt fie alfo gefangen, und bindet ihr die
Hände. Der König droht ihr, fie für den Raub fei-

---

1) fchrecklich, von Fraifs, Schrecken, Graufen. Siehe
   Frifch und Adelung.
2) vil vafte für faft viel, oder gar fehr.
3) Spur.
4) an eine Stelle.
5) entfliehen.
6) Ein Zain bedeutet fonft eine Ruthe, einen dünnen Ste-
   cken, und ift mit Zaun verwandt; hier einen Pfeil,
   wie man aus dem Gemälde fieht.

nes Sohnes am folgenden Tage aufknüpfen zu laf-
fen. Die Nacht über wirft man fie in einen finftern
Kerker, und am Morgen führt man fie heraus, um
die gedrohte Strafe an ihr zu vollziehen. Der Kö-
nig läfst ihr die Wahl, entweder diefe Strafe zu dul-
den, wenn fie feinen Sohn umgebracht habe; oder,
im Fall er noch lebe, ihn wieder herbeizufchaffen,
und dann frei zu feyn. Sie wählt das Letzte, und
weif't die Höhle nach, wo man das Kind mit ihren
beiden eignen Kindern finden werde. Man geht
hin, und fieht die Höhle leer;. die Kinder des Meer-
weibes liegen todt in ihrem Blute da, und das ge-
fangene Ungeheuer ift indefs entwichen, und hat
den Sohn des Königs mit fich hinweggenommen.
Ueber diefen Anblick geräth das Weib in die äu-
fserfte Wuth, rennt wider den Felfen, und ftirbt
vor Verzweiflung. Die Boten kehren zurück, und
melden dem Könige, was fie gefehen haben.

Unterdefs erzieht und verpflegt das Meerwun-
der den jungen Prinzen mit der gröfsten Sorgfalt:

> *Er lernt in seiner Kinthait*
> *Tugent vnd gefuglichait* [1] *)*
> *Singen vnd faitenfpil*
> *Vnd auch ander hübfchait* [2] *) vil*
> *Schirmen* [3] *) vnd springen·*
> *Lauffen vnd auch ringen.*

Als er herangewachfen ift, zeigt ihm das Meerwun-
der ein Land, das D o l o y r heifst, und befragt

[1] Gefülligkeit.
[2] hübfche, anftändige Sitten.
[3] fechten, oder den Stofs abwehren.

fhn über feine Abkunft. Wigamur antwortet
ihm, das Meerweib Lespia fey feine Mutter.ge-
wefen, wie fie ihm oft felbft gefagt habe. Diefe
Meinung benimmt ihm das Meerwunder, und läfst
ihm nun völlige Freiheit, zu gehen, wohin es ihn
gut dünkt. Wigamur dankt dem Meerwunder
für die von ihm erhaltene Pflege, und bittet es, ihm
den Weg aus dem Walde zum Aufenthalt der Men-
fchen zu zeigen. Es gewährt ihm feine Bitte, und,
mit Bogen und Köcher verfehen, geht er davon.
Seine Geftalt befchreibt der Dichter fo:

> Nu was er an dem leyb gar
> Weyfe,[1]) fchön vnd herlich
> Wilt, vnd dazu törlich [2])
> Waren die geperde sein
> Ain gut hembt feydein [3])
> Recht weyfs als ain fwan
> Vnd ainen rock trug er an
> Der was auch von seyden gut
> Rot gar als ein plutt.
> Vifchin [4]) was fein pain gewant
> Den pogen trug er in fein hant.

Er findet bald eine Burg vor fich liegen, und geht
darauf zu, als er eine Schaar gewaffneter Ritter aus
dem Walde her auf die Burg losfprengen fieht, um
fie zu beftürmen. Zwifchen ihnen und den Inha-
bern der Burg kommt es zum hitzigen Gefechte,
bis die Angreifenden endlich den Sieg erhalten, die

1) Weifs von Farbe.
2) kühn.
3) ein gutes feidenes Hemde.
4) Seine Stiefeln waren von Fifchhaut.

Burg in Brand ftecken, ihren Befitzer gefangen neh-
men, und weiter ziehen. Das alles fieht Wigamur
in der Ferne voll Verwunderung an, und geht her-
nach näher zu der Burg, wo er viel Erfchlagene in
ihrem Blute liegen und das Gebäude in Flammen
fieht. Unter andern findet er auch ein wohlgefat-
teltes und völlig aufgefchirrtes Rofs. Einem er-
fchlagnen Ritter zieht er die Rüftung ab, legt fie an,
fetzt fich auf das Pferd, hält fich an den Sattelknopf,
weil er nie reiten gelernt hat, und läfst es laufen
wohin es will. Er kommt in das Land zu Dolier,
wo feiner ein Ritter, Glakotheles Floyr ge-
nannt, anfichtig wird, und auf ihn zu reitet. Sie
gerathen an einander, und kämpfen lange, bis
Wigamur endlich feinem Gegner einen Hieb
durch den Helm verfetzt, und ihn zu Boden wirft.
Diefer erklärt fich für befiegt, bittet um fein Leben,
und erbietet fich, fein Mann zu werden und ihm
zu dienen. Wigamur begreift das nicht, wie
er fein Mann werden wolle, da er kein Weib fey.
Jener erklärt es ihm:

Wer des andern man werden sol
Der mufs vil schön vnd wol
Im pietten die hende sein
Als, Herr, ich thün dye mein
Er sol jm dan sein mit trew vndertan
Dauon hayffet er sein man
Und hayffet er sein Herre
Er kumpt nie so ferre
Er sol jm doch mit ftattikait
Vnd mit trewen wefen layd

Auch sulle der herr meren
Dem man sein gut mit eren
So sind vngeschaiden
Jr trew bey jn bayden.

Wigamur erzählt ihm darauf von der Belage-
rung und Zerſtörung der Burg, die er mit angeſe-
hen hat, und fragt ihn, wer die Zerſtörer geweſen
ſeyen. Jener ſagt ihm, der Wirth oder Inhaber der
Burg ſey der König von Pontrafort, der viel
Bübereien und Mordthaten verübt und die Strafſe
unſicher gemacht habe. Um dieſem Unweſen zu
ſteuern, habe man ſich auf Befehl des Königs ſei-
ner bemächtigt, und morgen werde er erhenkt wer-
den. Durch dieſe Erzählung geräth Wigamur
in die Beſorgniſs, auch dieſer Ritter werde, wenn
er ihn ziehen laſſe, ſich künftig an ihm zu rächen
ſuchen; dieſer betheuert ihm aber das Gegentheil
feierlich und mit einem Eide. Wigamur verlangt
nicht ſeine Schwüre, ſondern nur ſeine Freund-
ſchaft. Sie nehmen darauf von einander Abſchied,
und ſetzen ſich wieder zu Pferde. Wigamur's
Pferd trägt ihn wieder nach der zerſtörten Burg zu-
rück. Am Eingange derſelben findet er eine klei-
ne Kammer, wo des Wächters Weib gewohnt hatte.
In dieſelbe führt er ſein Pferd, und findet darin
einen Schrank mit Futter für daſſelbe, auch zwei
Brodte zu ſeiner eignen Nahrung. Er entſchlieſst
ſich, die Nacht über hier zu bleiben. Indem er ſich
darauf in der Burg weiter umſieht, findet er eine
ſchöne Jungfrau, einſam da ſitzend. Er fragt ſie,

wer fie fey, und was fie hier mache. Ihr Name,
erwiedert fie, fey P i o l e s, und fie beweine ihr
Schickfal. Sie fey eine Königstochter, und mit ei-
nem Könige verlobt gewefen, aber von dem Wir-
the der Burg gewaltfam aufgehafcht und entführt
worden. Durch diefe Erzählung wird W i g a m u r
fehr gerührt, und heifst fie mit ihm in das Haus ge-
hen. Dort erzählt er ihr fein Abentheuer mit dem
Ritter, und gefteht feine Ungefchicklichkeit, das
Pferd abzuzäumen und feinen Harnifch loszufchnal-
len. Die Jungfrau thut ihm beides, und wäfcht
ihm den Roft des Eifens ab:

> *Da was er den rofen gleich getan*
> *Sie sah wol das er was von fchoner art*
> *Die schon magt von jm da wardt*
> *Vergeffen jrs laydes ain tayl*
> *Vnd an aller schlacht schanden mayl* *)
> *Belayben fye die nacht nu.*

Am Morgen will W i g a m u r davon reiten; aber
die Jungfrau bittet ihn, fie nicht zu verlaffen. Er
verfpricht ihr, wiederzukommen. Sie hilft ihm fein
Pferd aufzäumen und den Harnifch anlegen; und
gerührt fcheiden Beide von einander. — Der Dich-
ter mifcht hier eine Betrachtung über die wunder-
fame Fügung Gottes ein, welche diefe beiden Per-
fonen zufammenbrachte, um beiden aus ihrer Ver-
legenheit zu helfen.

Wiga-

---

*) Ohn' irgend eine Art Schande oder Befleckung.

W i g a m u r fchiefst einen Fafan, und bringt ihn der Jungfrau zurück, die ihn zubereitet und mit ihm verzehrt. Am folgenden Morgen reitet er wieder aus, verliert fich im Gehölz, und kommt auf einen fchmalen Fufsfteig, der einen Berg hinan führt, auf dem eine Burg liegt. Vor dem Thore derfelben fteht ein Zwerg.

In der Handfchrift fehlt hier ein Blatt; und das folgende fängt mit der Befchreibung eines Brunnens oder eines Bades an, das aus einem wundervollen Steine gemacht war, deffen Farbe dem Auge immer röther fchien, je länger es auf ihm verweilte: -

> *Sieht jn ain man an dem tag*
> *So er bey frawen ift gelegen*
> *Vnd der mynn hat gepflegen*
> *Er tuncket jn drueb als ain rauch.*

Unter andern befitzt diefer Stein auch noch die Kraft, dafs, wer ihn trägt, und fich dabei der Tugend und Sittfamkeit befleifsigt, vor allen Unfällen durch ihn gefichert wird; wer hingegen falfch und treulos ift, dem-fchafft er keinen Nutzen. In diefen Stein waren zwei filberne Röhren geleitet, die eine mit warmen, die andere mit kaltem Waffer, welches aus zwei verfchiedenen Brunnen oder Quellen herbeifilofs. Rings umher ftanden viele Fruchtbäume, die den Stein befchatteten. Die Ebene war mit Gras und Blumen, mit Rofenftöcken und Weinreben gefchmückt, die in einen goldnen Reif geflochten, und wie eine dichte Hecke über den Stein

B

her gezogen waren. Durch den Gefang der Nach-
tigallen wird diefer Luftort noch verfchönert:

> *Aug vnd or hetten da*
> *Waide vnd wunne baide*
> *Das aug feine waide*
> *Das or seine wunne*
> *Da was fchatt vnd funne*
> *Der Luft vnd die winde*
> *Senft vnd linde.*

So bald ein Falfcher und Treulofer in diefem Steine
badet, wird er krank, bleich und kraftlos; den
Tugendhaften hingegen erquickt der Gebrauch die-
fes Bades, macht ihn froh und kühn, und fichert
ihn auf einen ganzen Monat vor allem Unfall.
Wigamur bedient fich diefes Bades, und geniefst
dabei der beften Aufwartung. Hernach wird er
zur Tafel gezogen, und nach derfelben fragt ihn
der Wirth, wer er fey. Er erzählt ihm feine Ge-
fchichte. Am folgenden Tage wird ein Turnier ge-
halten, und unfer Ritter erhält dazu von feinem
Wirthe die rolle Rüftung. Er giebt Proben feiner
Tapferkeit, erwirbt fich Ruhm und Achtung, bleibt
einen Monat lang an diefem Hofe, und bittet nach
Verlauf deffelben um Urlaub, weil er nach Kari-
dol gehen will, wovon er viel Rühmens gehört
hat. Vergebens fucht ihn der Fürft zu bereden,
fich länger an feinem Hofe zu verweilen; fein Ver-
langen nach mehr Abentheuern ift zu grofs; er rei-
tet davon, und erhält bei feinem Abfchiede ein köft-
liches zweifchneidiges Schwert zum Gefchenke.

Zuerft kommt er in ein Land, das Stollepu-
tria heifst. Indem er hier durch einen Wald rei-
tet, und fein Pferd an einen Berg hinan zieht, er-
blickt er einen Adler auf einem hohen Baume, der
feinen Jungen in ihr Neft Speife bringt. Unterdefs,
dafs er weggeflogen ift, raubt ein Geier eins von
feinen Jungen, fliegt davon, und frifst es auf; kehrt
darauf zurück, um ein zweites zu holen, wird aber
von dem Adler angetroffen, der ihm Widerftand
thut. Wigamur fchiefst nach dem Geier und
tödtet ihn. Der Adler fliegt darauf ihm entgegen,
und giebt ihm feine Dankbarkeit durch Zeichen zu
verftehen. Er reitet weiter, und der Adler folgt
ihm nach. Die Nacht über kehrt er in eine Burg
ein, reitet Morgens wieder aus; fchon erwartet
ihn der Adler, und begleitet ihn aufs neue. Das
gefällt dem Ritter, der ihm Brod zur Erkenntlich-
keit reicht, und Vögel für ihn erlegt.

Eines Tages begegnet ihm eine Jungfrau auf ei-
nem weifsen Maulthiere, welches fehr köftlich auf-
gefchirrt ift; fie felbft ift reich und prächtig geklei-
det. Wigamur fragt fie, was ihr Wille fey,
oder woher fie komme. Sie klagt ihm das Unrecht,
das ihr von einer Muhme zugefügt werde, die fie
um all ihr Gut und Ehre bringen wolle, vornehm-
lich auch um einen Brunnen und eine Linde, beide
von wundervoller Art:

Ain vil groffe linden fchön
Die ift allzeit grün
Summer vnd auch winterzeit

B 2

Als ferr als fie fchatten zeyt
Da felt weder reyff noch fchnee
Darumb ftand pluemen vnd clee
Die werden zu kainer zeyt fal
Da haben die vogel groffen fchall
Vnd singen da wol mit preyfs
Mit gantzem luft, mit groffer weyfs
Bey der linden das ift war
Da entfpringt ain prun lauter vnd clar
Der eyfskalt gut vnd rain
Vnd springet aufs ainem ftain
Alle felde vnd auch gute
Vfs jm von natur plutte
Wer jn trinket drey ftundt
Der ift allwegen gefundt.

Aufser diefer wohlthätigen Kraft hat diefer Brunnen
auch noch die Eigenfchaft, den, der aus ihm trinkt,
immerfort jugendlich zu erhalten, und Jedem fo zu
fchmecken, wie ers gern hat.

Er ift weyn so ainer weyns gert
Wil er met, so ift er auch gewert
Dem aber ftat sein danck
Dem ift er maras vnd lauter tranck
Vnd fo wandelt er fich zu aller ftundt
Ainem yglichen nach feinem mund.

Zehn Jahre lang, fagt die Jungfrau, habe fie die-
fen Brunnen in Befitz gehabt, und nun wolle ihre
Muhme mit Gewalt fie deffen berauben. Zur Ent-
fcheidung der Sache fey bei Hofe zu Karidol ein
Zweikampf angefetzt, und jetzt fuche fie einen Rit-
ter, der für fie den Kampf übernehme, und dem
fie für den Sieg die gröfsten belohnungen und die

Herrfchaft in ihrem Lande geben wolle. Unfern Ritter bittet fie fufsfällig, fich ihrer anzunehmen; und er läfst fich dazu erbitten. Sie reiten mit einander fort, und bringen die Nacht auf dem Schloffe der Jungfrau zu. Der Adler begleitet den W i g a m u r überall, und er wird daher nicht mehr anders genannt, als der R i t t e r mit dem A d l e r.

Begleitet von einem anfehnlichen Gefolge ziehen Beide nach Karidol, und werden vom Könige A r t u s wohl aufgenommen. Am folgenden Morgen ftellt fich auch die Muhme der Jungfrau ein, A f f r o f y d o n e genannt; mit ihr kommt ein Kämpfer, Namens D y a r t o r f o r g r a n t, der aus Triafoltrifertrant gebürtig ift. Der König heifst die Schranken errichten und den Zweikampf beginnen. Beide Ritter halten fich tapfer:

> *Sy waren bayde lobeswert*
> *Jnn erclungen offt dye schwert*
> *Von schlegen in den handen*
> *Den kuenen weyganden*
> *Warn verhauen jre schilt*
> *Groffer schleg warn fy milt* [1])
> *Ainer ftach der ander schlug*
> *Des trieben sy bayd do genueg*
> *So ainer drang, der ander sprang,*
> *So ainer hanck, der ander wanck,* [2])
> *Des ,tryben sy an die ftund*
> *Das jr kainer nicht enkundt*
> *Vor muede mer geftan.*

[1]) Sie waren mit fchweren Hieben nicht fparfam.
[2]) Diefs erklärt der oben gedachte Ungenannte — vermuthlich Herr Hofrath K a t z n e r in Stuttgard — fo: wenn

Der König thut den Parteien den Vorſchlag, ſich in Güte zu vergleichen; aber die Muhme der Jungfrau iſt dawider, und die Kämpfer müſſen aufs neue den Streit beginnen. Sie fechten tapfer bis aufs Blut; keiner aber wird des andern Meiſter. König, Artus thut ihrem Kampfe noch einmal Einhalt und räth zum Vergleich. Dieſer aber wird wieder nicht angenommen; ſie machen alſo den dritten Gang, und Wigamur ſchlägt endlich ſeinem Gegner das Schwert aus der Hand, und wirft ihn zu Boden. König Artus thut darauf den Ausſpruch, der Jungfrau ſolle ihr Erbtheil wieder eingeräumt werden, auch ſolle ſie ihre Leute und ihr Land zurück erhalten, ſamt hundert Mark Goldes und zweihundert Mark für den ſieghaften Kämpfer. Die Jungfrau will noch auſserdem dieſem letztern Baum, Brunnen und Land zur Erkenntlichkeit geben; er ſchlägt aber Alles aus, und bittet blofs um ihre und des Königs Huld.

Bald hernach erhält König Artus die Nachricht, es ſey ein Königreich erledigt, welches er wieder zu verſchenken habe. Er läſst daher ein Turnier anſtellen, um dem Sieger in demſelben dieſes Königreich zu ertheilen. Es verſammelt ſich dazu eine zahlreiche Menge Ritter. Unter ihnen

der Eine zum Stofs oder Hieb ausfiel, vor ſich hing, ſo beugte der Andre ſich zurück. So, wie der vorhergehende Vers ſagt, dafs, wenn der Eine eindrang, oder ein paar Schritte vordrang, der Andre um ſo viel Schritte zurückgeſprungen ſey.

allen aber ist **Wigamur** der tapferste, und die erledigte Krone wird ihm einmüthig zuerkannt. Er lehnt fie aber ab, weil feine Abkunft bisher noch nicht bekannt fey, und es ihn Pflicht und Beruf düuke, bis zur Entdeckung derfelben als irrender Ritter umherzuziehen, und neue Abentheuer auf‹ zufuchen. Der König wundert fich über diefe Denkungsart, mufs aber feinem Verlangen endlich nachgeben, und fchenkt ihm ein prächtiges Rofs. Auch die Einladung des Königs, noch eine Zeit lang an feinem Hofe zu bleiben, fchlägt **Wigamur** aus. Die Königin **Eydes**, für deren Recht er gefochten hat, macht dem Könige **Artus** ein Gefchenk mit einem grofsen, reich geftickten Gezelte, und be‑ urlaubt fich gleichfalls von feinem Hofe. Unfer Ritter begleitet fie auf ihrem Rückzuge. König **Artus** folgt ihnen mit feinen Rittern. Sie kom‑ men auf eine fchöne grüne Ebene, die dem Könige fo wohl gefällt, dafs er fich entfchliefst, vier Wo‑ chen lang da zu bleiben, alle Ritter und Frauen der dortigen Gegend zu fich einzuladen, und die Zeit mit lauter Ergötzungen und mancherlei Luft‑ barkeiten hinzubringen:

> *Da die hochzeit *) ward*
> *Die wagen tetten manig fart ·*
> *Die speyfe vnd wein trugen*
> *Die gezelde fy auffchlugen*

---

*) **Hochzeit** hatte vordem, wie bekannt, eine allgemei‑ nere Bedeutung als jetzt, und wurde von allen grofsen Hoffeierlichkeiten und Freudenfeften gebrauoht.

Jn ainen anger für den wald
Da floſs ein prunnen lautter vnd kalt
Auch ſungen wol zu preyſſe
Die vogel auf dem reyſſe
Da war kürzweyl groſs
Daſs nyemant da verdroſs.

Zwölfhundert Ritter verfammeln ſich hier, und
werden von dem Könige ſtattlich bewirthet. Eines
Tages, indem ſie zur Tafel ſitzen, kommt eine
Jungfrau geritten, die ſehr prächtig gekleidet, und
deren Pferd ungemein reich aufgeſchmückt iſt. Sie
wird ſehr freundlich empfangen, ohne daſs man
weiſs, wer ſie ſey. Ihre Schönheit ſetzt Jedermann
in Erſtaunen und Entzücken:

Mancher iwunſcht, vnd wer ſy mein
Das wolt got vnd ſolt es ſeyn
Welcher ſolt ſchneyden das prot
Dem was zu ſehen als not
Das er ſchnayd in die handt
Das er ſein nicht empfandt
Wer da ſolle trinken
Der liefs es auch nyder ſinken
Das er ſich ob dem tiſch begoſs
Sy wurden alle ſynloſs.

Die Jungfrau geht zu der Königin, und meldet ihr
den Beſuch ihrer Frau, der Königin von Holdra-
fluſs, Yſope, auf den folgenden Tag, und
kehrt, nachdem ſie dieſes Gewerbe angebracht hat,
wieder zurück. Morgens darauf reiten die Ritter
von der runden Tafel jener Königin entgegen, die
mit einem prächtigen Gefolge daher zieht. Unter-
weges läſst ſie ſich mit Wigamur in eine Unter-

redung ein. Sie wird darauf vom König Artus
freundlich bewillkommt und anfehnlich bewirthet.
Nach der Tafel klagt fie ihm, der Sarazenenkönig
Marro'ch bewerbe fich um ihre Hand, und weil
fie ihm diefelbe verweigre, drohe er, fie zu bekrie-
gen, und ihr Land und Eigenthum zu rauben. Sie
bittet daher den König, dafs er ihr feine Ritter zum
Beiftand und Schutze mitgeben möge. Artus ge-
währt ihr diefes Gefuch, und fie zieht wieder heim.
Die Ritter verfammeln fich; und drei von ihnen,
Unargk, Balban und Wigamur, werden als
Kundfchafter (Wartmänner) vorausgefchickt.
Sie finden, dafs fich das feindliche Heer bei der
Stadt Narbiart gelagert hat; und in der Nähe
diefer Stadt begegnen ihnen drei der tapferften Krie-
ger jenes Heers, welche gleichfalls als Kundfchaf-
ter ausgefandt find. Diefe reden fie an, und be-
fragen fie um die Abficht diefes Feldzuges, welche
fie ihnen erzählen. Darauf gerathen fie an einan-
der; und die drei farazenifchen Krieger werden von
den drei Rittern der runden Tafel im Gefecht über-
wältigt, und müffen angeloben, dafs fie fich der
Königin Yfope am folgenden Tage als Gefangene
darftellen wollen. Sie kommen darauf in ihr La-
ger zurück, erzählen, was ihnen begegnet ift, und
machen den Sarazenenkönig und fein Kriegsheer
wegen der Uebermacht ihrer Feinde fehr beforgt.
Am folgenden Morgen erfüllen fie ihr Verfprechen,
und überantworten fich felbft als Gefangene der Kö-
nigin. Diefe erhält gleich darauf Nachricht von

der Ankunft des A r t u s und feiner Ritter, und
empfängt fie mit grofsen Freuden.   A r t u s fchickt
dem Sarazenenkönige folgenden Brief:

> *Artus prittan artaras furbein*
> *Der empeut marroch tuffran von farazein*
> *Was ain funnenliechter tag*
> *An ainer nacht gehaben mag* [1])
> *Du haft erwelt dir ainen namen*
> *Den du haben muft mit fchamen*
> *Das du dich künig nenneft*
> *Vnd dabei nit erkenneft*
> *Das ain künig des fol geren*
> *Das jn das recht mag geweren*
> *Es fol ain man mytt mynnen*
> *Ain frawen lieb gewinnen*
> *Das du nun hie erfechten wilt*
> *Das ift doch zu hoch gezilt*
> *Vnd zwifchen vns auf gefetzt*
> *Das yedwerders lieb letzt*
> *Wan du bift ein hayden*
> *Vnd bift da, mit gefchayden*
> *Als wol vnd wee*
> *Du tetteft wider dein ee* [2])
> *Mynneft du ain Criften weyb*
> *So hetteft du deinen leyb*
> *Nach vnwitzen getrachtet*
> *Du mochteft nit haben geachtet*
> *Dauon dir fchanden mer*

---

1) Sehr richtig erklärt diefs der Ungenannte im *Deutfchen
    Mufeum*: Ich widerfage dir; oder ich will fo wenig Ge-
    meinfchaft mit dir haben, als der Tag mit der Nacht ha-
    ben kann.

2) wider dein Verfprechen und Bündnifs.

— — — — —

Di rainen magt von Belraflufs
Darumb fey dir widerfagt mein gruſs. [3])

Marroch trotzt dem Könige Artus dennoch,
und fodert ihn zur Schlacht auf. Diefe wird gelie-
fert. Sie ift fehr blutig; und von allen Rittern hält
fich **Wigamur** am tapferften. Auch gelingt es
fhm, den Sarazenenkönig im Gefechte gefangen zu
nehmen, und dadurch dem Siege den Ausfchlag zu
geben. Marroch mufs fich nun Bedingungen des
Friedens und der Entfchädigung vorfchreiben laſſen,
und fein eignes Land vom König Artus zum Le-
hen nehmen. Yfope befchenkt den König für den
ihr geleifteten Beiftand mit einer herrlichen Krone,
den Wigamur mit zwei fchönen Roſſen und zwei
gewirkten feidenen Wappenröcken, und die übri-
gen Ritter gleichfalls mit anfehnlichen Gefchenken.
Wigamur nimmt nun Urlaub von dem Könige, um
auf fernere Abentheuer auszugehen, und reitet wei-
ter, von zehn Knappen und von feinem treuen Ad-
ler begleitet. Er kommt in ein Land, welches
Deleferant heifst, und nach Leydifar, einer
Stadt diefes Landes. Hier findet er alles wüſte und
durch den Krieg zerrüttet, weil diefes Land fchon
feit langer Zeit zwifchen zwei Königen, dem Atro-
klas und Paltriot, diefem noch unbekannten
Vater unfers Ritters, ftreitig ift, die Beide gleiches
Recht darauf zu haben glauben, weil Beide Ver-
wandte des letzten Königs find. Durch die Stadt

---

3) **Widerfagen** ift: Feindfchaft ankündigen.

kommt eben ein Herzog von Troyforlanz mit
feinem Heere gezogen, um dem Könige Atroklas
Beiftand zu leiften. Zu diefem gefellt fich Wiga-
mur, weil er Muth und Tapferkeit an ihm wahr-
nimmt. Beide werden von dem Könige Atro-
klas liebreich empfangen, der nun fogleich feinem
Gegner den Krieg ankündigen läfst. Diefer nimmt
die Erklärung an, und zieht jenem mit feinem,
durch den Beiftand von drei mächtigen Königen ver-
ftärkten, Heere entgegen. Beide Kriegsvölker fto-
fsen zufammen, und ihr Gefecht wird fehr hitzig:

Weygamur jnn dem ftreyt
Schlug wunden grofs vnd weyt
Manigen rittor dar nider
Das geraw jn abor fyder [1])
Roylag von Panlander
Vnd manig ritter ander
Eylten vaft auf das wal [2])
Da wurden prayt fchilt fchamal [3])
Manig helm verfchrotten [4])
Es enmochten vor den totten
An die erden (nit) getretten dy rofs
Die erd da jr varb verlofs
Von dem plut ward fy rott
Wan es lag manger ritter todt.

1) Das gerenete ihn aber nachher, als er entdeckte,
diefe Ritter feyen Vafallen feines Vaters gewefen. Ung.

2) auf die Wahlftatt.

3) breite Schilde wurden fohmal, weil Stücke davon
flogen.   Ung.

4) zerhauen, von verfchrieten, verfchneiden.

Der Abend bricht an, ohne dafs der Sieg ent-
fchieden ift. Sie machen die Nacht über Stilift and,
und verabreden, dafs fie den Tag darauf von jeder
Seite einen der tapferften Ritter ftellen wollen, um
die Fehde durch einen Zweikampf zu fchlichten,
Vom Könige Atroklas erhält Wigamur die-
fen Auftrag, mit dem Verfprechen, er folle, wenn
er fiege, Land und Leute und des Königs fchöne
Tochter Dulciflur zur Belohnung erhalten. Der
Ritter übernimmt diefen Auftrag mit Freuden, ver-
bittet aber die Belohnung. Paltriot will keinen
für fich ftreiten laffen, fondern übernimmt den
Zweikampf in eigner Perfon. Wigamur ftellt
fich gegen ihn, jener aber will mit ihm nicht fech-
ten, fondern verlangt, dafs fich der König Atro-
klas gleichfalls in Perfon ftellen foll. Als diefs aus-
gefchlagen wird, verlangt er wenigftens feinen Geg-
ner näher zu kennen, und zu wiffen, ob er Ritter
oder Knecht, leibeigen oder frei fey. Diefe Fra-
ge fchmerzt den Wigamur. Er bindet feinen
Helm ab, legt den Schild aus der Hand, läfst fich
fein Pferd bringen, und erzählt der ganzen Ver-
fammlung die Gefchichte feines Lebens. Diefs ver-
anlafst die Erkennungsfcene zwifchen Sohn und
Vater:

Von Lendrie kunig Paldrioth
Hub fein hend auf gen gott
Vnd auch fein hertze taugen
Im vberlieffen feine augen
Sein freud ward grofs
Er fprach herr jr feyt wol mein genofs

Von kunigs art ift ewer ley
· *Eur muter ift mein weyb*
  Euer vater das bin ich
  Gond her vnd küffent mich
  Zwar jr find kommen haim,

Wigamur fteht nun fogleich von dem Kampf ab,
den er übernommen hatte, und verlangt, dafs ein
andrer Ritter in feine Stelle trete. Man hült einen
Rath über diefen Vorfall, und findet es am dien-
lichften, dafs beide Könige fich mit einander ausföh-
nen, und das ftreitige Land dem W i g a m u r ge-
ben, der die Tochter des Königs A t r o k l a s ,
die fchöne .D u l ç i f l u r, heirathen müffe. Hiezu
verfteht man fich von beiden Seiten, und zieht wie-
der nach Haufe. W i g a m u r's Oheim, der König
von Irland, läfst feiner Schwefter im voraus die
Nachricht von der Wiederfindung ihres Sohns brin-
gen. Sie geht ihm entgegen:

Die kunigin wol gezogen
Gen jm für das tor gieng
Vor lieb fy jn wainent empfing
Mein fyn wer zu waich dazu
Das ich euch recht fagen tu
Wie die fraw empfing jr kind.

Das ganze Land nimmt Theil an diefer Freude; und
König P a l t r i o t übergiebt feinem Sohne die Re-
gierung, wobei er ihm heilfame Lehren ertheilt:

Er gab jm väterlichen rat
Er liefs jm felber wat
  Geben vnd gold rot
Zu vorderft er jm gebot

Das er getrew wäre
Vnd künigcliche gepere
Lert er jm vnd fytt
Er hiefs jn das er vermyt
Zorn valfchait vnd lüge
Vnd das er niemant betrüge
Er hiefs jn barmherzig fein
Das er met vnd wein
Solte trincken vnd offt geben
Vnd auch mit züchten leben
Er hiefs jn vaft lieb han got
Vnd halten fein gepott •
Er hiefs jn fein gemain
Vnd felten wefen ain.
Er riet jm vil fere
Das er des gutes herre
Vnd fein knecht niet
Gewiflich er jn vnderfchied
Baide übel vnd gut
Er hiefs jn haben mannes mut
Zu köftlichen dingen
Hiefs er jn freund gewinnen
Vnd nimant verliefen
Durch kainerley mut verkiefen
Wo der gaft gieng •
Das er den empfieng
Er hiefs jn öben ritterfchaft
Mit ftet wefen warhaft
Er fprach du folt der ritter pflegen
Vnd leyhen vnd geben
Du folt fy haben gefellen weyfs
Dauon gewineftu hohen preyfs.

Wigamur fchickt fich nun an, den Hof des Kö-
nigs Atroklas zu befuchen, und die ihm be-

ftimmte Prinzeffin kennen zu lernen. Er reitet in
einem anfehnlichen Rittergefolge dahin, und wird
mit vieler Freude und Pracht bewillkommt. Die
Schönheit und der reiche Schmuck der Prinzeffin
Dulciflur werden umftändlich befchrieben; und
Wigamur wird ihr von ihrem Vater mit vielen
Lobfprüchen vorgeftellt:

> *Nun wurden an den ftanden*
> *Zwen rotte munde*
> *An ain ander getrücket*
> *Vnd güchling wider gezücket.*

Es wird darauf ein prächtiges Gaftmahl gehalten,
und auch der folgende Tag in Freude und Wohl-
leben zugebracht, als auf einmal ein Bote,

> *Ain garczun*) *jung wol geclayt*

ankommt, ein Turnier anfagt, das am dritten
Tage vor der Stadt Mufygralt gehalten werden
foll. Die Ritter rüften fich dazu, und Atroklas
felbft und Wigamur reiten mit ihnen zu diefem
Turnier, das die Königin Dinifrogar ange-
ftellt hatte, die dem tapferften Ritter fich und ihr
Land zur Belohnung verhiefs. Sie kommt felbft zu
dem Kampffpiele, von funfzig Jungfrauen begleitet.
Ihre Schönheit und ihr fehr reicher Anzug werden in
dem Gedichte felbft ausführlich befchrieben. Unter
den kämpfenden Rittern werden drei für die tapfer-
ften

---

*) garçon — ein wohlgekleideter junger Menfch. Das
Wort gartzun kommt im Parcival, Iwain, und
andern Rittergedichten zum öftern vor.

ften gehalten, der König Gamuret,*) König Ly-
pondrigan, und Wigamur. Die Königin geht
daher mit den verfammelten Rittern zu Rathe,
wem von diefen Dreien fie den Preis ertheilen folle,
und erklärt zugleich, die Abficht diefes Turniers
fey vornehmlich, fich vor den Zudringlichkeiten ei-
nes ihrem Lande benachbarten Heiden, Gamgri-
not, in Sicherheit zu fetzen, der fich ihr Land un-
terwerfen, und fie zu feinem Kebsweibe machen
wolle. Wigamur wird des Preifes vor Allen
werth erkannt; er lehnt aber die verfprochne Be-
lohnung von fich ab. Gamuret räth der Königin
nun, den tapfern Lypondrigan zu wählen; fie
verfichert aber, das fey ihr unmöglich, weil er ih-
ren Vater erfchlagen habe. Hierüber vertheidigt fich
der Ritter, und zeigt, dafs er zu diefer Ermordung
fey genöthigt worden, weil Jener fich feiner Burg
und feiner Leute habe bemächtigen wollen. Darauf
erzählt er die Art feines Todes, der am Ende doch
ein Meuchelmord auf der Jagd gewefen war. Alle
entfetzen fich darüber; am meiften aber wird Wi-
gamur entrüftet, und fodert den Lypondrigan
zum Zweikampf auf. Sogleich fetzen fich Beide zu
Pferde, und gerathen hitzig an einander. Wiga-
mur zerbricht in der Wuth fein Schwert; und fein
Gegner glaubt nun fchon ihm überlegen zu feyn.
Er fafst ihn aber mit aller Gewalt, und drückt ihn
auf die Knie zu Boden, fo, dafs Lypondrigan

---

*) Gamuret fpielt in den alten Ritterromanen, befon-
ders im Percival, eine bedeutende Rolle.

C

um Schonung feines Lebens fleht. Unfer Ritter ge-
währt ihm diefe.Bitte; nur mufs er vorher dem Kö-
nige A t r o k l a s Sicherheit ftellen. Alle kehren
die Nacht über in die Herberge ein; und noch vor
Tages Anbruch reitet der überwundene Ritter heim-
lich davon, um der Schande auszuweichen. Vor.
dem Walde begegnet ihm die Prinzeffin D u l c i -
f l u r, von einer Jungfrau beg'eitet. L y p o n d r i -
g a n entbietet ihr feinen Grufs und feine Dienfte,
fragt nach ihrem Namen, erfährt, dafs fie des Kö-
nigs A t r o k l a s Tochter und W i g a m u r's Ver-
lobte ift, und freut fich diefer Gelegenheit, feine
geftrige Schmach zu rächen. Er fährt die Prinzeffin
gefangen mit fich nach G u r g a l e t. Ihre Be-
gleiterin bringt die Nachricht von ihrer Entführung
nach M u f y g r a l t, wo neue Turniere gehalten
werden. Sogleich machen fich A t r o k l a s und
W i g a m u r auf den Weg, um die Prinzeffin von ih-
rem Räuber zu befreien. Unterweges erkundigen fie
fich in der Stadt L a u f l i r a r i n, und erfahren von
dem Wirthe, es fey vor vier Tagen ein Ritter mit
einem jungen fchönen Mädchen durchgezogen, das
ihm wider Willen und weinend gefolgt fey. Sie habe
einen Ring am Finger gehabt, den fie oft angefehen,
und dabei den Namen W i g a m u r ausgerufen habe:

> *Sy wan jr fchne weyfs hende*
> *Sy fchlug an die wende*
> *Jr' wol gefchaffen haubt*
> *Fröden was fy beraubt.*
> *Grofs was jr vngemach*
> *Alfo vertryben fy die nacht*

In dyſem hauſs das ich es ſach
Ich muſs der frawen vngemack
Clagen vncz *) *an meinen tod*
Ach ach ſy leyt groſſe not.

Der Wirth muſs ihnen den Weg beſchreiben,
den ſie mit Anbruch des folgenden Tages weiter
verfolgen. Sie kommen an ein Meer, welches das
Land zu Gurgalet und das Land zu Doloyr
von einander ſchied; und hier begegnet ihnen ein
Ritter, der Herzog von Nordin, der ſie grüſst,
und ihnen auf ihr Verlangen ſein Abentheuer er-
zählt. Vor langer Zeit habe er die Prinzeſſin Pyo-
les unterweges angetroffen, und ſie in eine Burg
gebracht, deren Wirthe, oder Beſitzer er ſie in
Verwahrung gegeben habe, weil er zu einem Tur-
nier reiten müſſen. Als er wiederkam, war die
Burg in Feuer aufgegangen. Wigamur erkennt
die Gegend an der Beſchreibung bald wieder, und
erräth, daſs die Rede von der Jungfrau ſey, die er
ehedem aus der durch Feuer zerſtörten Burg erret-
tet hat. Er ſieht von fern die andre Burg auf dem
Berge liegen, wohin er dieſe Jungfrau gebracht,
und wo er ſie einem Zwerge zur Verwahrung em-
pfohlen hatte. Dieſen Berg reitet er hinan, und
findet den Zwerg vor der Burg. Man empfängt
ihn mit groſser Freude. Er trifft dort die Jung-
frau wieder an, und ſagt ihr, er wolle ſie mitneh-
men, und ſie zu ihrem Liebhaber, dem Könige
Hartzier von Nordin führen:

*) vncz oder unz iſt das alte: bis, ſo lange bis.

Pyoles die frawe wol gefar
Ab feinem namen vor liebe erfchraek
Das fie nit weft.wa fy lagk
Sy viele dem ritter jn fein fchoos
Ain kulter fwayfs jn über flofs
Jr.liechte varb die ward plaich
Das jr die krafft entwaich.

Sie erholt fich, und folgt dem Ritter, der fie
zu dem Könige Hartzier in den Wald führt. Der
Empfang der Liebenden ift äufserft zärtlich, und
die Prinzeffin erzählt dem Könige von Nordin, wie
viel fie und er dem Wigamur zu verdanken ha-
ben. Hartzier will fich aus Erkenntlichkeit in
feine Dienfte geben; diefs fchlägt aber unfer Ritter
aus, und verbindet fich mit ihm zur befländigen
Freundfchaft und Treue. Am folgenden Morgen
reiten fie gemeinfchaftlich weiter auf dem Wege
nach Gurgalet, und erkundigen fich bei einem ih-
nen begegnenden und von dorther kommenden Rit-
ter nach dem Könige Lypondrigan. Er erzählt
ihnen von diefes Königs vergeblichen Bewerbungen
um die Gunft der von ihm entführten Dulciflur,
und fagt, dafs er jetzt im Begrif fey, mit ihr nach
Gemdrigal auf ein Turnier zu reiten, um ihr
da feiner Mannheit Kraft zu zeigen, und ihr Herz
dadurch zu gewinnen. Sogleich entfchliefsen fich
Atroklas und Wigamur, diefem Turniere
beizuwohnen, und laffen fich den Weg dahin zei-
gen. Der König von Nordin erfährt jetzt erft
von ihnen die eigentliche Abficht ihrer Reife, und
erbietet fich, fie zu begleiten, und ihnen beizufte-

hen. Sie nehmen Abrede, fich unerkannt dort ein-
zufinden; und Wigamur läfst deswegen feinen
Adler in der Herberge, ehe fie auf den Platz des
Turniers reiten. Gar bald entdecken fie den König
Lypondrigan. Unfer Ritter fprengt mit dem
Speer in der Hand auf ihn zu, und wirft ihn zu Bo-
den. Darauf giebt er fich zu erkennen, und ver-
weifet ihm feine Treulofigkeit. Die drei Ritter be-
mächtigen fich nun der Prinzeffin, und ziehen mit
ihr davon, nachdem Wigamur feinen Adler wie-
der zu fich genommen hat. Sie nehmen ihren Weg
nach der Burg des Königes Atroklas, wo fie
von der Königin und dem Ritter mit grofsen Freu-
den empfangen werden. — ——

In der Handfchrift fehlen hier zwei Blätter,
worauf vermuthlich die zwiefache Vermählung
Wigamur's mit der Prinzeffin Dulciflur, und
Hartzier's mit der Pyoles erzählt wurde.
Auf der letzten Seite, die fogleich auf diefe Lücke
folgt, wird das ganze Gedicht mit folgenden Verfen
geendigt:

> Er (Wigamur) gewan ainen Sun
> Bey der frawen Dulceflur
> Der ward genandt von natur
> Dulciweygar kunigclichen
> Des freuct fich arm vnd die reichen
> Bey dem hat die abenteur ain ende
> Got vnfer aller kummer wende
> Jn freuden jn dem hymelreich
> Sprechent alle geleich, Amen.
> Deo Gracias.

II.

ÜBER

ENGELHART UND ENGELDRUT

VON

CONRAD von WÜRZBURG.

II.

ÜBER

ENGELHART und ENGELDRUT

VON

CONRAD von WÜRZBURG.

Meifter Conrad von Würzburg ift dem
Liebhaber unfrer alten poetifchen Literatur aus dem
Goldaft, *Morhof*, und näher noch aus der Schwei-
zerifchen *Sammlung von Minnefingern* bekannt.
Die ausführlichfte Nachricht über ihn und feine
Werke verdanken wir dem Herrn Prof. Oberlin
zu Strafsburg. *) Auch find die ihm beigelegten
drei zufammen gehörenden Gedichte, *Das Lied der
Niebelungen, Chriemhilden Rache* und *Die Klage*, im
erften Bande der bekannten *Müllerfchen Samm-
lung altdeutfcher Gedichte* befindlich. So viel ich in-
defs weifs, hat Niemand vor mir **) von einem an-
dern ausführlichen Gedichte diefes fruchtbaren Min-
nefingers Nachricht ertheilt, welches gegen das
Ende des fechszehnten Jahrhunderts von einem Un-
genannten in die damalige neuere Sprache umgeklei-
det, und in aller Abficht einer nähern Bekannt-

---

*) *Diatribe de Conrado Herbipolita;* Argent. 1782. 4.

**) Ich gab diefe Nachricht zuerft im *Deutfchen Mufeum*
v. J. 1776, B. I. S. 131.

machung nicht unwürdig ift. Es befindet fich un-
ter den gedruckten Büchern der herzoglichen Bi-
bliothek zu Wolfenbüttel; und ich verdanke die
Mittheilung deffelben dem feligen Leffing, deffen
fcharffichtiges Auge auch diefe Entdeckung, unter
fo vielen andern, gemacht hat. Es ift ein kleiner
Oktavband von fechzehn und einem halben Bogen,
und hat folgende Auffchrift:

> *Ein fchöne Hiftoria von Engelhart aus Burgunt,*
> *Hertzog Dietherichen von Brabant, feinem Ge-*
> *fellen, vnnd Engeldrut, des Königs Tochter*
> *aufs Dennmark, wie es jhnen ergangen, vnd*
> *was jammers vnd not fie erlitten, gantz luftig*
> *vnd kurzweilig zu lefen. Vormals nie im Druck*
> *aufsgangen. Gedruckt zu Frankfurt am Mayn,*
> *M.D.LXXIII.*

Die Anzeige des Druckorts und der Jahrzahl
ift am Ende wiederholt, und der Name des bekann-
ten Buchdruckers, Kilian Han, hinzugefetzt.
Gleich auf das Titelblatt folgt der Inhalt diefer
Hiftoria, welcher die Ueberfchriften jedes Ab-
fchnitts nachweifet. Jedem Kapitel oder Abfchnitte
ift ein Holzfchnitt von fehr mittelmäfsiger Zeich-
nung und Ausführung vorangefetzt. Auch erklärt
der Verfaffer in einer poetifchen Vorrede den mo-
ralifchen Zweck feines Gedichts, nämlich die Em-
pfehlung der Treue, oder Beftändigkeit in der
Freundfchaft, deren Abnahme er beklagt, und die
er durch feine Erzählung wieder in ihr voriges An-

ſehen zu verſetzen wünſcht.　Am Ende dieſer Vor-
rede nennt er ſich

Von　Wirzburg　ich　Cunrat,

und ſetzt noch hinzu,　er habe den Stof ſeiner Er-
zählung aus dem Lateiniſchen genommen.

Große poetiſche Schönheiten darf man hier frei-
lich nicht ſuchen; wohl aber hat das Gedicht viel An-
ziehendes durch ſeinen lehrreichen Inhalt ſowohl,
als durch den naifen und treuherzigen Ton ſeines
Vortrags.　Von dieſem zwar hat es wohl gewiß
bei der Uebertragung aus der ältern, ohne Zweifel
ſchwäbiſchen,　Mundart viel verloren; es mag nun
dieſe Umſchmelzung den Burkard Waldis, der
den *Theuerdank* und andre Gedichte ſo behandelte,
oder irgend einen andern Klügling, wie Morhof
ihn und ähnliche Umänderer alter Gedichte nennt,
zum Urheber haben.　Man hätte wenigſtens bei ſolch
einer Umänderung für die Aufbewahrung und für
den Abdruck des Originals zugleich Sorge tragen
ſollen, deſſen Auffindung gar ſehr zu wünſchen
wäre.　Doch, meine Abſicht iſt nur, den Inhalt
dieſes romantiſchen Gedichts, und gelegentlich ei-
nige Verſe deſſelben, auszuziehen.

In Burgund lebte ein Edelmann, dem ſeine Ge-
mahlin,

> *Ein ſchönes Weib — —*
> *An Herzen und an Leibe,*

zehn Söhne geboren hatte, die insgeſamt die beſte
Hoffnung gaben.

> *Gott hett auf ſie geweihet*
> *Hoher Seligkeit ein Wunder.*

Doch unterfchied fich Einer von ihnen vorzüglich
fowohl durch gute Sinnesart und Geiftesfähigkeiten,
als durch die Annehmlichkeit feiner Geftalt:

> *So recht gar leutefelig*
> *Was fein tugentreicher Leib,*
> *Dafs viel mannich edel Weib*
> *Nach feiner Liebe was verfehnet.*

Diefer Sohn hiefs Engelhart. Um fich noch
mehr auszubilden, fafst er den Entfchlufs, in fremde
Länder zu gehen, und wählt vor andern Dänne-
mark. Bei feinem Abfchiede giebt ihm fein Vater
drei Aepfel mit. Wenn er Jemand auf der Reife
antreffe, der mit ihm wolle Gefellfchaft machen,
folle er ihm einen Apfel geben. Verzehre er den-
felben ganz, ohne ihm etwas davon zu reichen, fo
folle er ihn meiden; gebe er ihm aber einen Theil
davon, fo folle er feine Freundfchaft annehmen.
Vor allen Dingen empfiehlt ihm der Vater die Treue.
Der Sohn verfpricht ihm Folgfamkeit, reitet davon,
und ihm begegnen nach einander zwei junge Leute,
die mit ihm Gefellfchaft machen wollen, aber Bei-
de nicht Probe halten, fondern die Aepfel, die
er ihnen giebt, allein verzehren. Darauf begeg-
net ihm ein Dritter, an körperlicher Bildung ihm
felbft völlig ähnlich.

> *Sie waren ungefundert*
> *An allen Dingen beide.*

Diefer nimmt den Apfel, den ihm Engelhart
beut, fchält ihn, und giebt ihm die Hälfte zurück.
Er wählt ihn alfo zu feinem Gefährten. Sein Name

ift Dietherich von Brabant, und der Zweck
feiner Reife gleichfalls, fremde Dienfte zu nehmen.
Sie kommen Beide nach Dännemark, und werden
dort am Hofe aufs befte empfangen. Der König
läfst fie vor fich, und hält fie, ihrer Aehnlichkeit
wegen, für leibliche Brüder; fie verfichern ihn aber,
dafs nur ihre Gefinnungen brüderlich und dazu ver-
eint find, ihm ihre Dienfte anzubieten, um dadurch
fich weiter auszubilden:

> Bis fich gebeffert unfre Jugend
> Von der viel füfsen reinen Tugend,
> Der ein Wunder liegt an Euch;
> Ob wir zwei Jahr oder drei
> Bleiben hier, das mufs uns geben
> Immer tugendreiches Leben.

Der König nimmt ihre Dienfte an; fie machen fich
bei feinem Hofe überall beliebt, und leben mit ein-
ander in der treueften Freundfchaft. Der König
hat eine Tochter, Namens Engeldrut, deren
Schönheit und Tugend ausnehmend ift. Unfre bei-
den jungen Edelleute gefallen ihren Augen, und
bald auch ihrem Herzen:

> Denn was den Augen fanfte thut,
> Das dünket auch dem Herzen gut,
> Und ift ihm zwar wohl damitte.
> Herz und Augen han die fitte,
> Dafs fie gefellen unter ein;
> Das Auge mufs das Herze fein
> Zu lieblichen Dingen
> Leiten und bringen.

Nur ift die Schöne von Beiden, ihrer grofsen Aehn-
lichkeit wegen, gleich-ftark eingenommen; und in

der Verlegenheit, welchen von Beiden ihre Liebe
vorziehen foll, entfcheidet endlich der Name 'Engelhart's, weil er der wohlklingendfte, und -
dem ihrigen am meiften zuftimmend ift.

Aus Brabant kommt ein Bote an Dietherichen, mit der Nachricht, dafs fein Vater geftorben fey, und dafs er zurückkehren müffe, um fein
Land in Befitz zu nehmen.   Eben fo lebhaft, als
der Schmerz über den Verluft feines Vaters, ift
feine Betrübnifs über die Nothwendigkeit, fich von
feinem Freunde zu trennen.   Er bietet diefem einen
Theil feiner Länder an, wenn er mit ihm ziehen
will; Engelhart aber hält es für Undank, des
Königs Dienfte fo bald wieder zu verlaffen, und
nimmt von feinem Freunde den zärtlichften Abfchied.   Diefer macht einen zweiten Verfuch, ihn
zu überreden, und will am Ende lieber den ganzen
Befitz feines Landes, als Engelhart's Umgang
und Freundfchaft aufgeben.   Allein die Vorftellungen diefes letztern, dafs es feines Freundes Ehre
fodre, dem Rufe zu folgen, und feine eigne, zurück
zu bleiben, vereint mit dem Verfprechen, er wolle,
fo bald er den dänifchen Hof verlaffe, zu Dietherichen kommen, bewegen diefen endlich, fich
von feinem Freunde loszureifsen, nachdem er fich
vorher bei Hofe beurlaubt hat.   Engelhart
macht fich an demfelben immer beliebter.   Jedermann ift fein Freund, aufser einem Schwefterfohne
des Königs, Ridfchier von England, der ihn mit
eiferfüchtigen und gehäffigen Augen anfieht.   Un-

terdefs ftirbt die Königin. Engeldrut's Schmerz über den Tod ihrer Mutter, vereint mit den Schmerzen ihrer Liebe, machen fie höchft niedergefchlagen und fchwermüthig. Ihr Vater fucht fie aufzuheitern, und fällt unter andern darauf, ihr Engelharten zum Kammerdiener zu geben, um fie durch deffen Gefellfchaft zu ermuntern. Der, fagt er,

> *Der kann dir alle Schwere,* '
> *Mit Freuden gar vertreiben,*
> *Teutfch lefen und fchreiben,*
> *Harfen und fingen,*
> *Tanzen und fpringen*
> *Kann er aus der Maafsen wohl,*
> *Damit er alle Stunden foll*
> *Kurzweile machen dir;*
> *Er pflege dein, fo thut er mir*
> *Aus der Maafsen Liebe nu.*

Diefen Antrag läfst fich die Prinzeffin gern gefallen; und dadurch entfteht natürlich für Beide Gelegenheit, einander ihre gegenfeitige Liebe zu entdecken. Diefe Entdeckung gefchieht auf folgende Weife: Engelhart wartet der Prinzeffin bei Tafel auf, und läfst beim Vorfchneiden das Meffer aus der Hand fallen, mit einer Verwirrung, die auf einmal fein ganzes Herz verräth. Folgende Unterredung wird einige Tage nachher durch diefen Vorfall veranlafst. Die Prinzeffin fragt ihn:

> *Engelhart, wie was dir da,*
> *Oder was bedauchte dich,*
> *Da fo rechte fafte fich*

Die Farb' in dein'm Gesicht verkehrt?
Frau, sprach der Verwirrte,
Ich entweiss nicht, wenn oder wo?
Ich meyne, sprach die Schöne do,
Da du mir solltest schneiden,
Was du da konntest leiden
Das wüsste ich gern sonder Spott.
Mir entward nie, Frau, helf mir Gott,
Sprach er da mit Schamen.
Zwar es thut dir bey Namen
Etwas, ich sahe es wohl.
Frau, sprach er, ich entsoll
Noch gedarf Euch sagen nicht
Von den Sachen nichts icht,
Davon ich also beschwert ward.
Ich will es wissen, Engelhart,
Also lieb als du bist.
Viel reine Frucht, seit es entist
Dann keiner Schlachte Rath,
Ich entschliesse Euch die Gethat;
So künde ich Euch mit Hulden,
Was ich da konnte dulden
Jammers und Schmerzen:
Ich was in meinem Herzen
Verdacht auf Eure Lieb' also,
Dass ich von rechter Liebe do,
Wann seit ich Euch, edel Frauw, erkos,
Vernunft und Sinne ich verlos; u. s. f.

Engeldrut lehnt alle diese Erklärungen von sich
ab, und bittet ihn, mit dergleichen Reden sie zu
verschonen, wiewohl ihr Herz im Grunde sehr da-
mit zufrieden und einstimmig ist:

Wann dieweil dass sich die Reine
Der ersten Bitte musste schamen,

Sie

Sie enthett' ihn anders bey Namen
Mit Reden alſo geſchweigt do;
Sie war viel hertzigliche fro,
Daſs er ſie meinen wollte,
Doch thät ſie, was ſie ſollte,
Und hatte die Gebehrde
Alſo ihr' groſs' Beſchwerde
Auf ſtund von der beyder Sinn,
Es ward an ihr der Sitte Schein,
Den mannich Fraue treiben kann,
Den noch verzeihet einem Mann,
Den ſie von Herzen meynet doch.

Engelhart verſpricht ihr dieſe Zurückhaltung, ob er gleich befürchtet, ſie werde ſein Tod ſeyn. Er weiſs noch nicht, wie glücklich er iſt; die Furcht einer verſchmähten Liebe macht ihn troſtlos, ſchwermüthig, und zuletzt krank. Engeldrut beſucht ihn in ſeiner Krankheit, und heilt dieſelbe durch die Erklärung, daſs ſie in ſeine Verbindung mit ihr einwilligen und dieſelbe veranſtalten werde, wenn er zugleich mit Ritſchier Ritter werden, und bewährte Proben ſeiner Tapferkeit geben wolle. Diefs bewilligt ihm der König, und ein Turnier wird angeſtellt. Auf demſelben erſcheint Engelhart, und mit ihm eine Menge von Rittern, unter' welchen ſich Einer vorzüglich auszeichnet, und wahre Wunder der Tapferkeit thut. Die Beſchreibungen, welche der Dichter von dieſem Kampfſpiele, von dem Schilde, und der übrigen Rüſtung Engelhart's macht, ſind in ihrer Art wirklich epiſch; z. B.:

D

Engelhart reit't unter ihn'n
Schlagende und stechende,
Und eine Strafs' brechende
Durch die ritterliche Schaar;
Er thät als der Adelar,
Der kleiner Vögel nicht begehrt;
Der Ritter bieder und wehrt,
Die kühn und edel waren,
Der konnt' er wohlgefahren,
Und was so neidig auf sie,
Dafs ein grimmer Löwe nie
So gierig was nach einem Vehe, u.s.f.

Jetzt kann die Prinzeffin dem neuen Ritter ihre Liebe
nicht mehr verfchweigen; fie verabredet mit ihm
eine nächtliche Zufammenkunft im Garten. Bei
diefer Gelegenheit giebt uns der Dichter eine weit-
läuftige Befchreibung von der Schönheit und von
dem Schmucke feiner Heldin. Den Abfchnitt, wor-
in ihre nächtliche Zufammenkunft erzählt wird,
überfchreibt er: Wie die fchöne Königin
Engeldrut Engelharten unter ihren
Mantel empfähet und an ihre Bruft drü-
cket. Zum Unglück aber mufs Ritfchier in
den Garten kommen, und ihre zärtlichen Um-
armungen ftören. Weil fie dadurch verrathen find,
fo räth Engeldrut ihrem Geliebten, fogleich aus
dem Lande zu fliehen, und dem Zorn ihres Vaters
auszuweichen. Allein Engelhart kann fich dazu
nicht entfchliefsen. Er bezeugt ihr, dafs ihn den-
noch die Liebe tödten werde, wenn er auch hier
feinem Tode entgehe, und will fich lieber, auch

feiner Ehre wegen, aller Gefahr ausfetzen. Sie
verabreden mit einander, dafs fie Beide auf ihre
Unfchuld beftehen wollen. Ritfchier hinter-
bringt fogleich früh Morgens dem Könige, was er
entdeckt hat, und fchildert ihm die Folgen diefer
Vertraulichkeit mit den fohwärzeften Farben. Der
König wird über diefe Nachricht äufserft entrüftet,
und befiehlt fogleich, den Engelhart ins Ge-
fängnifs zu werfen. Hierüber wird die Prinzeffin
noch unruhiger, und in ihrer Betrübnifs thut fie
unter andern folgendes Gebet:

> *Ihr' Hände lauter und blank*
> *Schlug fie zufammen, und fprach:*
> *Gott, alles Glückes Ueberdach,*
> *Gedenk' an mich viel armes Weib,*
> *Alfo dafs meines Freundes Leib*
> *Von deiner Kraft befchirmet wefe;*
> *Hilf, Herre, dafs er genefe,*
> *Drum dafs ich immer diene dir!*
> *Thu deine Erbarmunge mir*
> *Und deiner reichen Güte Schein,*
> *Gnädiglicher Herre mein!*
> *Verdirbet er, fo bin ich todt, u. f. w.*

Die Räthe des Königs überreden ihn, den Engel-
hart nicht unverhörter Sache hinrichten zu laffen,
weil man ihn vielleicht ohne Grund angefchwärzt
habe. Er wird vorgefodert, und leugnet das ihm
Schuld gegebene Verbrechen. Ritfchier zeugt
wider ihn; er befteht aber auf feine Unfchuld.
Endlich wird die Sache dahin entfchieden, dafs Beide
durch einen Zweikampf ihre Schuld oder Unfchuld

beweifen follen.   Diefes Turnier wird nach Ver-
lauf von fechs Wochen angefetzt.   Engelhart,
der fich fchuldig weifs, fürchtet einen unglückli-
chen Ausgang deffelben, und fällt daher auf das
Mittel, feinen Freund Dietherich für fich käm-
pfen zu laffen.   Seiner Reife zu demfelben giebt er
bei dem Könige den Vorwand, 'dafs er vorher in
ein Klofter gehen wolle, um für feine vielfachen
Vergehungen zu büfsen.   Dabei verfpricht er, fich
auf die beftimmte Zeit zu ftellen.   Unterdefs geht
er nach Brabant, zum Herzog Dietherich, bei
dem er in der Nacht ankommt, und der ihn mit gro-
fsen Freuden empfängt:

> *Er kam heraus gegangen,*
> *Und gelaufen ihm entgegen;*
> *Sein' Arm' begunnt' er legen*
> *Um den viel Tugendreichen;*
> *Er gab ihm liebeleichen*
> *An beyd' Wangen manchen Kufs do.*

Sie verabreden; Einer des Andern Rolle zu fpielen.
Engelhart bleibt in Brabant zurück, und wird
für Dietherichen gehalten; diefer geht indefs
nach Dännemark, und kommt dafelbft gerade an
dem zum Turnier beftimmten Tage an.   Die Rü-
ftung der beiden Kampfritter und die Hitze ihres Ge-
fechtes werden mit vieler Lebhaftigkeit befchrieben:

> *Sie ftachen und fchlugen*
> *Mit den viel fcharfen Klingen,*
> *Dafs von den Stachelringen*
> *Gefchah ein Mittelreiffen*
> *Aus dem gefochten Eifen,*

Defs Feuerblick hoch auffſtaub,
Recht wie der Wind das dürre Laub
Kehret in dem Walde,
So fiel da nieder balde
Von den Schilden mancher Span;
Es hat, weiſs Gott, angethan
Ihr' guten Schwert' deſſelben Tags,
Wenn ſie wurden manchen Schlags
Benöthiget und bezwungen,
Hey wie ſie beyde klungen
Auf dem Geſchmeide lauter!
Gott Herre, du viel trauter,
Gedachte da viel mancher Sinn,
Gieb Engelharten den Gewinn,
Daſs er bekomm' alle den Sieg,
Er ſtrickte wohl der Treue Strick.

Eine Zeit lang bleibt der Sieg zweifelhaft; endlich
erficht ihn D i e t h e r i c h, der feinem Gegenr eine
Hand abhaut, und ihm vollends das Leben nehmen
will, als der König dem Kampfe Einhalt thut, und
D i e t h e r i c h e n, der immer noch für E n g e l h a r t
gehalten wird, die Hand feiner Tochter zur Beloh-
nung verfpricht. Die Hochzeitfeier wird angeſtellt,
und das Beilager vollzogen, wobei aber D i e t h e -
r i c h ein Schwert zwifchen fich und E n g e l d r u t
legt; eine Treue, die ihm fein Freund bei feiner
Gemahlin erwiedert: Beide unter dem Vorwande,
daſs fie fich diefe Enthaltfamkeit zur Büſsung ihrer
Vergehungen auferlegt haben. Sogleich nach der
Hochzeit kehrt D i e t h e r i c h wieder nach Bra-
bant zurück, und Engelhart kommt von dort wie-
der hin nach Dünnemark. Hier erhält er bald dar-

auf, da der König ſtirbt, die Krone, und lebt mit
ſeiner Engeldrut in dem gröſsten Glücke, wor-
an er auch ſeine Eltern und Verwandten Antheil
nehmen läſst.

Nicht lange hernach wird Herzog-Dietherich
auf einmal von einer ſchweren Krankheit befallen,
welche der Dichter die Muſelſucht nennt, und
die eine Art von Ausſatz war. Das Ausfallen des
Haars und Barts, eingefallene Augen, eine blutrothe
Farbe des ganzen Körpers, Heiſerkeit der Kehle
und heftiger Schmerz ſind die Zufälle, welche
von dieſer Krankheit angegeben werden. Der Her-
zog läſst ſich in einer der anmuthigſten Gegenden
ein Gartenhaus über das Waſſer bauen, wo er für
ſich allein wohnt, und Erleichterung ſeiner Be-
ſchwerden hofft. Hier erſcheint ihm im Traum
einmal ein Engel, der es ihm als-das einzige Ret-
tungsmittel andeutet, hin zu Engelhart zu rei-
ſen, und ihn zu bewegen, ſeine beiden Kinder zu
tödten, und ihn mit deren Blute zu beſtreichen.
Zu der Wahl dieſes Mittels kann er ſich aber auf
keine Weiſe entſchlieſsen. Indeſs bewegt ihn der
Mangel an Pflege, und die Hintanſetzung, die er
in ſeinem eignen Hauſe und Lande erfahren muſs,
zu dem Entſchluſſe, nach Dännemark zu gehen,
wo ſein Freund ihn aufs liebreichſte bei ſich em-
pfängt. Auf die dringenden Anfragen deſſelben,
ob er denn nicht irgend ein Heilmittel ſeiner Krank-
heit wiſſe, erzählt er ihm endlich, nach vieler Ue-
berwindung, ſeinen Traum, wodurch Engelhart

in die gröfste Verlegenheit gefetzt wird. In dem
Kampfe der Freundfchaft mit der väterlichen Liebe
bittet er Gott, feinen Entfchlufs zu lenken, und
hält fich endlich für verpflichtet, dem Freunde, der
fein Leben für ihn gewagt hat, das Leben feiner
Kinder zum Opfer zu bringen. Er nimmt dazu ei-
nen günftigen Augenblick wahr; fein Herz empört
fich jedoch wider die That, indem er über den
fchlummernden Kindern fteht, und im Begrif ift.
fie zu tödten:

> *Viel fanfter überwunden*
> *Hätte er zwey ftarke Riefen,*
> *Dann er gefiegen mocht an diefen*
> *Kleinen Kindern.*

Und bald darauf:

> *Darnach zuhand ward ihm geben*
> *Von Gottes Willen der Gedank,*
> *Dafs er fie wollt' ohn' allen Wank*
> *Erfchlagen und tödten;*
> *Sein Herz rang mit Nöthen*
> *Lange zweifelich alfufs,*
> *Bis er zuletzt manchen Kufs*
> *Gab den Kindern beyden,*
> *Und er aus feiner Scheiden*
> *Das Schwert mit naffen Augen fcheid't.*

Er fchlägt ihre beiden Häupter ab, und bringt das
Blut zu feinem Freunde, der dadurch auf einmal
von feiner Krankheit geheilt wird. Engelhart
geht mit fchwerem Herzen, voll Freude über fei-
nes Freundes Genefung, und voll Betrübnifs über
das dazu angewandte Mittel, zurück, fragt nach

feinen Kindern; und die Wärterin, die fie zu ihm
bringen foll, findet fie beide fpielend auf dem Bette,
Jedes mit einem rothen Faden um den Hals. Ueber
diefes Wunder geräth ihr Vater in freudiges Erftau-
nen. Dietherich kehrt wieder nach Brabant
zurück, und beide Freunde leben von nun an fehr
glücklich. Das Gedicht fchliefst mit folgender mo-
ralifcher Anwendung:

> Dafs ein Herze wohlgemuth
> Daran ein felig Bilde gut
> Zu läuterlicher Treue nehme,
> Und fich der falfchen Untreu fchäme,
> Wenn er hört in feinen Tagen
> Von fo freindem Wunder fagen,
> Als den viel trauten Gefellen zweyn
> Um ihre hohe Treu, erfchein.

Bei der Durchlefung diefes Gedichts, deffen
Inhalt ein mehr als gewöhnliches Intereffe hat, ha-
be ich mir ein kleines Gloffarium befonders
merkwürdiger Wörter und Ausdrücke gefammelt,
deffen Mittheilung vielleicht dem Sprachforfcher
nicht unangenehm feyn wird:

Armuth, für Erniedrigung, Herablaffung:

> Es war an dir ein' grofs' Tugend,
> Und ein viel grofs Armuth,
> Dafs du, junger Fürfte gut,
> So nieder je gemachteft dich.

Augenblicke, im eigentlichsten Sinne des Worts, für Blicke der Augen:

> *Ihr' spielende Augenblicke*
> *Entflogen auf ihn — —*

Begehen, im Allgemeinen, für thun, ausführen, bewerkstelligen, wie es in der Redensart: Sünde, Böses begehen, gebräuchlich geblieben ist.

Beinen, sich, in dem Verstande, wie man sagt: sich auf etwas fusen, stützen oder verlassen:

> *Sonst hatt' er sich gebeinet*
> *Auf Tugend — — —*

Bescheidenheit, für Gehorsam, Folgsamkeit:

> *— hast du die Bescheidenheit,*
> *Dass du behaltest mein Gebot — —*

Bild, für Bildung, Gestalt:

> *Kein ander Unterscheide*
> *An ihren Bilden ward erkannt.*

Braste, das Imperfektum von brechen, für mangeln, gebrechen:

> *Wenn dass ihm braste an Gute.*

Und anderswo:

> *Er war — — also frisch.*
> *Dass ihme nicht mehr gebrast.*

Conferteure, das Französische couverture, für: eine Pferdedecke, Schabracke:

> *Er reit ein Ross ohn Maassen stark,*
> *Darauf lag eine Conferteure.*

Chür, anderswo Kuhr gefchrieben, das bekannte alte Wort für Auswahl, bemerke ich hier nur wegen der Redensart: von hoher Chür, d. i. von hoher Geburt.

Darabe, für davon:

> *Iffet er einen ohn dich gar,*
> *Und giebt dir nicht darabe.*

Dicke, für oft, ift fchon ziemlich bekannt.

Em, für ent, vor den Lippenbuchftaben; als: emberen für entbehren; embieten für entbieten; empfliegen für entfliegen; empführen; u. f. f. — Dagegen wird manchen Zeitwörtern fehr häufig die Sylbe ent vorgefetzt, wie es im ältern Deutfch, und befonders in alten Gedichten, fehr gewöhnlich war, ohne die Bedeutung des Worts abzuändern; als: enthaben, entwiffen, entfollen, u. f. f. So auch die Vorfylbe ge; als: gerathen für rathen; gedürfen für dürfen; u. f. f.

Entfchliefsen für auffchliefsen, entdecken:

> *Ich entfchliefse euch meine Noth.*

Entwilden, für: gefittet machen, die Wildheit durch Erziehung benehmen:

> *Infornniret und entwildet.*

Entgenzen, einerlei mit entganzen, für zerfpalten, zerbrechen.

Erfuchen, für: finden, durch Suchen erhalten.

Etwar, irgendwo.

Fuge, für Anstand, Feinheit im Umgange:

Er macht mich gar leicht und froh
Mit seiner hübschen Fuge.

Freudenblofs, freudenbar, für freudenleer.

Gefelligkeit, für Gefellfchaft.

Gierde, für Begierde.

Ingefinde, für Hausgenoffen.

Katzidonie, für den Namen des Edelfteins, Chalcedonier.

Krank, für arm, dürftig. **Kranke Habe**, geringes Vermögen. Einen **krank machen**, kränken, Abbruch thun:

Er wollt' ihn gerne machen
An feiner ftarken Würde krank.

Mahnen, überhaupt für ermuntern, anfpornen:

Sie ritten Rofs viel auserkohrn.
Die mahnten fie mit fcharfen Sporn.

Mehlich, öftere Endung der Beiwörter, die eine Eigenfchaft oder Befchaffenheit andeuten, als: **hungermehlich**, hungrig; **wandelmehlich**, wandelbar.

Nehren und **ernehren**, für erretten.

Ob, bedingungsweife für **wenn**, wie das Englifche **if**:

Ob diefer Knabe mit mir fährt,
So bin ich immer glückesvoll.

Schlacht, wie jetzt noch Schlag, für Art, Gattung:

> *Daſs dieſe Jüngelinge*
> *An aller Schlachte Dinge*
> *So gar gleich an einander find.*

Schwinden, für: ohnmächtig werden, auch unperſönlich:

> *Daſs ikm vor Liebe nicht geſchwand,*
> *Das war ein groſses Wunder.*

Seltſam, für ſelten, dünne, wie rarus im Lateiniſchen. Dünne und ſeltſam, von wenigem Haar.

Siechheit, Siechthum, für Krankheit.

Spulgen, für pflegen, gütlich thun. S. Friſch.

Sich verböſen, für: ſich verſchlimmern.

Wenn zwar, beziehungsweiſe, für denn ſo viel:

> *Wenn zwar als ich erkennen kann.*

Wider ſich denken, für: bei ſich denken, im Herzen ſprechen.

Wundern, für: Wunder an einem thun:

> *Gott hatt' an ihn'n gewundert.*

Wunneſpiel, für Wolluſt, Ergötzung.

Wuniglich und Wunneſam, für wonnevoll, freudenreich; auch für wunderbar.

III.

ÜBER DIE
WOLFENBÜTTELSCHE HANDSCHRIFT
VON
ULRICH'S von TURHEIM
RITTERGEDICHT
WILHELM von NARBONNE.

III.

ÜBER DIE

WOLFENBÜTTELSCHE HANDSCHRIFT

VON

ULRICH'S von TURHEIM

RITTERGEDICHT

WILHELM von NARBONNE.

Allerdings konnte der Herr Rath und Profeſſor
Caſparſon in Caſſel eine vorläufige Bekanntſchaft
der Liebhaber und Kenner altdeutſcher Poeſie mit
dem alten Rittergedichte vorausſetzen, als er deſſen
durch höhere Unterſtützung beförderte Ausgabe
vor achtzehn Jahren vorläufig ankündigte,*) und
den Abdruck des erſten Theils bald darauf wirk-
lich lieferte.**) Aber unvollſtändig und wenig be-
friedigend waren doch die Nachrichten und Nach-
weiſungen gar ſehr, die man bis dahin von dieſem
Gedichte ertheilt hatte; nur für den Herausgeber
dieſes ſchätzbaren Denkmals unſrer alten Poeſie

---

*) *Ankündigung eines deutſchen epiſchen Gedichts der alt-
ſchwäbiſchen Zeit, aus einer Handſchrift der Fürſtl. Heſ-
ſenkaſſelſchen Bibliothek, von W. J. C. G. Caſparſon.*
Caſſel, 1780. 8.
**) *WILHELM DER HEILIGE VON ORANSE,
Erſter Theil, von TURLIN oder ULRICH TUR-
HEIM, einem Dichter des ſchwäbiſchen Zeitpunkts —* —
Caſſel, 1781. gr. 4.

konnten ſie dienliche Winke abgeben, um ihn bei
ſeiner Unternehmung auf die rechte Spur zu leiten,
und den beſſern Erfolg derſelben zu befördern.
Um ſo mehr iſt es zu bedauren, daſs jener würdige
Gelehrte erſt bei der wirklichen Bekanntmachung
des erſten Theils, und vermuthlich erſt gegen die
Zeit ſeines vollendeten Abdrucks, von den meh-
rern, und zum Theil wichtigen Handſchriften Wiſ-
ſenſchaft erhielt, die ſich von dieſem Gedichte in
andern öffentlichen Bücherſammlungen befinden.
Denn bei der Ankündigung ſeines Vorhabens war
ihm blofs die *Uſſenbachiſche* Handſchrift bekannt.
Die *Nachrichten von altdeutſchen bisher ungedruck-*
ten Gedichten waren ihm entgangen, und konnten
ihm leicht entgehen, die Herr Prof. *Ebeling* in
den hamburgiſchen *Unterhaltungen**) aus den ihm
zu Theil gewordenen Gottſchediſchen Papieren be-
kannt machte. So flüchtig und ſeicht indefs dieſe
Nachrichten waren, die Gottſched als Materia-
lien zu der Geſchichte der deutſchen Sprache und
Dichtkunſt, die er zu liefern Willens war, aufge-
zeichnet hatte; ſo geben ſie doch wenigſtens No-
tiz von der *Wolfenbüttelſchen, Hannoverſchen* und
Wiener Handſchrift **) dieſes Ritterromans, und
zwar eine vollſtändigere, als Herr Caſparſon
davon

---

*) B. VIII. St. 4 und 6. S. 314. 518. 524. Vergl. die Rezen-
ſionen von Herrn Caſparſon's Ankündigung in der *N.*
Bibliothek der ſchönen Wiſſenſchaften, B. XXV. S. 78.

**) Von der zu Rom in der Vatikaniſchen Bibliothek be-
findlichen Handſchrift dieſes Gedichts, die Hrn. Caſpar-

davon auch felbft noch bei der Ausgabe des erften
Theils zu haben fchien. Denn in feiner Vorrede
dazu giebt er dem Caffelfchen Codex den Vorzug
der Vollftändigkeit vor dem Wolfenbüttelfchen,
weil diefer, feiner Meinung nach, nur zwei Theile
des Gedichts, jener aber das Ganze in drei Theilen
enthalte. So verhält fichs aber nicht: fondern die
Wolfenbüttelfche Handfchrift hat vielmehr eben die
Vollftändigkeit, wie die Caffelfche, und, genau ge-
nommen, eine noch gröfsere; wie fich bald zei-
gen wird.

Denn, mit Vorbeilaffung aller anderweitigen
Unterfuchungen, die das Gedicht felbft und deffen
anderweitige Abfchriften betreffen, fchränke ich
mich hier blofs auf eine nähere Anzeige und Be-
fchreibung diefer in der herzoglichen Bibliothek zu
Wolfenbüttel befindlichen Handfchrift ein, deren
Vergleichung vor dem Abdrucke nicht nur, wie
Hr. Cafparfon fagt, nützlich, fondern zum
Beften der ganzen Unternehmung, und zur Beför-
derung — faft möcht' ich fagen, zur Bewirkung —
ihrer Brauchbarkeit nothwendig gewefen wäre.
Was es für mehrere Umftände gewefen find,
die fie unmöglich gemacht haben, ift mir un-
bekannt.

---

fon nicht unbekannt war, hat jetzt Herr *Friedrich
Adelung* in der *Fortfetzung feiner Nachrichten von
altdeutfchen Gedichten in Rom,* S. 77 ff. eine Befchrei-
bung gegeben. Sie ift derfelben zufolge ziemlich man-
gelhaft.

So viel ich weiſs, iſt *Tenzel*, in ſeinen *Monatli-chen Unterredungen,**) der Erſte, der der Wolfen-büttelſchen Handſchrift Erwähnung that; aber frei-lich nur ſehr im Vorbeigehen.   Unter fünf Hand-ſchriften, deren er gedenkt, war, ſagt er „die andre „auch auf Pergament geſchrieben und hielt in ſich : „*Ulrichs von Turheim und Volmars (Wolfram's) von.* „*Eſchenbach Teutſche Reime von Kayſer Carlen und* „*Pabſt Leone, von Marggraff Wilhelmen von Ora-* „*nien und Heinrichen Graffen von Naribon.*‟ — Dieſe ganze Angabe iſt ſchlechthin von dem papier-nen Titel genommen, welcher ſich auf dem Rücken des ſchweinsledernen Bandes aufgeleimt findet. Und auch dieſen hat Tenzel nicht einmal genau aufgezeichnet; jetzt aber iſt er zum Theil zerrieben, und nicht völlig wiederhergeſtellt, woran denn auch, bei ſeiner Unrichtigkeit und Verworrenheit, nichts verloren iſt.

Aus Gottſched's Beſchreibung, die man doch wohl kritiſcher erwarten ſollte, läſst ſich nicht viel mehr abnehmen. „Dieſe Handſchrift‟, ſagt er, „iſt „in Folio, auf Pergamen, durchgehends von Einer „Hand geſchrieben, und enthält noch **) zwei an-„dre Heldengedichte, nämlich *vom Markgrafen von* „*Oranitſch* und *vom ſtarken Rennewart*, welche „damit auch in einer Caſſelſchen Handſchrift zuſam-„men geſchrieben ſind.   Der Wolfenbüttelſche Co-„dex iſt aufs zierlichſte und prächtigſte geſchrieben,

---

*) Vom Jahr 1691, S. 922.
**) Nämlich außer dem Gedichte: *Wilhelm von Narbonne.*

„mit einer Menge fchön gemalter Anfangsbuchfta-
„ben und vielen grofsen mit Gold gezierten Bildern,
„welche die Begebenheiten des Helden vorftel-
„len." — Das ift Alles, was Gottfched von der
äufsern Befchaffenheit diefer Handfchrift fagt; und,
fo wenig es ift, doch fchon zu viel. Denn an-
fehnlich ift fie allerdings gefchrieben, aber nicht
prächtig; und, wie mir ein Augenzeuge von
Kenntnifs verfichert hat, minder anfehnlich als die
Caffelfche. Auch können die Anfangsbuchftaben,
die drei erften jeder Abtheilung ausgenommen,
nicht fchön gemalt heifsen; fie find blofs wech-
felsweife mit rother und blauer Farbe ausgefüllt,
und mit kleinen Zügen verbrämt, deren Dinte auf
gleiche Art, aber in andrer Folge, abwechfelt, fo,
dafs die rothen Buchftaben blaue, und die blauen
rothe Verzierungen haben. Die Schriftzüge müffen
überhaupt kleiner feyn, als in der Caffelfchen Hand-
fchrift. Diefe hat, nach Herrn Cafparfon's An-
gabe, 334 Blätter, und jedes Blatt enthält 150 bis
160 Zeilen. Die Wolfenbüttelfche befteht aus 345
Blättern, deren jedes 168 Zeilen, jede Kolumne
nämlich ihrer 42, enthält. Dagegen ftehen die Ge-
mälde hier auf befondern, an ihrem Ort eingefchal-
teten, Blättern. Der erfte Theil, oder das Ge-
dicht vom Markgrafen Wilhelm von Narbon-
ne, hat funfzehn dergleichen Blätter, die meiftens
zwei über einander ftehende Gemälde enthalten;
einige beftehen auch aus drei oder vier abgetheil-
ten Feldern; fo, dafs auf diefen funfzehn Blättern

überhaupt vier und dreiſsig einzelne Vorſtellungen
angebracht ſind. Reicher an ſolchen Malereien iſt
der zweite Theil, ob ſie gleich nur bis gegen deſſen
Mitte gehen; ihrer ſind oft zwei Blatt unmittelbar
beiſammen. Die, ganze Anzahl der Blätter beläuft
ſich auf ſechs und zwanzig, und der Gemälde ſind
doppelt ſo viel, indem jedes Blatt in zwei Felder
getheilt iſt. Der gröſsern letzten Hälfte des zwei-
ten und dem ganzen dritten Theile des Gedichts
ſind gar keine Bilder beigefügt. 　　　　　–

Ueberhaupt aber haben hier die Malereien,
wenn man nach der von Herrn Caſparſon in der
Ankündigung gemachten Beſchreibung, und der auf
der erſten Seite des Gedichts ſelbſt gegebenen Probe
der Caſſelſchen urtheilen darf, mehr Umfang und
Ausführlichkeit als dieſe, die keine beſondre
Blätter füllen, ſondern in den Text ſelbſt mit ein-
geſchaltet ſind. Die Wolfenbüttelſchen haben ein
ſtark aufgetragenes und gröſstentheils noch unge-
mein lebhaftes Kolorit, und ſämtlich einen dunkel-
blauen Hintergrund, der in einigen, vornehmlich
des zweiten Theils, etwas verwiſcht iſt. Die mei-
ſten ſind mit Figuren und Nebenwerk überladen,
beſonders die, welche Geſechte und Turniere vor-
ſtellen. Richtige Zeichnung, Charakter, Anord-
nung und Perſpektiv ſucht man hier vergebens.
Für das Koſtume des Zeitalters, damalige Bau-
art, Kleidertrachten und Kriegsrüſtungen, ha-
ben dieſe Bilder indeſs noch einige Erheblichkeit,
Gold iſt nicht ſehr daran verſchwendet; nur hier

und da findet fichs, fehr gut erhalten, an den Kro-
nen, an dem Helmfchmuck und Pferdegefchirr,
auch an den drei erften Anfangsbuchftaben jedes
Theils. Blofs das erfte diefer Gemälde hat die ge-
reimte Ueberfchrift:

> Hie *fitzet graf hainrich von Naribon*
> *Vnd fchichet fein fun alle von im Dan.*

Was Herr Cafparfon als Marginalien
angiebt, find hier Ueberfchriften einzelner Abfchnit-
te, ungleich vertheilt, und nur da befindlich, wo
die Handlung merklich fortrückt; zum Theil in
Profe, zum Theil in Reimen. Die erfte diefer Ue-
berfchriften fteht gleich nach dem Eingange, auf
der dritten Seite, über der Zeile:

> *Man fagt vnz daz von naribon*

und heifst:

> *Von graf hainrich von naribon.*

Die zweite findet fich erft über der 29ften Zeile,
S. 17. Sp. 1. des Abdrucks:

> *Hie vinech man Wilhalm.*

Die dritte über Z. 7. S. 28. Sp. 1.

> *Hie ward der markis pracht gein todiern.*

Die vierte ift die erfte gereimte, S. 39. Sp. 2. Z. 20,
wo in dem Abdrucke kein neuer Abfatz ift:

> *Hie paten tybalden di vrowen*
> *Daz er wilhalm liezze fchowen.*

Und von diefer Art finden fich in dem ganzen er-
ften Theile nur noch fünf Ueberfchriften, da ihrer
hingegen in dem Caffelfchen Codex mehrere find,
die aufserdem, wie es fcheint, immer eine unmit-

telbare, Beziehung auf die Malereien haben, und
mehr Erklärungen des Inhalts dieſer letztern, als
eigentliche Ueberſchriften der einzelnen Abtheilun-
gen des Gedichts ſelbſt ſeyn ſollten.   Zahlreicher
kommen dergleichen Ueberſchriften, und durch-
gängig gereimt, in dem zweiten Theile der Wolfen-
büttelſchen Handſchrift vor, deren einige auch von
G o t t ſ c h e d ausgezogen ſind.   Seltner finden ſie
ſich in dem dritten Theile.   Lateiniſche Anzeigen
des Inhalts aber, dergleichen der Caſſelſche zweite
und dritte Theil haben, finden ſich hier gar nicht.

G o t t ſ c h e d verſuchte das Alter unſrer Wolfen-
büttelſchen Handſchrift aus folgenden Schluſszeilen
des Ganzen, oder des dritten Haupttheils, zu be-
ſtimmen:

> Hie hat daz puech ein ende
>   daz ich zepoten ſende
> An ſie die iz hören leſen
>   daz ſi mir pittende weſen
> Der ſel haile hin zu gote
>   ſo mir kom dez todez pote
> „Ditz pueches chunde pflegen
>   „volkmarus von podenſwegen
> „Mit vorchten dar zv mit ſinne
>   „waz ob hainreich dez huld gewinne
> „Dem ditz wirt geſant
>   „her markgraf ott ſeit gemant
> Vnd daz euch gotez guet gezem
>   daz er euch vnd mich zv im nem
> Der gemachet hat adamen
>   der ruech vns geben ſein Huld
>   A M E N.

Die mit Häkchen bemerkten fechs Zeilen fehlen, wie Gottfched erinnert, in dem Caffelfchen Codex, und find alfo billig blofs auf die Wolfenbüttelfche Abfchrift des Gedichts, nicht aber auf deffen Zueignung überhaupt, zu ziehen. Und nun vermuthete er, nicht unwahrfcheinlich, der hier gemeinte Markgraf Otte fey Markgraf Otto von Brandenburg mit dem Pfeile, der in der letzten Hälfte des dreizehnten Jahrhunderts lebte, und felbft Dichter war.*) Nach diefer Vermuthung, die wirklich auch durch den Augenfchein noch mehr beftätigt wird, wäre alfo unfre Handfchrift aus der Mitte oder zweiten Hälfte des dreizehnten Jahrhunderts, und folglich um wenigftens funfzig Jahr älter, als die Caffelfche. Ob fie aber, wie Gottfched, und nach ihm Herr Cafparfon, muthmafsen, einige dreifsig Jahre nach der Verfertigung des Gedichts felbft abgefchrieben fey, getraue ich mir nicht zu behaupten, weil fich die eigentliche Zeit diefer Verfertigung wohl fchwerlich ganz genau beftimmen läfst.

Zu diefen äufsern Spuren des höhern Alters der Wolfenb. Handfchrift kommen auch noch manche innere, wodurch fie auch von diefer Seite einen beträchtlichen Vorzug vor der Caffelfchen erhält. Jene hat durchgängig mehr Genauigkeit und mehr Gleichförmiges in Anfehung der Rechtfchreibung, die in

---

*) Man findet einige Gedichte von ihm in den *Proben der alten fchwäbifchen Poefie*, S. 9. und in der *Sammlung von Minnefingern*, Th. I. S. 4.

diefer, wie Herr Cafparfon felbft in feiner An-
kündigung S. 18. gefteht, und wie der Augenfcheia
des darnach von ihm veranftalteten Abdrucks er-
giebt, felbft in den Namen der handelnden Perfo-
nen, fehr fchwankend und abweichend ift. Aufser-
dem aber hat auch die erftere weit vorzüglichere
und richtigere Lesarten. Sowohl die Fahrläffig-
keit des Abfchreibers der Caffelfchen, als feine hier
und da fichtbare Gefliffenheit, etwas von feinem Ei-
genen hinzu zu thun, den Ausdruck zu ändern,
oder den Vers gefchmeidiger zu machen, verrathen
allein fchon die fpätere Entftehung diefer Abfchrift,
die auch durch die Lücke eines ganzen Abfchnittes
von ein und dreifsig Verfen, und durch den Man-
gel der ein und zwanzig, nicht ganz müfsigen, fon-
dern die Erzählung vollendenden, Schlufsverfe des
erften Theils der Wolfenbüttelfchen nachfteht.

Wahrfcheinlich ift ein noch weit gröfserer Man-
gel, der auch dem Abdrucke fehr nachtheilig ge-
worden ift, nicht die Schuld des Abfchreibers, fon-
dern des Buchbinders, der vielleicht einige Blätter
aus ihrer Stelle gerückt und falfch gebunden hat.
Ob diefe Vermuthung richtig fey, mufs die unmit-
telbare Anficht des Caffelfchen Codex und die Be-
fchaffenheit der Blätter entfcheiden, von denen hier
die Rede ift. Bei der nähern Vergleichung nämlich
entdeckte ich von S. 91. Sp. 2. Z. 24. an, eine Ver-
fetzung von mehr als vierhundert Verfen, wodurch
Sinn und Zufammenhang völlig geftört werden, und
von der ich um fo mehr wünfchte, dafs der Herr

Herausgeber fie wenigftens geargwöhnt hätte, weil felbft der Lefer fie gar bald aus den ohne Reim da ftehenden einzelnen Verfen und aus dem gänzlichen Mangel aller Verbindung leicht vermuthen könnte. Ihre Anzeige, die ich hier gebe, ift daher für Jeden wichtig, der diefes Gedicht in dem Abdrucke fo zu lefen wünfcht, wie es ift, und wie es zufammenhängt.

Nach der angeführten Stelle, oder nach der Zeile:

Sin name fteht zv hohem zil

folgen unmittelbar alle die Verfe von S. 93. Sp. 2. Z. 28:

Wil er die trewe zu würde keren

bis S. 100. Sp. 2. Z. 3:

Bernhart vnd arnalt

worauf dann erft wieder S. 91. Sp. 2. Z. 25. folgt:

Swen der tot nicht hat gewalt

bis S. 93. Z. 27:

Ich vnd die mein Hertze vrewet

Da hinein gehört dann S. 106. Sp. 2. Z. 28:

Der wil ich nv vrewde machen

bis S. 109. Sp. 1. Z. 27:

Sint dez liebe in dir bluet

Auf diefe Zeilen folgt S. 100. Sp. 2. Z. 4:

Dez verluft mich hat in leide gemuet

bis S. 106. Sp. 2. Z. 27:

Natur hatte mit irer liebe lantz

und fodann S. 109. Sp. 1. Z. 28:

Geruert ir aller hertze.

Wer die Vergleichung und Berichtigung dieſer aus
ihrer Stelle verrückten Verſe anſtellt, der wird
keinen Augenblick darüber zweifelhaft ſeyn, ob
die Verſetzung auch wirklich dem Caſſelſchen, oder
vielmehr dem Wolfenbüttelſchen Exemplare zur Laſt
falle; aber er wird ſich auch des Gedankens nicht
erwehren können, daſs ſchon die Vermeidung die-
ſes Uebelſtandes und dieſer weſentlichen Verwir-
rung einer vorläufigen Vergleichung beider Hand-
ſchriften werth geweſen wäre.

Oben hab' ich der in der Wolfenb. Handſchrift
allein befindlichen Schlufsverſe des erſten Theils ge-
dacht. Dieſe dienen dazu, den rechten Geſichts-
punkt zu beſtimmen, aus welchem man dieſen gan-
zen erſten Theil, oder Ulrich von Turheim's
Arbeit, anzuſehen hat. Er iſt nämlich blofs Erwei-
terung deſſen, was Wolfram von Eſchilbach
zu Anfange ſeines Gedichts, oder des zweiten
Theils, nur ganz ſummariſch erzählt. In dieſer Be-
ziehung nennt Ulrich von Turheim ſein gan-
zes Gedicht in jenen Schlufszeilen blofs eine Vor-
rede; und dahin iſt auch das zu erklären, was er
gleich zu Anfange ſagt:

> der materie vns vil zu enge
> Herr Wolfram hat bedeutet
> die euch baz wird beleitet.

So urtheilt auch Herr Caſparſon ſelbſt von die-
ſem Gedichte, *) ohne jedoch die Beweiſe davon
anzuführen, deren erſtern ihm auch ſeine Hand-

*) *Ankündigung*, S. 20.

fchrift nicht darbot. Gottfched aber hat diefen
Gefichtspunkt ganz verfehlt, ob er gleich die Wol-
fenbüttelfche Handfchrift vor Augen hatte. Ihm
fchien die zuletzt angezogene Stelle des Eingangs
ein Beweis zu feyn, dafs Efchilbach einigen
An'heil an Turheim's Gedichte gehabt, dafs Je-
ner Diefem die Erzählung aus der Provenzalfprache
gedeutet oder ausgelegt habe, um fie in deutfche
Verfe zu bringen. Und dafs diefes Gedicht die
Vorrede heifst, fchien ihm blofs darauf zu gehen,
dafs es gewöhnlich mit den zwei andern fey zu-
fammengefchrieben worden. Als ob das nur
fo zufällig und durch blofses Herkommen gefche-
hen wäre! — Nein, Ulrich von Turheim
fchlofs fich an Efchilbach an, und hatte die Ab-
ficht, die Arbeit diefes Letztern der feinigen, dem
jetzigen erften und dritten Theile des Ganzen,
einzuverleiben.

Doch, ich verliere mich in Umftände, die ei-
gentlich zur Kritik diefes Gedichts gehören, die
doch hier mein Zweck nicht ift. Nur Eins mufs ich
hier noch mit zwei Worten berühren, weil es in
die Würdigung der beiden Handfchriften, von de-
nen hier die Rede ift, Einflufs hat. Es betrifft
die Mundart, worin beide gefchrieben find. In
der Caffelfchen herrfcht offenbar die oberdeutfche,
oder vielmehr altfchwäbifche Mundart und Schreib-
weife; in der Wolfenbüttelfchen hingegen haben
beide fchon viel von dem fächfifchen, oder vielmehr
fränkifchen, mildern Idiom, dem man gewöhnlich

einen ſpätern Urſprung in deutſchen Schriften bei-
zulegen pflegt.   Bei den unleugbaren Spuren des
höhern Alters unſrer Handſchrift verdient dieſer
Umſtand allerdings die Aufmerkſamkeit des Sprach-
forſchers.   Zugleich aber widerlegt er eine Bemer-
kung, die der um unſre Sprache und ältere Dich-
terkunde ſo verdiente B o d m e r mehrmals gemacht
hat, *) daſs ſich der Doppellaut e i für das ein-
fache i erſt in der zweiten Hälfte des funfzehnten
Jahrhunderts eingeſchlichen habe, und das letzte
von den Thüringern und Meiſsnern eben ſo wohl
als von den Schwaben und Rheinländern gebraucht
ſey.   In unſrer Handſchrift kommt jener Doppel-
laut ſehr häufig, und ſelbſt in Reimſylben, vor.
Auch die nach B o d m e r's Meinung erſt ſpäter
entſtandene Neuerung, ſich des e i in den Endun-
gen weiblicher Benennungen, z. B. K ü n i g e i n,
zu bedienen, findet man ſchon hier; folglich war
dieſe Art zu ſprechen und zu ſchreiben ſchon
ein alter obgleich ſeltnerer Brauch, und keine
Neuerung der ſpätern Zeit.   Daſs ſich das auch hier
vorkommende i e ſtatt des langen i in den älteſten
Schriften, und ſelbſt ſchon beim K e r o finde, hat
auch Herr A d e l u n g in ſeinem Wörterbuche be-
merkt.   Uebrigens nähert ſich die ganze Sprachform
der Wolfenbüttelſchen Handſchrift der jetzigen
Schriftſprache ſchon weit mehr; und ſo wäre ſelbſt

---

*) Z. B. in den *Proben der alten ſchwäbiſchen Poeſie*, Vor-
bericht, S. LIV. und in den *Grundſätzen der deutſchen
Sprache*, Vorl. Abh. II. S. 11.

fchon in diefer Hinficht es rathfamer gewefen, den
Abdruck des gegenwärtigen Gedichts vielmehr
nach jener zu veranftalten. .

„ Weit beträchtlicher aber ift der fchon berührte
Vorzug ihrer gröfsern Richtigkeit. Ich habe mich
einft die trockne und befchwerliche Mühe nicht ver-
driefsen laffen, zwifchen dem von Herrn Cafpar-
fon gelieferten Abdrucke des erften Theils und
der Wolfenbüttelfchen Handfchrift eine durchgän-
gige und forgfältige Vergleichung anzuftellen, und
die fehr anfehnliche Menge abweichender Lesarten
an einem andern Orte mitgetheilt.*) Nur die er-
heblichern Verfchiedenheiten zeichnete ich aus; und
unter diefen find gewifs nicht wenige, die für weit
beffere, oft auch für unftreitig richtige, Lesarten
gelten können. Ihre Vergleichung wird dem Lefer
des Abdrucks häufigen Anftofs erfparen, und ihm
eine Menge von fonft unverftändlichen Stellen deut-
lich machen. Hier will ich nur noch die oben er-
wähnten Schlufsverfe des erften Theils herfetzen,
die in der Caffelfchen Handfchrift und deren Ab-
drucke ganz fehlen:

> Nv habt irs allez wol vernomen,
>   wie ditz dinch allez her ift chomen
> Die herren namen all vrlaub do
>   mit grozzen zuchten vnd warn vro

---

*) Im *funften* Stücke der *Leffingifchen Beiträge zur Ge-
fchichte und Litteratur, aus den Schätzen der Herzogl. Bi-
bliothek zu Wolfenbüttel*, S. 92 — 154. Der obige Auffatz,
hier etwas verändert, war die Einleitung dazu.

Der pabeft rait wo er wolde
  den furften von geftain vnd von golde
Ward gegeben vnd reich gewant
  jeder herr rait in fein lant
Vnd danchten dem markis vnd kiburgen vil
  wir dienens gern ob vns wil
Got lazze mit gefunde leben
  wir wellen daz willichleich geben
Vnd fur euch in wage fetzen
  daz wir euch folcher er ergetzen
Nv hat die vorred ein ende
  Got fein genad vns allen fende
Vnd geb vns feinen heiligen geift
  daz er fey vnfer volllaift
Daz wir alhie alfo gepowen
  daz wir die himelifchen vrowen
Mit ierm fvn ewichleich befchowen
                              AMEN.

― ― ―

Auch der zweite Theil diefes grofsen Ge-
dichts ift durch die Beforgung des Herrn Raths
Cafparfon nach der Caffelfchen Handfchrift wirk-
lich fchon vor funfzehn Jahren abgedruckt;*) aber,
fo viel ich weifs, ift die Vollendung diefes Abdrucks
damals nur in den Göttingifchen Anzeigen von ge-
lehrten Sachen gemeldet worden.**) Dafs aber def-

―――――

*) *WILHELM DER HEILIGE VON ORANSE.
Zweyter Theil, von WOLFRAM VON ESCHIL-
BACH* ― ― ― Caffel, 1784. gr. 4. 1 Alph. 4 Bog.

**) v. J. 1784. S. 1246.

felben in keiner Literarnotiz von diefem Gedichte
erwähnt worden ift, rührt daher, weil diefer zwei-
te Theil nicht in den Buchhandel kam. *) Ich be-
fitze einen Abdruck deffelben durch die freund-
fchaftliche Güte des Herrn Herausgebers. In der
Vorrede gedenkt er der von mir gefammelten Va-
rianten der Wolfenbüttelfchen Handfchrift mit Aner-
kennung ihrer Wichtigkeit. Auch führt er dort an,
dafs die abweichenden Lesarten des zweiten Theils,
durch meine Vermittelung, von meinem Schwieger-
vater, dem feligen Konfiftorialrath C o n r a d A r -
n o l d S c h m i d, gleichfalls fchon gefammelt find.
„Ob es gleich", fetzt er hinzu, „eine grofse Unbe-
„quemlichkeit ift, dergleichen nicht unter dem
„Text zu finden, fo würde man fie doch mitgetheilt
„haben. Allein ihre augenfcheinliche Menge wür-
„de ein ganzes Bändchen erfodern; und felbft nach
„der vortheilhaften Lage, in welcher ich Deutfch-
„land diefe Handfchrift liefern kann, möchte fie ih-
„re gänzliche Beförderung zum Druck erfchweren.
„Denn der künftige d r i t t e Theil, hauptfächlich

---

*) Noch neulich (den 21ften November 1798) fchrieb mir
   Herr C a f p a r f o n darüber: „Nachdem der erfte Theil
   „durch den nun verftorbenen Buchhändler C r a m e r in
   „die deutfche Welt gekommen, fo habe ich den auch ab-
   „gedruckten zweiten unter keiner Bedingung, felbft un-
   „ter der billigften nicht, anbringen können. Der dritte
   „liegt alfo in der übrigens mit Mühe gemachten Hand-
   „fchrift todt." — Recht fehr wünfchte ich, dafs fich ein
   patriotifcher Buchhändler zur Ueberaahme diefes Verlags
   entfchliefsen möchte.

„Wilhelms des Heiligen Mönchsleben, iſt
„bei weiten der ſtärkſte; und noch muſs man ſich
„nur an dem Vortheile genügen laſſen, dieſe ſchätz-
„baren Alterthümer des Vaterlandes gedruckt zu
„erhalten."

———————

IV.

IV.

ÜBER

DAS SPRUCHGEDICHT

FREIDANK.

F

IV.

ÜBER

DAS SPRÜCHGEDICHT
FREIDANK.

Das unter dem Namen *Freidank* bekannte Ge-
dicht gehört unftreitig zu den fchätzbarften Denk-
mälern der altdeutfchen Lehrpoefie, und hatte ehe-
dem ein ausgezeichnetes, klaffifches Anfehen. Die
von diefem Gedichte und dem Verfaffer deffelben
bisher ertheilten Nachrichten find jedoch noch fehr
unbeftimmt und unzulänglich. Diefs zu zeigen,
will ich die vornehmften hier vorläufig anführen,
ehe ich meine eigenen Bemerkungen mittheile.
Und auch diefe dürften mehr nur Ermunterungen
und Anläffe zu weiterer Forfchung, al befriedigen-
de Auffchlüffe geben.

Man weifs, dafs *Enoch Hanemann* in feinen
Anmerkungen zu *Opitzens deutfcher Profodie* *) aus
dem zu Strafsburg handfchriftlich aufbewahrten Bu-
che *Spangenberg's von den Meifterfängern*, einen
Auszug geliefert hat. Diefer Auszug war bisher,
nebft der bekannten Abhandlung Wagenfeil's,
die Hauptquelle aller neuern hiftorifchen Nachrich-

---

*) Achte Ausgabe, Frankfurt, 1658. 12.

ten über diese Dichterzunft, und selbst eine von Wagenseil's Hauptquellen über ihren frühern Zeitraum. In jenem Auszuge wird Albrecht von Halberstadt, der bekannte Uebersetzer von *Ovid's Verwandlungen*, um das Jahr 1210 angeführt, und dann hinzugesetzt: „Vmb dieselbe Zeit „oder je kurtz hernach hat gelebet Freydank, „welcher mit wenig Worten viel seiner Lehren kurtz „fassen können, wie aufs seinem Buch, das Dr. „Sebast Brand ans Licht bracht hat, zu sehen. „Man hielt damals auf keinen Spruch nichts, den „nicht Herr Freydank gedichtet.“

Keiner scheint besser darum zu wissen, wer der Verfasser dieses Gedichts gewesen sey, als der vielwissende Morhof; und keiner von allen, die seiner erwähnen, wusste doch im Grunde weniger darum. „Zu derselben Zeit des Hugo von Trym-„berg“, sagt er,[*]) „lebte Freydank, der von je-„nem oft angeführt wird, hat ein Buch in teutschen „Reimen geschrieben, so er die Laien-Bibel „nennet, darinnen er die fürnehmsten Historien altes „und neues Testaments in teutsche Verse verfasst, „und allerhand feine Lehren mit untermischt. Er „hat auch einen Auszug der siebenden Zahl aus der „Bibel und den Chronicken hervorgegeben, dessen „doch *Leonhard Wurffbain*, in seinem Buch „*de Septenario*, keine Erwähnung gethan. Sie sind „zu Frankfurth a. 1569 gedruckt.“

---

[*]) *Unterricht von der teutschen Sprache und Poesie*, S. 329.

Kein befferer Grund, als dafs der *Freidank*
oft im *Renner* angeführt wird, fcheint Morho-
fen vermocht zu haben, die Verfaffer beider Ge-
dichte zu Zeitgenoffen zu machen. Hätte er die-
fe Anführungen etwas genauer erwogen, fo würde
er fchon ihrentwegen dem erftern eine frühere Ex-
iftenz eingeräumt haben. Doch, das ift noch die
kleinfte Unrichtigkeit diefer Stelle. Weit unrich-
tiger ift die Angabe des Titels von Freidank's
Gedichte, ob fie gleich, wie diefe ganze Nachricht,
von mehrern fchlechthin aufgenommen und nach-
gefchrieben ift. *) Denn hier wird offenbar der
ältere Freidank, diefer ehedem fo beliebte, im
Renner fo oft angezogene Gnomolog, mit einem
um zweihundert Jahre fpätern Reimer, Jakob
Freydang, verwechfelt. Von diefem letztern hat
man einen Folianten mit folgender Auffchrift: *Der
Layen Biblia: Darinn die Heilige Schrifft, fonderlich
aber die fürnemften Hiftorien vnd Gefchicht defs al-
ten vnd neuwen Teftaments, kurtz vnd fummarifch,
doch ganz vollkommen, befchrieben werden.* — —
Sampt einem Aufszug der fibenden Zal, aufs heyli-.
ger Biblifcher Schrifft, vnd den alten glaubwirdigen
Chronicken vnd Hiftorien gezogen, fo offt derfelben
darinnen gedacht wirt, u. f. f. Geftellt vnd befchri-
ben durch den fürtrefflichen vnd hochverftendigen

---

*) Z. B. von Omeis, in feiner *Anleitung zur teutfchen*
Reim- und Dichtkunft, S. 24; von Reimmann, im *Ver-*
fuch einer Einleit. in die Hift. Lit. der Teutfchen, Th. II.
S. 274.

Jacob Freydang, *CARINTHUM*. *Fraukfurth am Mayn*, *MDLXIX*. — Eine Reimbibel, die mehr wegen der guten Holzfchnitte, um derentwillen fie, laut der Vorrede, auch verfertigt ift, als der Verfe wegen, Aufmerkfamkeit verdient, und die von Georg Raben, Sigmund Feyerabend, und Weygand Hanen Erben zum Druck beför- dert wurde.*) Ihr Verfaffer, Jakob Freydang, lebte zu Altenhofen im Herzogthum Kärnthen, von da er feine Vorrede mit eben der Jahrszahl datirt, die auf dem Titel befindlich ift. Diefes Buch hat aber eben fo wenig mit unferm Gedichte, als der Verfaffer deffelben mit unferm Dichter gemein.

Beffer und richtiger ift das, was *Bodmer*, in feinem lehrreichen Auffatze *von der Poefie des fechs- zehnten Jahrhunderts* **) über diefen altdeutfchen Spruchdichter fagt. Er fetzt ihn ins dreizehnte Jahrhundert, führt zugleich den wefentlichften In- halt aus Brant's Befchlufsrede an, die er feiner Umänderung diefes Gedichts beigefügt hat, beur- theilt dann den Werth der in diefem letztern enthal- tenen Sittenfprüche, und giebt davon verfchiedene Beifpiele.***) Damals zwar fcheint Bodmer den

---

*) Vergl. *Riederer's Nachrichten von feltnen und merk- würdigen Büchern*, Th. II. S. 125.

**) Siehe die *Sammlung kritifcher*, *poetifcher*, *und anderer geiftvoller Schriften*, St. VIII. S. 16.

***) Faft die nämlichen giebt Prof. *Meifter* in feinen *Beiträgen zur Gefchichte der deutfchen Sprache und Na- tionalliteratur*, Th. I. S. 88.

Freidank blofs aus dem „gedruckten fehr verderb-
„ten" Exemplare gekannt zu haben, deffen er
noch in der Vorrede zu den Fabeln der Minnefinger
erwähnt, in deren Gloffarium er auch von einigen
Stellen feines Gedichts öftern Gebrauch gemacht
hat. Späterhin wurde er vermuthlich erft mit der
Strafsburgifchen Handfchrift bekannt, von welcher
unten fogleich die Rede feyn wird.

Mehrere Literatoren und Forfcher unfrer dich-
trifchen Alterthümer haben in der Folge des *Frei-
dank* erwähnt; aber Keinem ift es bisher geglückt,
dem eigentlichen Verfaffer auf die Spur zu kommen.
Vielleicht ift gar Freidank ein angenommener
Name, der auf die Freimüthigkeit der Gedanken in
diefem Spruchgedichte Beziehung hat. Dafs diefes
Wort blofs Ueberfchrift - des Gedichts felbft feyn
folle, wie z. B. der *Renner, der Welfche Gaft*,
u. f. f., läfst fich nicht annehmen, da diefe Voraus-
fetzung fich nicht wohl mit den Anfangsverfen ver-
trägt. Kurz, es wird fchwer feyn, den wahren
Urheber diefes Gedichts ausfündig zu machen, da
Brant, Hugo von Trymberg, Agrikola,
u. A. völlig darüber fchweigen.

Mit gröfserer Gewifsheit hingegen läfst fich
fchon die Entftehungszeit deffelben beftimmen. Spä-
ter wenigftens, als im dreizehnten Jahrhunderte,
darf man diefe nicht annehmen; und felbft in der
letzten Hälfte deffelben fcheint es nicht erft gefchrie-
ben zu feyn. In diefe gehört *Rudolf Dienft-
mann zu Montfort*, in deffen Gedichte, *Wil-*

helm von Brabant, fchon unfers Freidank's
Erwähnung gefchieht: *)

> Wolte uch Maifter *Freydanck*
> Gedichtet han so werent ir
> Bas hin kummen den an mir

Hier fteht fein Name mitten unter den Dichtern des
fchwäbifchen Zeitalters, oder den fogenannten Min-
nefingern. Zu diefen ift er auch unftreitig mehr zu
zählen, als zu den fpäterhin erft fo benannten und
zunftmäfsigen Meifterfängern, wenn er gleich auch
hier Meifter heifst. Denn man weifs, dafs diefs
bei manchen Dichtern jener frühern Periode der
Fall war, wie er es auch hier, in der nämlichen
Stelle, bei Gottfried von Strafsburg ift.

Einen zweiten Beweis von diefem frühen Dafeyn
unfers Gedichts geben die öftern Anführungen def-
felben im *Renner;* **) und die Art, wie fie ge-
fchehen, beweifet genug, wie fehr Hugo von
Trymberg den Freidank verehrte, und welch
ein fchon feftftehendes klaffifches Anfehen fein
Zeugnifs und feine Sprüche damals haben mufsten.
Sie ftehen hier in der Reihe andrer Zeugniffe und

*) Siehe *Cafparfon's* Vorrede zum erften Theile feiner
Ausgabe des Gedichts: *Wilhelm von Oranfe*, S. XVIII.

**) Die vornehmften derfelben ftehen in der einzigen ge-
druckten Ausgabe des *Renners* (Frankfurt, 1549. fol.)
Bl. 12. a. Bl 13. a. 14. a. 17. b. 28. b. 29. b. 30. a. 32. a.
38. a. 39. a. 40. b. 41. a. 47. a. 50. b. 53. b. 58. b. 60. a.
61. a. 71. a. 73. a. 78. a. 90. b. 95. a. 101. b. 117. a.
119. a. b. — Selbft die beiden letzten Zeilen des Be-
fchluffes find aus dem *Freidank.*

Beläge aus biblifchen, kirchlichen, und alten klaf-
fifchen Schriftftellern. Sehr oft wird auch die Nen-
nung feines Namens mit einem Lobfpruche beglei-
tet; z. B. Bl. 13:

> Da Freydanck fpricht, der felig mann,
> Defs fpruche ich dick gelefen han.

Und Bl. 50:

> Es fprach Freidanck, des fprüch niemandt
> Vor Gottes gerichte fälfchen kann.

Schwerlich hatte er diefes hohe Anfehen fchon bei
feinen Lebzeiten erhalten. Die Zeit aber, wenn
Hugo von Trymberg feinen *Renner* vollendet
hat, weifs man aus dem Befchluffe diefes Ge-
dichts genau:

> Da taufent vnd drey hundert jar
> Nach Chriftus geburt vergangen war
> Drithalbs jar gleich vor den jaren
> Da die Jüden in Franken wurden erfchlagen
> u. f. f.

Auch die Art, wie **Brant** in der Befchlufsrede
(*Conclufio Correctoris*) feiner Ausgabe den **Frei-
dank** bezeichnet, fetzt ein zu feiner Zeit fchon
ziemlich fernes Alter voraus:

> Far hin freydanck myn guter fründ
> In aller welt dein lere verkünd
> Das menglich bey dir fehen kan
> Das man vor tziten auch hat gehan
> In tütfchen landen dapfer lüt
> Die warheit redten alle tzyt
> Als du haft all dein tag gethon
> Far hin got geb dir ewig lon.

Und fo auch in der Vorrede, wo **Freidank** redend eingeführt wird:

> Ich bin lang zeit verlegen bliben
> Vnd wer noch manichem vnerkant
> Het mich nit funden doctor Brant.

Den meiften Ruf fcheinen **Freidank's** Sprüche wohl zu **Trymberg's** Zeiten gehabt zu haben. Was **Spangenberg** in der oben angeführten Stelle von ihnen rühmt, fteht wörtlich auf dem Titelblatte von **Brant's** erfter Ausgabe, und ift auf den meiften nachherigen wiederholt:

> Man hielt etwan vff kein fpruch nicht
> Den nit herr frydanck het gedicht.

Aber auch während des ganzen vierzehnten und funfzehnten Jahrhunderts, und felbft noch im fechszehnten, da **Brant** ihn durch den Druck allgemeiner bekannt gemacht hatte, war fein Anfehen nicht geringe. Das beweifen die öftern Anführungen feiner Sprüche in mehrern damaligen Sohriften, z. B. in *Baumann's Kommentar zum Reinecke Fuchs*, in *Holzmann's Fabeln*, und in *Agrikola's Deutfchen Sprüchwörtern*. In einer, nachher anzuführenden, Wolfenbüttelfchen Handfchrift ftehen, an zwei verfchiedenen Stellen, mitten unter den Sprüchen eines **David**, **Hofeas**, **Paulus**, **Hieronymus**, **Ambrofius**, **Seneka**, **Plato**, u. a. m. auch Verfe aus dem *Freidank*, die eben fo, wie jene, blofs mit feinem Namen überfchrieben find.

Aus diefer grofsen Popularität des Gedichts läfst
fich fchliefsen, dafs von demfelben viele Abfchriften
gemacht, und mehrere derfelben noch jetzt vorhan-
den feyn werden. Bis jetzt ift mir gerade ein Du-
tzend folcher Handfchriften bekannt; es giebt ihrer
aber gewifs noch mehr. Jene befinden fich in der
Vatikanifchen,[1]) Strafsburgifchen,[2]) Gothaifchen,[3])
Wiener,[4]) Bremifchen,[5]) Hamburgifchen,[6]) Wol-
fenbüttelfchen [7]) und Helmftädtifchen [8]) Bücher-
fammlung, und im Privatbefitze der Herren An-
ton [9]) und Panzer.[10]) Endlich waren auch
ehedem zwei Abfchriften des *Freidank* unter den
altdeutfchen Manufkripten des Mag. Georg Li-
tzel.[11])

Ich getraue mir nicht zu entfcheiden, welche
von diefen Handfchriften die ältefte fey, da mir nur
drei derfelben, die Strafsburger, in dem davon ge-

1) S. *Friedr. Adelung's Nachrichten von altdeutfchen*
Gedichten in der Vatikanifchen Biblioth. S. 21. Nr. 314.

2) In der Bibliothek des dortigen Johanniterhaufes, auf Per-
gament. Breitinger nahm eine Abfchrift davon.

3) S. *Tenzel's Monatl. Unterredungen* v. 1691. S. 930.

4) Lambeck führt diefe Handfchrift der kaiferl. Biblio-
thek unter den Büchern an, die dem Kaifer Maximi-
lian I. als Verfaffer beigelegt würden.

5) S. *Meifter's Beiträge zur Gefch. der deutfchen Sprache,*
Th. I. S. 94.

6) Ehedem in der Uffenbachifchen. S. den gröfsern *Kata-*
log der Uffenbachifchen Manufcripte, P. IV. col. 242.

7) 8) Von beiden f. unten das Nähere.

9) S. deffen eigne Nachricht davon im *Deutfchen Mufeum*
vom Jahr 1779. B. II. S. 370. Sie ift vom Jahr 1425.

10) S. deffen *Annalen d. ältern deutfchen Literatur,* S. 358 f.

11) S. *Oetter's Hiftor. Bibliothek,* Th. I. S. 73.

lieferten Abdrucke,*) die Wolfenbüttelfche, wo-
von ich einft **) umftändliche Nachricht ertheilt ha-
be, und die Helmftädter, von welcher ich felbft
mir vor funfzehn Jahren eine Abfchrift nahm, aus
eigner Anficht bekannt find. Von diefen möchte
wohl die erfte die ältefte feyn. Sie ift in oberdeut-
fcher Mundart; die Helmftädter hingegen in hoch-
deutfcher, mit niederfächfifchen Wörtern unter-
mifcht. Diefe letztere ift auch minder vollftändig,
und hat nur 3762 Verfe, deren die Strafsburgifche
Handfchrift 4138 hat. Minder vollftändig ift die
Wolfenbüttelfche, die manche fichtbare Spuren ei-
nes fpätern Zeitalters, und manche ftarke, zum
Theil glückliche, Umänderungen des Textes hat,
deffen Form und Lesarten größtentheils in den bei-
den erftern übereinftimmen. Für das höhere Alter
der Strafsburgifchen fcheint auch der Umftand zu
fprechen, dafs fie nur hier und da Abfätze, nicht
aber, wie die beiden letzten, befondre Ueberfchrif-
ten derfelben hat. Was aber diefer Handfchrift noch
einen vorzüglichen Werth giebt, ift die nicht unftatt-
hafte Vermuthung, die durch Auffpürung ihrer
Gefchichte vielleicht zur Gewifsheit werden könnte,
dafs nach ihr Jakob Wolff zu Strafsburg in der
Kanzelei die Abfchrift für Brant genommen habe,
deren des letztern Befchlufsrede erwähnt.

---

*) In der *Müllerifchen Sammlung deutfcher Gedichte
aus dem XII. XIII. und XIV. Jahrhundert*, Th. II.

**) In den *Leffingifchen Beiträgen zur Gefchichte und
Literatur*, Beitr. V. S. 239 ff.

Unentfchieden dünkt es mich auch noch, ob wir
in der nun abgedruckten Strafsburgifchen Hand-
fchrift den _Freidank_ wirklich noch in feiner ur-
fprünglichen Geftalt, und ohne alle Abänderungen,
befitzen, obgleich Zeitalter und Verfchiedenheit
derfelben die faft völlig gewiffe Vermuthung geben,
dafs fie vor der Brantifchen Umänderung verfertigt,
und, wenn ja fchon von dem Originaltexte verfchie-
den, nur in einzelnen Ausdrücken und in der
Schreibweife abgeändert ift. Doch hievon hernach
noch einige Bemerkungen.

Jetzt nur vorher die Notiz der gedruckten
Ausgaben unfers Gedichts. Die ältefte derfel-
ben ift zu Strafsburg 1508. 4. von Johannes
Grüninger gedruckt. Auf dem Titelblatte fteht:

Der Freidanck.

Den freydanck nüwe mit den figuren
Fügt pfaffen, adel leyen buren
Man hielt etwan vff kein fpruch nicht
Den nit herr frydanck het gedicht.

Und am Ende des ganzen Buchs fteht in der _Conclu-_
fio Correctoris, d. i. Dr. Brant's, wo von der
zwiefachen Abfchrift Jacob Wolffs die Rede ift:

Doch fchrib er dich mit willen frey
Zu ftrafsburg in der Cantzely
Da man zalt funffzehenhundert iar
Vnd acht, was gut fy das werd war
Johannes grüninger. *)

─────────

*) Von diefem Buchdrucker, der eigentlich Johann Rein-
hard hiefs, und aus Grüningen gebürtig war, hat _Mar-_

Diefe erfte Ausgabe ift fo felten, dafs felbft die gröfs-
ten Bücherkenuer ihr Dafeyn bezweifelt, oder fie,
wenigftens nie gefehen- haben. *) Durch Herrn
Koch's fchätzbares *Compendium der deutfchen Lite-
raturgefchichte***) wurde ich indefs belehrt, dafs fie
in der Göttingifchen Univerfitätsbibliothek vorhan-
den fey; und aus diefer habe ich fie jetzt vor mir.
Sie ift die Quelle aller fpätern Ausgaben geworden,
von welchen der Umänderer, Dr. Brant, nur
noch die nächftfolgende erlebt hat.

Diefe erfchien zu Augsburg, bei Hans
Schönsperger, 1513, auf zehn Bogen in läng-
lichtem Quartformat, mit gefpaltenen Kolumnen
gedruckt. Hummel und Panzer haben fie um-
ftändlich befchrieben; ***) und Jener hielt fie für
die erfte Ausgabe. Sie war aber blofs einer von den
Nachdrücken, deren damals in Augsburg mehrere

---

chand in feinem *Dictionnaire Hiftorique*, T. I. p. 288 ff.
einen weitläuftigen Artikel. Er druckte v. J. 1483 bis 1527.
Unter den fünf und vierzig aus feiner Preffe gelieferten
Werken, die Marchand anführt, ift der *Freidank* zwar
nicht befindlich; aber *Schöpflin* (*Vindic. Typograph.*
p. 107.) bemerkt, dafs diefes Verzeichnifs lange nicht voll-
ftändig fey, und dafs Grüninger von allen Strafsbur-
ger Buchdruckern am längften und am fleifsigften gearbei-
tet habe.
*) Vergl. *Panzer's Annalen der ältern deutfchen Litera-
tur*, S. 358.
**) Th. I. N. A. S. 225.
***) S. *Hummel's Neue Bibliothek von feltenen Büchern*,
B. II. S. 195 ff. *Panzer's Annalen*, a. a. O. — Vergl.
einen Auffatz von mir im *Deutfchen Mufeum* v. Jahr 1783.
II. S. 318.

veranftaltet wurden. Durch das nun ausgemachte wirkliche Dafeyn der Strafsburger Ausgabe fällt nun die Vermuthung der beiden eben genannten verdienftvollen Gelehrten weg, dafs die hier in der Befchlufsrede wiederholte Angabe des Jahrs 1508 nicht von dem Abdrucke, fondern von der Verfertigungszeit der Brantifchen Umarbeitung zu verftehen fey.

Die dritte Ausgabe ift zu Worms bei Sebaftian Wagner, 1539, fol. gedruckt. Der Titel lautet fo:

Freidanck.

Der Freidanck new mit figuren
Fügt Pfaffen, Adel, Leyen, Buren.
Man hielt etwann vff keynen fpruch nicht,
Welchen nit herr Freidanck hett gedicht.
Das lafse dich nit wunder nemen,
Dann, wiltu lern dein leben zemen,
Von vntugend vnd fchand abziehen,
Ja, der welt üppigkeyt recht fliehen,
Wirt diefer Freidanck bricht geben,
Auch dafs du könft nach frommkeyt ftreben,
Nach welcher das ewig leben geht,
Wol dem, der bei difer ler befteht.

In der Vorrede fagt der Verleger, Sebaftian Wagner, er habe geglaubt, dafs der liebe Mann Freidank auch zur damaligen Zeit nicht ohne Frucht möge gelefen werden. „Dieweil er", fährt er fort, „von allerley himmelifchen, irrdifchen vnd hellifchen dingen gar feinen holdtfeligen bericht giebt. „Darumb ich ihn auff eyn news, doch bafs corri-

„giert, gebeffert vnd gemert, getruckt hab. Dann
„ich vngern etwas, daraufs dem Chriftlichen Lefer
„keyn nutz von entftünd, vnder die menfchen mit
„meiner arbeyt bringen wolt." — Zu der fchon
in der älteften Brantifchen Ausgabe befindlichen ge-
reimten Vorrede find hier am Schlufs noch folgende
Verfe hinzugefetzt:

> Man findt auch in difem Buch frei
>   Eyn gut ftücklin, zwey oder drei,
> Welch Freidank oder Doctor Brant
>   Noch nie genommen für die handt.
> Magft den alten Truck drumb bfehen,
>   Darff doch mit der warheyt jehen,
> Dafs, wer difen Freidank lifet,
>   Von vnwiffenheyt genifet.

Bey einer genauern Vergleichung diefer Ausgabe
mit der von 1508 findet fich, dafs im Ganzen
Brant's Arbeit zwar zum Grunde liegt, im Aus-
druck aber manche Abänderungen, und aufserdem
nicht unbeträchtliche Zufätze von Wagner ge-
macht find. Dergleichen finden fich z. B. im fechs-
ten Kapitel von Rom und feinem Wefen, und fo
auch Kap. 8. 9. u. a. m. Vornehmlich aber ift das
26fte Kapitel von der Trunkenheit fehr verläugert,
und das lange 32fte vom ehlichen Stande, hinzuge-
kommen. Es fcheint indefs, dafs manche diefer
Zufätze aus andern damals gangbaren Gedichten,
dem Narrenfchif, der Gaüchmatt, der Schelmen-
zunft, dem Renner u. a. übertragen find. Eigne
Arbeit Wagner's fcheint hingegen das gereimte
Regifter aller Kapitel zu feyn, welches der Be-
fchlufs-

fchlufsrede eingefchaltet ift, und mit dem frommen Wunfche endigt:

> Wir hitten Gott vnfern Herren,
> Dafs er allm vnglück wöll weeren
> Des todts, des teuffels vnd der hell,
> Dafs wir befitzen den himmel
> Nach dem zergenglichen leben,
> Douon Freidanck manch ler hat geben
> In feinem büchlin lobefan.
> Er war freilich eyn freier man.
> Das böfs hat er redlich geftrafft
> O dafs fein ler an vns behafft.
> Darzu helff vns Herr Jefu Chrift,
> Der vnfer getrewer mitler ift.
> Amen.

Sigmund Feyrabend und *Simon Hüter* lieferten zu Frankfurt 1567. 8. einen neuen Abdruck unfers Gedichts, mit dem Titel: *Freidanck. Von dem rechten Weg des Lebens vnd aller Tugendten, ämptern vnd Eigenfchafften, wie fie dem Menfchen begegnen mögen, ganz fleifsig vnd kurtz in Reimen verfafst, Auch mit fchönen vnd kunftreichen Figuren vber alle Capitel jetzt newljch nach fünffzehenhundert vnd acht Jaren, als zuuor durch Doctor Brandt erfanden worden, fehr luftig gezieret, dergleichen vor nie getruckt.* Man fieht fchon aus diefem, obgleich ziemlich verworren gefafsten, Titel, dafs diefe Ausgabe nach der erften Brantifchen von 1508 gemacht ift, ob man gleich die Sprache darin durchgängig modernifirt hat. Ohne Zweifel ift fie es, die Bodmer zuerft nur kannte, und ein ge-

\drucktes fehr verderbtes Exemplar nennt. Diefs
vermuthete ich ehedem fchon, *) und habe es jetzt
durch Vergleichung eines vollftändigern Exemplars
mit jenem älteften Drucke beftätigt gefunden. In
eben dem Verlage und Formate und um eben die
Zeit, wurde auch *Brant's Narrenfchif* und *Mur-
ner's Gaūchmatt und Schelmenzunft* gedruckt. Die
Holzfchnitte find ziemlich fauber, gehen aber nicht
nur von denen in der Wormfer, fondern auch von
den in der|erften Strafsburger Ausgabe, merklich
ab. Uebrigens ift diefem Abdrucke keine befondre
Vorrede, wohl aber die Brantifche Befchlufsrede,
unverändert, beigefügt.

Endlich giebt es noch eine fpätere Octav-Aus-
gabe des *Freidank*, die zu Magdeburg bei Joh.
Franken 1583 herauskam. Ich kenne fie nur
aus Hrn. Koch's Befchreibung, **) nach welcher
eine Vorrede des Verlegers davor befindlich ift,
worin derfelbe über den Namen Freidank ganz
hirnlos etymologifirt. Sie fcheint übrigens mit
der vorhergehenden Frankfurter Ausgabe überein-
zuftimmen.

Ich wiederhole hier nur noch den fchon ehedem
geäufserten Wunfch, dafs man durch Vergleichung
der noch vorhandenen Abfchriften diefes Lehrge-
dichts, befonders der ältern, mit der Umänderung
von Brant, folch eine Ausgabe deffelben liefern

---

*) *Leffingifche Beiträge*, V. S. 234 f.
**) *Compendium der deutfchen Literaturgefchichte*, ste Aufl,
Th. I. S. 225.

möchte, dergleichen Leffing von dem *Renner*
zu liefern dachte, und von deren Einrichtung er
felbft vorläufige Winke gab. *) Ohne Zweifel ver-
diente der Dichter fowohl eine folche kritifche Be-
mühung, als fein Gedicht felbft, diefes Denkmal
alter Volksweisheit, fo reich an ächter Sittenlehre
und Kernfprüchen, die zum Theil in Sprüchwör-
ter übergiengen. Die Hoffnung, eine Ausgabe
von Hrn. Schaffer Panzer, nach der oben erwähn-
ten Handfchrift, die er felbft befitzt, zu erhalten,
fcheint, feiner mir neulich darüber gegebenen Nach-
richt zufolge, verfchwunden zu feyn; und ich felbft
getraue mir nicht, zur Ausführung diefes fchon
ehedem gefafsten Vorfatzes die erfoderliche Mufse
zu finden, fo fchmeichelhaft und einladend mir
auch die neuliche Ermunterung zu folchen Arbei-
ten von einem Manne war, der die Denkmäler
unfrer alten poetifchen Literatur mit der beften
Einficht zu würdigen wejfs. **) Jetzt will ich nur
noch über Brant's Verfahren mit diefem Gedichte
einige Bemerkungen machen, fo weit es fich aus
der Vergleichung der mir zur Anficht vorliegenden
ältern Handfchriften, befonders der Strafsburger,
entdecken und beurtheilen läfst, von welcher noch
die meifte Vermuthung Statt findet, dafs fie diefes
alte Gedicht in feiner urfprünglichen Form enthalte,
ob ich ihr gleich nicht mit Hrn. Dr. Anton, oder

---

*) In dem angeführten fünften *Beiträge zur Gefch. u. Lit.*
S. 19.

**) S. *Herder's Zerftreute Blätter*, Samml. V. S. 232.

vielmehr mit B o d ṁ er 'n, auf deſſen Brief an ihn
er ſich beruft, *) die Entſtehungszeit im z w ö l f -
t e n Jahrhunderte beilegen möchte. In dieſem Falle
wäre ſie gewiſs aus dem Zeitalter des Dichters ſelbſt,
das man ſouſt nicht einmal ſo hoch hinauf ſetzt.

Was uns B r a n t ſelbſt von ſeiner Arbeit ſagt,
beſteht blofs darin, dafs er in der Beſchlufsrede an-
giebt, er ſey dazu durch M a t t h i a s H ö l d e r l e i n
und J a k o b W o l ff ermuntert worden: .

    Far hin von land verdien den danck
      Der warheit fründt herr freidanck
    Griefs mir her mathis hölderlin
      Der iſt dins truck ein vrſach geſyn
    Sag ich wunſch yn von got tzu geben
      Zum nüwen iar das ewig leben
    Desglichen iacob wolff dartzu
      Der mich gebetten ſpat vnnd fru
    Ich ſol dich in die welt vſstriben
      Er woll dich gern zweimal abſchriben
    Als er auch zwürent hat gethon
      Mit gar vil arbeit mer dan lon.

Und in der k u r t z e n l i e p l i c h e n V o r r e d i n
H e r n F r y d a n c k wird dieſer ſelbſt redend ein-
geführt:

    Ich bin lang zeit verlegen bliben
    Vnd wer noch manichem vnerkant
      Het mich nit funden Doctor Brant
    Mich neben ſeim ſchiff laſſen ſchwymmen
      Vnd mir mein orgel machen ſtymmen
    Mein kürzen rymen corrigiert
      Vſs vinſter in das licht gefiert.

*) *Deutſches Muſeum* v. Jahr 1779. II. 371.

Und endlich in der vor jener Befchlufsrede ftehenden *Additio ad fridank:*

> Halt das o guter fründt dafür
> Wer das fürnämen gefyn in mir
> Das ich all rymen wolt glofieren
> Mit concordantzen corrigieren
> Ich wollt bald haben getzogen har
> Poeten, recht vnd bibel gar
> Aber es ift hie mit genug
> Wer mer wil fuchen hat gut fug
> Er fyndt·das yn dem narren fchiff
> Da ich weifse vnd thoren triff.

Das Korrigiren der kurzen Reime beftand nicht darin, dafs Brant die Versart des Originaltextes abänderte oder die Verfe durchgehends verlängerte, fondern dafs er diefe letztern gleichförmiger machte, und den oft mit unter laufenden kürzern Zeilen, die zugleich nicht felten trochaifche werden, mit den übrigen gleiche Länge und gleiches Sylbenmaafs gab. Mit dem Gloffiren und den Konkordanzen aber find die durchgängig fehr, häufigen Randgloffen gemeint, welche in Brant's erfter Ausgabe befindlich find, und Stellen gleichen Inhalts, gröfstentheils biblifche aus der Vulgata, zum Theil auch aus lateinifchen Profanfchriftftellern, nachweifen. In Wagener's Ausgabe find die Anführungen der biblifchen Stellen, jedoch blofs nach den Kapiteln, beibehalten; da in dem älteften Druck hingegen wenigftens die lateinifchen Anfangsworte, oft aber auch die vollftändigen Sprüche, beigefügt find.

Doch nicht hierauf allein war Brant's Be-
fchäftigung mit dem *Freidank* eingefchränkt; er
hat diefem Gedichte vielmehr eine ganz neue An-
ordnung gegeben, und die meiftens fehr verbin-
dungslos unter einander gemifchten Verfe in gewif-
fe Abfchnitte von einerlei Hauptinhalt geordnet.
Hiedurch ift er wirklich nicht blofs Umarbeiter,
fondern auch Verbefferer geworden. Zwar findet
man Abfchnitte und Ueberfchriften auch fchon in
einigen Handfchriften unfers Gedichts, die wahr-
fcheinlich den erften Druck an Alter übertreffen,
z. B. in der Helmftädter; fie find aber nicht fo zahl-
reich noch fo beftimmt, und die Folge der Verfe
ift faft ganz mit der in der Strafsburger übereinftim-
mend. In Brant's Ausgabe fieht Alles ganz an-
ders aus; und felten folgen fechs oder acht Verfe
ganz fo auf einander, wie in den Handfchriften.
Sehr mühfam würde es allerdings feyn, bei diefer
grofsen Abweichung Vers für Vers zu vergleichen
und aufzufuchen. Wahrfcheinlich aber würde fich
aus einer folchen Vergleichung ergeben, dafs
Brant's Einfchaltungen und Zufätze fo gar be-
trächtlich nicht find, fondern dafs die meiften Ver-
fe fich, nur an einer ganz andern Stelle, in der
Handfchrift auffinden laffen. Eher noch würde man
auf manche Auslaffungen treffen, welche Brant
vielleicht abfichtlich machte, wo ihn einige Zeilen
überflüffig, oder nicht inhaltsreich und kernhaft
genug dünkten. Auch ift der ganze Schlufs der
Strafsburger Handfchrift, welcher die Stadt Ak-

kers und den unter dem Kaiser Friedrich II.
geschehenen Kreuzzug nach dem heiligen Grabe be-
trifft, in der Brautischen Umarbeitung weggelaffen;
er fehlt auch in der Helmstädter Handschrift, und
ist wirklich von dem übrigen Inhalte des *Frei-*
dank ganz verschieden.

Denn ich bin sehr geneigt zu glauben, dafs die-
fer ganze letzte Theil der Strafsburgischen Hand-
schrift, von dem 384often Verse an bis zu Ende,
gar nicht zu dem *Freidank* gehöre, da er in al-
len gedruckten Ausgaben fehlt, von Brant, der
ihn auch in feiner Handschrift vielleicht gar nicht
vor fich hatte, ganz übergangen ist, und, aufser ei-
nem Gebet an die Jungfrau Maria, einer Fabel von
einem Fuchs und einer Katze, u. dergl. jene ganz
fremdartige Dinge enthält. Was von der Stadt Ak-
kers darin vorkommt, betrifft nicht ihre Zerstö-
rung, über die Horneck's Reimchronik von
Oeftreich fehr umständlich ist,*) sondern den ver-
derbten Sittenzustand in derselben vor diesem Eräug-

*) Herr *Adelung* hat es zuerst, in feiner Abhandlung
über *Jakob Püterich von Richerzhaufen* (Leipz. 1788. 4.)
S. 21. bemerkt, dafs das von Eccard und Wiedeburg
für ein befonderes Ganzes gehaltne Gedicht, vom Ver-
luft des heiligen Landes, nur ein Stück aus *Ottokar*
Horneck's gereimter Chronik von Oeftreich fey, die *Pe*z
in f. *Scriptor. rer. Auftr.* T. III. hat abdrucken laffen, wo
es mit dem 406ten Kapital, S. 389. (nicht S. 359.) anfängt.
Von den Schickfalen der Stadt Akkers handelt übrigens
Wiedeburg umftändlich in f. *Nachricht von einigen al-*
ten deutfchen poetifchen Manufkripten der Jenaifchen Bi-
bliothck, S. 77 ff.

nifs, und vermuthlich während der Zeit, da die
Chriften wieder im Befitz derfelben waren, mit dem
Sultan einen zehnjährigen Frieden gemacht hatten,
und der Papft durch feinen Bann diefen Frieden wie-
der aufzuheben verfuchte. Denn von diefem Bánne
ift hier gleichfalls die Rede, und der Dichter mifs-
billigt gar fehr des Papftes Benehmen gegen den
Kaifer.

Die Wahrfcheinlichkeit diefer Vermuthung er-
laubt mir denn auch nicht, aus diefem Schluffe des
Gedichts in jener Handfchrift das Zeitalter des
Freidank zu folgern, wie Scherz nicht nur in
Anfehung unfers Dichters, der, wie ich anders-
wo*) gezeigt habe, mit feinem fogenannten Gno-
mologen einerlei war, fondern fogar in Anfe-
hung der Bonerfchen Fabeln das Zeitalter aus
diefem Schluffe beftimmen wollte, weil diefe in dem
nämlichen Kodex befindlich, und von einerlei Hand
gefchrieben war. Es bleibt ohnehin Grund genug,
unfern Dichter in das dreizehnte Jahrhundert zu
fetzen, ohne dafs es diefes Hülfsbeweifes bedürfte,
der, bei näherer Unterfuchung, nicht Stich halten
möchte.

Damit der Lefer Brant's Bearbeitung diefes
Gedichts defto beffer kennen lernen und beurtheil-
len könne, fo will ich jetzt noch aus der älteften
Ausgabe von 1508 das Kapitel Von gytikeit

---

*) Siehe meinen Auffatz *über Scherzens Gnomologus*, im
zweiten Bande der *Bragur* S. 407 ff.

Freidank.

der narren hieher fetzen, und nur noch zu
fange aus der, wahrfcheinlich älteften, Straf
ger Handfchrift die nämlichen Stellen unten h
gen. Sie durchgängig fo hinzu zu fammeln,
zu viel Zeitverfplitterung.

Der weifen vnd der thummen ftreit
  Hat nun geweret manige zeit
Vnd mufs auch noch vil lenger weren
  Man mag ir leider nit entperen
Wo weifsheit gleiffet mit falfcheit
  Da wachfst nicht by dan hertzeleit
Mit thummen thumm, mit weifen weife
  Das ift nun der welt fit vnd breyfe
Die weifen finden manigen lift
  Der den thoren gar fremde ift.
Maniger hette wol weifen mut
  Der doch gar offt törlichen thut

Strafsb. Handfchrift, nach Müller's Ausp

v. 2295. *Der wifen vnd der tumben ftrit*
            Hat gewert nu lange zyt
            Vnd muofs vil lange weren
            Man enmag ir beider nit enberen
v. 681. *Wo witze ift on felikeit*
            Das ift nit wann herze leit
v. 817. *Mit tumben tump mit wifen wifs*
            Das was ye der welte prijs
v. 875. *Die wifen koennen manigen lift*
            Der fremde tumben lüten ift
v. 961. *Manig man hat wifen muot*
            Der doch vil tumpliche tuot

Den weifen dick gar maniges würret
Das die thoren ganz nit irret
Die weifen möchten nit genefen
Solten fye gantz on thoren wefen
Sein lob vaft höcht vnd meret
Der weifsheit geren leret
Welcher auch weifsheit geren leret
Sein reichtumb er da mit meret
Recht weifsheit ift ware feligkeit
Der welt liebe ift felten one leidt
Wie vil der weife wyfsheit vfs gyt
Hat er des minder weifsheit nit
Den thummen duncket fein fynne blofs
Bey des weifen weifsheiten grofs
Der nit ganz weifslich reden kan
Schweigt der, er ift ein weifer man
Wer fpricht dafs er witzig fey
Dem wont ein nar gar nahe bey
Der kunft frag nach vnd weifen lere
Die machen grofs vnd michel ere

v. 2217. *Die wifen maniges irret*
     Das toren lützel würret

v. 2244. *Die wifen mochten nit genefen*
     Solten fie one toren wefen

v. 1287. *Sin felbt fine er mert*
     Der wifsheit gern lert

v. 837. *Rechte witze ift feldikeit*
     Liep würt felten on leit.

v. 859. *Wie vil der wife witze git*
     Er ift doch riche zuo aller zyt,

v. 955. *Die armen duncket finne blos*
     Da bi die richen witze grofs

v. 2237. *Wer wenet das er wife fy*
     Dem wonet ein tor vil nahe by

Gewalt den weifen angefiget
Da man des rechten nit entpfliget
Weifsheit vberwindet das vbel
Vnd zwinget alfo fer den teüfel
Das er nützet mag zu aller zeit
Süfs fcheidet weifsheit manigen ftreit
Das weifsheit niemant erben mag
Noch kunft das ift ein michel klag
Niemans erlanget one arbeit
Richtumb vernunfft kunft vnd weifsheit
Was Salomon von weifsheit leret
Das felb Markolfus als verkeret
Er ift weifs der ein yeden man
Nach feinem ftat gehalten kan
Wer lebet nach der weifen fitt
Veryagt die thoren bald da mit
Als roft verzeret ftahel vnd yfen
Alfo thut auch zuvil forg den wyfen
Ich höre fagen von alten gryfen
Wie das ein nagel halt ein yfen
Yfen das rofs, das rofs den man
Ein Man ein burg gehalten kan
Ein burg ein land nachmals bezwingt
Das es in frid nach hulden ringt
Alfo behalt die recht weifsheit,
Gut, land vnd lüt, in einigkeit
Er ift weife der verluft fich claget
Vnd von gewinne nicht yedem faget
Ein weifer man fol heimlich tragen
Sein armut vnd nit ferre clagen
Anders fein fründ fliehen zuhandt
So inen fein armut wird bekant

v. 983. *Gewalt den wifen angefiget*
    Da man des rechten nit enpfliget

Die iungen nieman kan gezämen
  Sie wöllen fich da von nit fchämen
So grofs weifsheit ift niemant bey
  Das er wöll wiffen wer er fey
Sich in ein fpigel tufend ftund
  Du wirft dir felber nümmer kund
Vfs yetlichem fafs laufft vnd gadt
  Das fo es innerthalben hat
Seinen zorn der thumme richet
  So fich der weife verfprichet
Des mannes witze ein ende hat
  So ine ein groffer zorn beftat
In zorn fpricht dick ein man
  Das böfst fo er erdencken kan
Ein kunftreicher man mit demut
  Ein räter der mit vntrew thut
Ein fchüler der fich gern lafst wyfen
  Deren lob fol man gar billich pryfen
Wo die weifsheit wefen fol
  Die ift in den cleinen leuten wol
Vnd mydet manigen groffen man
  Der weifsheit nit gepflegen kan
Es hat nieman dehein weifen mut
  Dan der alzeit weifslichen thut
Kein weifsheit bafs verfahet
  Dan fo die fele gen hymel nahet
Die weifen werden gottes kind
  Die andern alle thoren find
Man ficht vil leut fich des befchamen
  Des fie ere hand vnd beften namen
Wo von ein yedes ere hat
  Schempt es fich des, das ift mifstat
Wer gar nichts vberfehen wil
  Der meret offt feiner forgen vil

Geitigkeit kan nieman gcenden
  Gäbe er ir fchon mit tufent henden
Wer lüte vnd ere wil hon
  Der fol fein gut nit lon zergon
Nieman fo vil der eren hat
  Das er wyfs wie er fie verlat
Ere nieman gar geenden kan
  Vnd begert ir doch beide weib vnd man
In der welt ift fonft nüt mere
  Zu aohten wan lüt gut vnd ere
Armut mag nit tugent hon
  Wan fie nit mag in eren fton
Wer wol mit eren wil genefen
  Der mufs feinen nachpuren freintlich wefen
Rofs, fper, fchilt, huben vnd fchwert
  Die machen manchen ritter wert
Zucht ere vnd alle würdigkeit
  Seind on falfcheit dar nider geleit
Die erde vnd waffer nider ftrebt
  Feur vnd lufft gegen berg vff fchwebt
Wen man förchtet der ift wert
  Der ere nieman für gut begert
Des mannes ere recht alfo ftat
  Darnach als er fich felber hat
Wie fol des lafters werden rat
  Dem all fein ere zu lafter gat
Vil maniger hat der eren namen
  Vnd wil fich doch der eren fchamen
Nieman vermag zu langer zeit
  Grofs ere behaben on neydt
Vil maniger lebt gern mit eren
  Dem ichs dick fihe fchwärlich verkeren
Nieman fol die feinen lon
  One forcht will er mit eren bfton

Wer vnrecht thut heimlich
.Den heifs ich niemer erenreich
Wer on flecken lang wöl leben
   Der fol fein ere kein frembden geben
Maniger forfchet vil mere
   . Nach fchande dan nach ere
Nieman dich gefchenden kan
   Der felber eren nie gewan
Wer lebt on ere, on zucht vnd fcham
   Der gedenckt weren alle lüt alfam
Ein bider man der forget fere
   Vmb leib vnd gut, vmb fel vnd ere
Der buler nach der bulfchafft tracht
   Der güttig vmb gewinne hat acht
Ein man nach eren werben fol
   Wan er will, kumbt er ir ab wol
Wer aber gewinnet lafters vil
   Mag das nit laffen wan er will
Was freuden gibt das aug dem man
   Da mit er nit gefehen kan
Ere vnd nutz die feind vaft gleich
   Doch ift on eren nieman reich
Ere mufs kempffen mangen man
   An dem fie ere nie gewan
Mit fänffte on arbeit nieman mag
   Ere vberkomen alle tag
Wer nach ere vnd tugent will fton
   Der mufs fich arbeit nit turen lon
Des brunnen flufs wirt felten breit
   Da man das waffer ynne treit
Alfo die ere gar leicht zergat
   Die nit ftäts ein zuchtmeifter hat
Von art begert ein yeder fich
   In feinem leben erenrich

Ein landt das eren nie gewan
  Das felb man nit fere loben kan
Wie wol got hat der welt gegeben
  Grofs ere wolthat vnd fanfftes leben
So ward ir ere nie fo grofs
  Sie feind doch alle des todes genofs
Sein ere kein erenman ertrenckt
  Der fich der eren wol bedenckt
Wer feines mundes hat gewalt
  Der will mit eren werden alt.

Zum Schlufs diefer Abhandlung will ich noch
von der lateinifchen Ueberfetzung einiger
Sprüche Freidank's nähere Nachricht ertheilen,
da ich in allen bisherigen Beiträgen zur Literatur
diefes Gedichts derfelben entweder gar nicht, oder
doch fehr unzulänglich, erwähnt finde. Schon an
einem andern Orte *) hab' ich bemerkt, dafs fie
fich handfchriftlich mit bei dem Scherzifchen Kodex
der Bonerfchen Fabeln, hinter dem von Scherz
fogenannten Gnomologen befinde, der, wie
ich dort gezeigt habe, kein Anderer, als unfer
Freidank, ift. Uffenbach hatte von diefem
ganzen Kodex eine Abfchrift nehmen laffen, die
man in dem gröfsern Verzeichniffe feiner Hand-
fchriften befchrieben findet, wo auch von diefer
dritten Abtheilung ihres Inhalts folgendes gefagt
wird: **)

*) *Bragur*, B. II. S. 411.
**) *Biblioth. Uffenbach. Manufcripta*, P. IV. p. 243, ed. in
fol. — Auch in Herrn *Friedr. Adelung's Nachrich-*

„*In hoc volumine occurrit aliud Poema latino-germanicum, quod ex codice vet. membr. Bibliothecae Argentoratenfis defcribi fecit. Hoc quoque Fridanck infcribitur, fed a praecedenti differt, licet iisdem fere verbis ordiatur. Varias complectitur fententias morales.*“

Hierauf werden von dem Anfange und Schlufs diefer Arbeit einige Proben gegeben; und dann wird das Kolophon am Ende diefer Handfchrift angeführt: *Explicat Fridanynus* (*Fridangnus*) *completus per Walter de Engen in vigiliis fancte crucis*, 1385. — Uffenbach fetzt hinzu: *Num hic Waltherus de Engen Auctor vel faltim fcriptor fuerit, alii iudicent.*

Jetzt habe ich die Uffenbachifche Abfchrift felbft aus der Hamburgifchen Stadtbibliothek in Händen, und finde, dafs darin die lateinifchen und deutfchen Verfe einander gegen über ftehen, und dafs das Ganze in jeder Sprache 572 Verfe ausmacht. Es ift alfo nicht der ganze *Freidank*, fondern es find nur einzelne aus demfelben in ganz willkührlicher, und von den mir bekannten Handfchriften und Ausgaben faft durchgängig abweichender, Ordnung ausgehobene Sprüche, meiftens nur von zwei Zeilen, die in gereimte lateinifche Diftichen übertragen find, ob fie gleich in Eins fortlaufen.

Dafs

ten von *altdeutfchen Gedichten der Vatikanifchen Bibliothek* ift in der Handfchrift Nr. 314. *Freidank* lateinifch und deutfch befindlich.

Dafs aber auch eine **gedruckte** Ausgabe die-
fes lateinifch - deutfchen *Freidank* vorhanden fey,
hat, fo viel ich weifs, noch Niemand, aufser Herrn
Schaffer P a n z e r bemerkt, der felbft auch Befitzer
diefes, wie es fcheint, äufserft feltnen Abdrucks
ift, und mir denfelben freundfchaftlich mitgetheilt
hat, fo, dafs ich jetzt davon genauere Nachricht
zu geben, und ihn mit der Scherz- Uffenbachifchen
Handfchrift zu vergleichen im Stande bin.

Diefes gedruckte Exemplar ift in klein Quart,
durchaus mit einerlei, altdeutfchen oder, wenn man
will, gothifchen Lettern gedruckt, und befteht aus
fechs und dreifsig Blättern, ohne Seitenzahlen.
Herr P a n z e r vermuthet, es fey ein Produkt aus
C o n r a d K a c h e l o v e n s Preffe in L e i p z i g, bald
zu Anfange des fechszehnten Jahrhunderts; und
diefe Vermuthung wird durch den ganzen Anfchein
und durch Vergleichung mit andern alten Drucken
diefes Zeitpunkts und diefer Offizin beftätigt. Ge-
gen die Mitte der erften Seite fteht folgender Titel:

Prouerbia eloquentis Freydangks innumeras in fe
vtilitatis complectentia.

Den Schlufs machen auf der letzten Seite folgende
Zeilen:

Ent hat freydanck mit mancher hande fanck

Alfo hat gedicht der freidanck
Der doch got libt an wanck
Vnd gibt dem gedicht endt
Got muefs vnfern kumer wendt

Extrema manus mihi impofita eft.

II

Die Anzahl der Verfe in diefer gedruckten Aus-
gabe ift mehr als dreimal fo grofs, als in der gedach-
ten Handfchrift; denn jene enthält an die 1130 la-
teinifche Verfe. Von dem ganzen Gedicht ift das
freilich kaum der dritte Theil. Auch die Ordnung
ift im gedruckten Exemplar von dem gefchriebenen
verfchieden; und diefer Umftand beftätigt die durch
die Abweichungen der Handfchriften fchon fehr
wahrfcheinliche Vermuthung aufs neue, dafs das
Ganze urfprünglich nichts anders fey, als ein Cen-
to zerftreuter und in willkührliche Ordnung geftell-
ter, vielleicht auch fchon von ihrem erften Urheber
ohne Plan und bei zufälliger Gelegenheit nach ein-
ander aufgezeichneter Sprüche. Wirklich fcheint es
mit diefem Gedichte ganz die Bewandnifs zu haben,
wie mit den gnomifchen Verfen der Griechen, die,
wie man weifs, nur ein fcheinbares Ganzes bilden.

Endlich weichen Druck und Handfchrift auch
darin von einander ab, dafs in diefer der Text je-
der Sprache in Eins fortläuft und das Latein dem
Deutfchen gegen über fteht; in jenem hingegen bei-
de Sprachen beftändig mit einander wechfeln, und
nach zwei lateinifchen Zeilen zwei deutfche folgen.
Seltner folgen mehrere, befonders deutfche, auf
einander, die der Ueberfetzer ins Kurze gezogen
hat. Dafs übrigens die Arbeit diefes Letztern, ver-
muthlich eines Mönchs, keinen fonderlichen poeti-
fchen Werth hat, bedarf wohl keiner Bemerkung.
Schon der Reim der Diftichen giebt ihnen ein fehr
unkl. ffifches Anfehen, das nicht felten durch das

hinzugekommene Leoninifche Zufammenreimen der
beiden Vershälften noch läppifcher wird. Und doch
giebt es hie und da Spuren von Bekanntfchaft mit
den klaffifchen Dichtern, und aus ihnen entlehnte
Phrafen. Der Anfang und ein paar einzelne Stel-
len des Verfolgs mögen zur Probe dienen:

Incepto nomen operi discretio donat
Virtutes alias quae fumma laude coronat.
  Ich byn genant befcheidenheit
  Die aller tugende krone treit.
Quamvis ornata non funt mea fcemata dicta
Plus tamen aedificat fenfus quam fabula ficta.
  Mich hat gemacht frydanck
  Ein deyl von fynnen dy feyn kranck.
Quod fervire deo fapientia prima feratur
Sitque medela reo nullus dubitare probatur.
  Got czu dienen ane wanck
  Ift aller weyfheit ein anefanck.
Qui bona ventura perdit propter peritura
Hic erit inftabilis, eiusque domus ruitura.
  Wer vmb dye kurcze zceyt
  Die ewige kron vnd freuden geidt
  Der hat fich felber gar betrogen
  Vnd bawet auff den regenbogen.

In quibus affuefcit homo mores linquere nefcit
Confueto more non quis caret absque pudore.
  Die fitten ein man fwerlich let
  Der er iungk gewont hat.
Dulcis fermo viri delectat et ira modefta;
Nobilis eft ille qui fectatur bona gefta.
  Suffe rede fenfften den zorn
  Wer wol thut ift wol geborn.

H 2

Alterius ſpatam multo quis laudat honore
Quam ſibi collatam nullo ſervaret amore.

    Mancher lobt ein fremdes ſwert
      Het ers do heym es wer ym vnwert,

Nunquam laudari me ſustinet os inimici;
Sed ſi laudando ſpeciem prœtendit amici,
Illius laudem nihil eſſe puto niſi fraudem.

    Meines feyndes mundt
    Lobet mich zu keiner ſtundt
    Is das er mir gut ſpricht
    Das meint er mit dem herczen nicht.

Reddere perſonœ ſcit quisquis congrua cuique
Laudibus attolli mundanis debet ubique.

    Mit dummen thum mit weiſen weyſ
    Das was ye der werlt preyſ.

Non poterit melior tutela dari mulieri
Quam quae ſponte ſtudet ſibi laudis dona mereri.

    Es wart kein hut nye ſo gut
    Dan die eyn fraw yr ſelber thut.

Terrea cultura producit germina plura
Quae nec natura concordant ſive figura.

    Die erde thauſent vol gebirt
    Dem keyns dem andern gleich wyrt.

Veſtes tecta cibos qui poſſidet absque labore,
Raro poteſt talis ſapientis vivere more.

    Cleider heuſer muſſigk erkrieget vnd ſpeyſ
    Machen manchen man vnweyſ.

Nemo poteſt eſſe ſic inſons ſicque fidelis
Quin offendatur falſis quandoque loquelis.

Wie vnſchuldigk iſt eyn man
Men mach yn dennoch ligen an.

Qui galeam contra mendacia verba valentem
Venderet et clipeum convitia nulla timentem,
Haec ego vendenti ſolvam mercede decenti.

Fundt ich ſeyl ein eyſen hudt.
Der vor lugen wer gut
Vnd ein ſchilt vor ſchelden
Den wolt ich teuer vorgelden.

Tu videas citaram condignum reſpice ſignum,
In quo conveniunt vox corda ſimul quoque lignum.
Una tamen citara, non plures eſſe videntur.
Ignem, fervorem, ſplendorem, ſol capit idem
Per ſolum ſolem coelum gerit aëra primum,
Sic tria nomina cuncta regentia ſunt deus unus,
Cui mea carmina-flore carentia ſint iam rogo munus.

Trey dinck an der harpſſe ſeyndt
Holcz ſeyten ſtim vnd doch eyn dinck
Got criſt als ich meyn
In treyen namen vnd iſt doch eyn.
Ent hat freydanck mit mancher hande ſanck.

Ich ſetze nur noch hinzu, dafs der jüngere Herr
Adelung in ſeiner unter der Auffchrift, *Altdeut-*
ſche Gedichte in Rom, erſt neulich erſchienenen
Fortſetzung der Nachrichten von Heidelbergiſchen
Handſchriften in der Vatikaniſchen Bibliothek,

S. 153 ff. die einzige dort befindliche Handfchrift des *Freidank* befchreibt, worin gleichfalls lateinifche und deutfche Verfe mit einander abwechfeln. Die Abfchrift ift, wie am Ende fteht, im J. 1443 gemacht; und die dort gebrauchten, oft ganz unverftändlichen Abkürzungen läffen fich nun aus dem gedruckten Exemplare und der Scherzifch-Uffenbachifchen Handfchrift erklären, in fo weit diefe mit jenem übereinftimmen. Denn gleich die vier erften lateinifchen Zeilen, die eine Art von gereimter Ueberfchrift machen, getraue ich mir fo, wie Herr A d e l u n g die Abkürzungen giebt, nicht ganz zu enträthfeln; fie fcheinen aber die Anzahl der Verfe, die auf diefe Art hier bearbeitet find, und den Nutzen ihrer Zufammenftellung in beiden Sprachen anzudeuten:

Vt bina lingua fiant bene confolidati.

Auch von den oben erwähnten beiden von L i t z e l befchriebenen Manufkripten unfers Gedichts ift das Eine lateinifch und deutfch; und laut der Vorrede des Herrn Hofraths A d e l u n g zu jenen fortgefetzten Nachrichten find auch zwei Handfchriften des deutfchen Textes aus dem Gottfchedifchen Nachlafs in der Churfürftl. Bibliothek zu Dresden befindlich.

V.

ÜBER

DEN WELSCHEN GAST.

V.

ÜBER

DEN WELSCHEN GAST.

Tenzel ift, meines Wiffens, der erfte, der des altdeutfchen Gedichtes, *der Welfche Gaft*, in feiner kurzen Befchreibung einiger in der Herzoglichen Bibliothek zu Gotha befindlichen Handfchriften erwähnt. *) „Der *welfche Gaft*", fagt er, „ift ein „Buch auf Pergament in Folio gefchrieben, und „handelt von der Tugend und Verbefferung der Sitten; wie denn hin und wieder Gemälde inferirt „find, fo die Tugenden und Lafter vorftellen. Der „Autor nennt fich in der Präfation, famt der Ent- „fchuldigung, dafs er, als ein Italiäner nicht wohl „Teutfch könne:

> Ich bin von Friul geborn
> Vnd lazze gar one zorn
> Swer ane fpott mein getiht
> Vnd mine tutfche hezzert iht
> Ich heiz Thomafin von zerelâre
> Böfer litte fpott ift mir vnmäre, u. f. f.

„Gegen das Ende finget er alfo:

> Mein buch heizet der welfche Gaft
> Wan ich bin an der tutfche Gaft
> Vnd chom nie fo verre darin

*) *Monatliche Unterredungen* v. J. 1691. S. 936.

Als ich alzan chomen bin
Nu var hin min welſcher Gaſt
Vnd hüte durch minen willen raſt
Daz du chomſt zu herberge nicht
Zu dem der ſi ein böſewicht.

„Zuletzt ſtcht: *Finito libro fit laus et gloria Chriſto.*
„*Anno Dni CIƆCCCXI. feria ſexta poſt aſſumptionem*
„*beatae Mariae glorioſe virginis.* welche Jahrzahl
„vielmehr die Zeit, wenn der Codex geſchrieben,
„als wenn das Werk ſelbſt gemacht, anzeiget."

Cyprian gedenkt in ſeinem Verzeichniſſe der
Handſchriften dieſer Bücherſammlung, *) unter
denen auf Pergament in Folio Nr. LIX. der gegen-
wärtigen blofs mit folgenden Worten: *Codex an-
no CIƆCCCXI. rhytmis germanicis ſcriptus. Dici-
tur der Welſche Gaſt, morumque doctrinam
pro aetatis, qua editus eſt, ratione complectitur.
Initium eius ac finem Tenzelius a.* 1691. *colloquio
Novembris inſeruit.*

Von der in der Stadtbibliothek zu Ulm befindli-
chen Handſchrift war zwar ſchon vorher, zuerſt
vielleicht von Schilter, hernach auch von An-
dern**) Erwähnung geſchehen; umſtändlicher aber
ertheilte Herr Prediger *Miller* zu Ulm eine Nach-
richt davon im *Journal von und für Deutſchland,***)

---

*) *Catalogus Codd. Manuſcriptorum Bibliothecae Gothanae,*
Lipſ. 1714. 4. p. 17.
**) Z. B. von dem ſel. Abt *Gerbert* zu St. Blaſien, in ſei-
nem *Iter Alemannicum,* p. 192, und in der deutſchen Ue-
berſetzung, S. 181.
***) v. J. 1789. St. X. S. 342.

und gab zugleich ein paar kurze Stellen daraus zur Probe, woraus ſich ergiebt, daſs ſie mehr, als die Gothaiſche, mit der ſogleich zu beſchreibenden Wolfenbüttelſchen übereinſtimmt. Sie hat indeſs Lücken, wovon Herr Miller, der ſie nicht ganz durchforſcht zu haben ſcheint, wenigſtens zwei zu Anfang und am Schluſs erwähnt. Bei ihrer von Hrn. *Veeſenmeyer* in Ulm·neulich im vierten Bande der *Bragur* verſprochenen nähern Unterſuchung wird ſich Alles vollſtändiger ergeben, als aus jener kurzen, nicht ganz befriedigenden Nachricht.

Auch *Gottſched* befaſs, wie er in ſeiner *Deutſchen Sprachkunſt* ſagt, *) eine etwas neuere Abſchrift dieſes Gedichts, als die Gothaiſche, die jedoch, wie er hinzuſetzt, mit dieſer einerlei Rechtſchreibung beobachtet. Es wird die nämliche ſeyn, die jetzt in der Churfürſtl. Bibliothek zu Dresden befindlich iſt. **)

In des jüngern Herrn *Adelung* ungemein ſchätzbaren *Nachrichten von altdeutſchen Gedichten*, welche aus der Heidelbergiſchen Bibliothek in die Vatikaniſche zu Rom gekommen, finde ich, daſs in dieſer nicht weniger als vier Handſchriften des *Welſchen Gaſtes* im Katalog angegeben werden. ***)

---

*) S. 688 der Ausgabe von 1762.

**) S. Hrn. Hofr. *Adelung's* Vorbericht zu den *fortgeſetzten Nachrichten von Altdeutſchen Gedichten in Rom*, S. XXI.

***) In dem Verzeichniſſe dieſer Handſchriften, Nr. 320. 330. 338. 389.

In der fehr zu wünfchenden Fortfetzung diefer Nach-
richten fteht hoffentlich eine genauere Befchrei-
bung und ein Auszug von drei derfelben, die noch
vorhanden find, zu erwarten.

Dafs aber auch in der Herzogl. Bibliothek zu
Wolfenbüttel eine Handfchrift diefes alten Sit-
tengedichts befindlich fey, ift, fo viel ich weifs,
noch nirgend öffentlich erwähnt worden. *)   Ich
gebe alfo hier eine nähere Befchreibung davon. Sie
ift auf Papier in mäfsigem Folioformat, kolumnen-
weife gefchrieben, und befteht aus 105 Blättern.
Ihr Alter ift nirgend angegeben; auf allen Fall aber
ift fie wohl jünger als die Gothaifche, und den
Schriftzügen nach möcht' ich fie in den Ablauf des
vierzehnten, oder wahrfcheinlicher noch in die er-
fte Hälfte des funfzehnten Jahrhunderts fetzen.
Die fchlecht gezeichneten und gemalten Figuren
find meiftens in den Text, den fie unterbrechen,
eingefchaltet; einige wenige füllen auch ganze Sei-
ten.   Sie fcheinen mit denen in der Gothaer und
Ulmer Handfchrift den Gegenftänden nach einerlei
zu feyn, fo viel fich aus Tenzel's und Herrn
Miller's Angaben fchliefsen läfst.   Denn auch
hier find es meiftens Vorftellungen von Tugenden

---

*) Herr Bibliothekar Langer in Wolfenbüttel hat zwar
fchon vor geraumer Zeit eine kurze Anzeige diefer Hand-
fchrift dem Herrn Hofrath *Meufel* für fein *Hiftorifch-
Literarifches Magazin* zugefandt, die aber bis jetzt noch
nicht abgedruckt ift. Gegenwärtige Bekanntmachung gab
ich zuerft im fünften Bande der *Bragur*, mit Vorwiffen
und Genehmigung meines würdigen Freundes.

und Laſtern, und von kämpfenden Rittern zu Fuſſ
und zu Pferde. Mit rother Schrift ſind ihnen ihre
Benennungen beigefügt, und fliegende Zettel, wor-
auf die Worte ſtehen, womit ſie einander anreden,
auffodern, abweiſen, fragen oder antworten. Die
Gruppirung dieſer Figuren und ihre allegoriſche Zu-
ſammenſtellung iſt oft ſeltſam und abentheuerlich
genug.

Auch von Seiten der Mundart ſcheint dieſe
Handſchrift mit der Ulmiſchen faſt völlig überein-
żuſtimmen; die zu Gotha hingegen, unſtreitig wohl
die älteſte von den dreien, ſcheint, nach den we-
nigen mir daraus bekannten Proben noch unver-
miſchter ſchwäbiſch zu ſeyn. Bodmer urtheilt
von der Sprache dieſes Gedichts und des damaligen
Zeitalters überhaupt: *) „Sie hat Ellipſen, Meta-
„theſen, die wir verloren haben; viele Idiotismen,
„die in der engliſchen Sprache geblieben ſind; ei-
„nen Reichthum von Wörtern, Verhältniſſe und
„Geſchäfte im gemeinen Umgang auszudrücken,
„welche ſeitdem verſchwunden, oder durch Ne-
„benideen in einen übeln Ruf gekommen ſind.
„Das Metrum, die Reime, die Verflechtung der
„männlichen mit den weiblichen Reimen, ſind wie
„der Provenzalen.“

Uebrigens iſt die Wolfenbüttelſche vollſtändig;
und die Lücken der Ulmer wären, der ähnlichen
Mundart wegen, vielmehr aus ihr, als aus der Go-

---

*) *Deutſches Muſeum* v. J. 1780. B. I. S. 29.

thaifchen, zu ergänzen. So viel fich aus Herrn
Miller's Befchreibung abnehmen läfst, ift die er-
fte Lücke in der Vorrede, nach den Verfen:

> Ich bin von Frigul geborn
> Und laffe es gar one zorn

Hier fehlten alfo folgende 63 Zeilen, bis zum
Schlufs diefer Vorrede:

> Ob jemat nun gedichte
> Mit rechter tütfche richte *)
> Ich haiffe thomafin von tirckelere
> Schwacher fpot ift mir unmere
> Ich hon gewonet hulde wol
> Von recht min kainer fpotten fol
> Wer wol geuelt dem frumen fchar
> Der mifuelt dem böfen gar
> Wer gutter lütt hulde hant
> Der getut wol der böfen rat
> Ift jeman frum der recht tutt
> Dafs duncket nit die böfen gut
> Was der from gutes began mag
> Dafs mufs fin der böfen fchlag.
>   Tütfche zung empfach wol
> Als ain gut Hufsfrow fol
> Diefen dinen welfchen gaft
> Der dir din ere nimmet vaft
> Er kündet dir zucht vnd ere vill
> Wer fie gern vernemen will
> Du hanft dick gern vernomen
> Dafs von der welfche ift gekomen
> Dafs habent betutet tütfche lütt

*) Tenzel lieft, in der oben angeführten Stelle, diefe
Zeilen ganz anders.

Da von ſoltu vernemen hüt
Ob dir ain welſcher man
Jtzt das geſagen kan
Tütſchen das dir müge geuallen
Des vliſt er ſich mit allen
Sinnen alſus iſt ſin mut
Gott geb daſs es dich düncke gut
Wann was man hie geſchrieben ſicht
Das iſt von welſche genomen nicht
Villicht mir noch das geſchicht
Daſs ich in mines gedichtes wand
Ain holtz das ain andern hand
Geſchnitten hat lege mit ſolicher liſt
Daſs glich dem andern iſt
Da von ſprichet ain wiſer man
Wer alſo gefüglichen kan
Setzen ain rede in ſin gedicht
Die er doch hat gemachet nicht
Der hant alſo vil getan
Da gezweifelt er nimer an
Als der ſie von erſte vand
Der fund iſt worden ſin zu hand
Es iſt in minen willen wol
Daſs man ſin rede beſtetten ſol
Mit ander wiſen lütte lere
Verſchmacht man ſie das iſt vnere
Husfrowe min bis das gemant
So dir min buch kumpt zu hant
Miſsuelt dir ichtes dar an
Daſs lanſs bieſſen aynen man
Der och one wandel ſy
Wer von vnſtette nit iſt fry
Den ſoltu es nit laſſen ſechen
Ain böſer man der pflicht zu ſpechen
Ain gut rede darumb mere

> Daſs er ſie velſche dann durch ere
> Der böſe man vnd die boſshait
> Sollent hie werden ſo braitt
> Daſs ſie von einem welſchen gaſt
> Vnd von tugeten fliechen vaſt.

Die vier am Schluſs der Vorrede in der Ulmer
Handſchrift befindlichen Verſe:

> Hie ſol min Vorrede ain ende han
> Ich wil ain andre heben an
> Ich ger von got gut ſinne
> Mines buches ich hie beginne

fehlen hingegen in der unſrigen; und faſt möcht'
ich ſie für ſpäter eingeſchoben halten, da ſie den
Uebergang zu einer zweiten Vorrede zu machen
verſprechen, und doch zu dem Anfange des Ge-
dichts ſelbſt hinüber führen, das keine beſondre
Einleitung hat, die man hier ſonſt etwa unter der
andern Vorrede verſtehen könnte. Die beiden An-
fangszeilen des erſten Buchs, deren zweite der Ab-
kürzung wegen, die in unſrer Handſchrift nicht
vorkommt, Herrn Miller unverſtändlich war,
heiſsen ſo:

> Ich hon gehört vnd geleſen
> Man ſol gern vnmüſſig weſen

Am Schluſs des ganzen Gedichts aber fehlen in
der Ulmer Handſchrift nur folgende Verſe:

> Verſchiben mit ſinem gebott
> Die lieger da es üſs gat
> Sin mag nit anders werden rat
> Dauon ſoltu min buch beliben
> By dem der dich geruchet ſchriben
> In ſinem hertzen vnd mut

Wer

Wer iſt ſo gantz vnd ſo gut
Vnd mit ſtctte zu ſamen ſo gewallen
Daſs du uſs jm nit magſt gevallen
Den ſol dan beſſern din ler
So ſol dich beſſern och er
Wan der frumme man ſol ton baſs
Dann du lereſt wiſſe daſs
Hie wik ich dir ende geben
Gott geb das wir on ende leben
Durch die dry hailgen namen
Vatter ſun hailiger gaiſt amen.

Ob übrigens auf der leer gebliebenen Seite des
vorletzten Blattes etwas mangle, kann ich nicht
entſcheiden, da Herr ·Miller die letzte und die
nächſtfolgende erſte Zeile vor und nach dieſer
ſcheinbaren Lücke nicht angegeben hat. Eine Fi-
gur findet ſich in dieſer Gegend unſrer Handſchrift
wenigſtens nicht.

——————————

Wohl nicht leicht hat der Name eines Schrift-
ſtellers ſo ſonderbare und willkührliche Abände-
rungen erfahren,· und iſt ſo entſtellt und verſchie-
den angegeben worden, als der Name unſers alten
Spruchdichters. Tenzel führte die Verſe aus der
Gothaiſchen Handſchrift an, worin Jener ſich ſelbſt
nennt, und las: Thomaſin von zercläre.
Hingegen Gottſched, der eine eigne Handſchrift
vor ſich hatte, nannte ihn in ſeiner Sprachkunſt
Thomaſin von Verrere. *) Und er war es

—————

*) Und hatte, wie jetzt Herr Hofrath Adelung am oben
angeführten Orte bezeugt, Recht, ſo zu leſen, weil in ſei-
ner Handſchrift ſehr deutlich ſo ſtehen ſoll.

höchſt wahrſcheinlich, der zuerſt dieſe Variante in
Gang brachte, die hernach von Mehrern nachge-
ſagt, und als wirkliche Variante vorausgeſetzt
wurde. Denn ſelbſt Herr A d e l u n g fragt: ob
man für Z e r k l e r e, wie er in der Rubrik ſei-
ner Nachricht von dieſem Dichter,*) den Namen
ſchreibt, nicht etwa F e r r a r a leſen ſollte? und
giebt unſerm Gedichte eben daſelbſt den ſchwerlich
durch irgend eine Handſchrift beſtätigten Titel:
Sittenſprüche von Ferrara. In dem von eben die-
ſem groſsen Sprachgelehrten mit ſchätzbaren An-
merkungen herausgegebenen poetiſchen Ehrenbriefe
Jakob P,ûterich's von Reicherzhauſen**)
fand er den Namen T o m a ſ i n v o n C l ā r ge-
ſchrieben, und bemerkt dabei, daſs dieſer Name bis-
her ſehr verſchieden ſey angegeben worden, bald
T h o m a ſ i n v o n F e r r e r a, bald T h o m a ſ i n
v o n Z e r k l e r e. „Der erſte Name‘‘, ſetzt er
hinzu, „war augenſcheinlich eine falſche Lesart, in-
dem der Verfaſſer am Ende ſeines Vorberichts aus-
drücklich ſagt, daſs er aus F r i a u l gebürtig ſey;
daher ich nicht wüſste, wie er nach der Stadt F e r -
r a r a könnte ſeyn genannt worden. Der zweite
Name ſcheint nicht weniger verdächtig. P ù t e r i c h
giebt einen dritten an, welcher mir der wahre zu
ſeyn ſcheint, ob ich gleich noch nichts entſcheiden
kann, da ich keine der vorhandenen Abſchriften

---

*) *Magazin für die Deutſche Sprache*, B. II. St. 3. S. 90.
**) Leipzig, 1788. 4. S. 15.

eingeſehen habe.   In Gotha und Ulm könnte man
die Frage am beſten entſcheiden." *)

So ganz aus der Luft gegriffen war jedoch deſ-
ſen Vermuthung vielleicht nicht, der hier F e r r a -
r a zuerſt ins Spiel brachte. **) Denn F a b r i c i u s
und J ö c h e r haben einen T h o m a ſ i n u s d e
F e r r a r i á, einen Predigermönch gegen den Schluſs
des vierzehnten Jahrhunderts, von dem man Aus-
züge aus der Dogmatik des T h o m a s v o n A q u i -
n o, lateiniſche Faſtenpredigten, u. ſ. f. gedruckt
hat. Schon die Verſchiedenheit der Lebenszeit hät-
te dieſe Muthmaſsung, wenn ſie ja entſtehen konn-
te, ſogleich vereiteln ſollen.

In der Ulmer Handſchrift fehlt, wie oben ſchon
erinnert iſt, die Stelle, worin der Dichter ſich
nennt; unſre Wolfenbüttelſche Handſchrift hingegen
hat ſie, und hier ſteht ganz deutlich und leſerlich:

Ich heiſse thomaſin von tirckelere.

Daſs diefs wohl unſtreitig die rechte Form diefes
Namens ſey, wird mir nun auch durch das von dem
jüngern Herrn A d e l u n g mitgetheilte Verzeich-
niſs der altdeutſchen poetiſchen Handſchriften im
Vatikan beſtätigt, wo bei den erſten beiden der vier
Abſchriften unſers Gedichts der Verfaſſer deſſelben

---

*) In Ulm wohl nicht, weil der Vers mit dem Namen fehlt.

**) Möglich iſt es auch, daſs B o d m e r, ein ganz andrer
Mann in dieſem Fache als G o t t ſ c h e d, zuerſt auf F e r -
r a r a fiel. Wenigſtens pflegt er unſern Dichter T o m a -
ſin von V e r r e r a zu nennen. Aber er hielt dieſs, wie
es ſcheint, doch nur für einen Eigennamen, nicht für
Andeutung der Vaterſtadt; denn in der angeführten Stelle
im *Deutſchen Muſeum* nennt er dieſe F r i a u l.

Thomas Tircler genannt wird.*) Man ſieht
aber leicht, wie aus von tircelere oder tir-
clere durch die Abſchreiber und Leſer von tir
clere oder von der clere, und durch Püte-
rich ſelbſt von clär gemacht ſey. Selbſt in un-
ſrer Handſchrift ſcheint der Name des Verſes wegen
gedehnt, und Tirckelere für Tircklér oder
Tircler geſetzt zu ſeyn.

Ungeachtet dieſer Berichtigung möchte ſich in-
deſs von unſerm Dichter auſser dem, was er ſelbſt
von ſich ſagt, ſchwerlich irgendwo eine weitere
Spur oder Nachricht finden. Unter den von No-
ſtradamus, Creſcembeni, Millot, und an-
dern angeführten Provenzaldichtern giebt es überall
Keinen, der den Vornamen Thomas oder Tho-
maſin führte, noch weniger einen mit dieſem zu-
ſammenſtimmenden oder ihm nur irgend ähnlichen
Zunamen. Ihn aber dort aufzuſuchen, und es nur
als möglich anzunehmen, daſs er ſelbſt auch in der
Provenzalſprache könne gedichtet haben, veranlaſste
mich ſeine eigene Ausſage, daſs die wälſche Spra-
che ſeine Mutterſprache, und daſs er ſelbſt ein
Wahle oder welſcher Mann, ein Gaſt, oder
Fremdling, ſey:

> Miſsſprich ich der tütſche icht
> Daſs düncke vch wunderlich nicht
> Wann ich gar ain Walch bin
> Des wirt an miner tütſch erſchin.

*) In der Fortſetzung, die neulich unter dem Titel: Alt-
deutſche Gedichte in Rom, erſchienen iſt, giebt Hr. Ade-

Und bald hernach:

> Da von ſoltu vernemen hüt
> Ob dir ain welſcher man
> Icht des geſagen kan.

Denn, ungeachtet unſer Dichter aus **F r i a u l**, im **V**enedifchen, gebürtig war, ſo glaub' ich doch Recht zu haben, wenn ich **W a h l** und **W ä l ſc h** hier nicht, wie **B o d m e r** und Andre thaten, für **I t a l i ä n i ſc h**, ſondern vielmehr in dem ehedem allgemeinern, und damals vielleicht einzig gewöhnlichen Sinne für **p r o v e n z a l i ſc h**, *(le gallois)* nehme. *) Es bedeutete ſogar vor Alters, wie auch **A**delung unter dieſem Worte bemerkt, **f r e m d** und **a u s l ä n d i ſc h** überhaupt, welches nun aber hier, wo **G a ſ t** oder **F r e m d l i n g** dabei ſteht, und wo mehr als Einmal beſtimmt vom **W ä l ſc h e n** die Rede iſt, nicht wohl Statt finden möchte. Kaum erlaubt auch die Rückſicht auf den Zuſtand der Sprachen und der Dichtkunſt zu Anfange des dreizehnten Jahrhunderts eine andre Auslegung dieſes Worts, das hier eben ſo zu nehmen ſeyn möchte, als bei dem Verfaſſer des *Wigoleis*, wenn er von ſeiner Erzählung am Schluſs derſelben ſagt:

> Da ſie geſchriben hat ein man
> Der jr jun wol ze tichtenne gan
> Von der wälſchin tütſch zungen

Oder beim *Heinrich von Veldeg* in ſ Eneide :

lung von den Vatikaniſchen Handſchriften des *Welſchen Gaſtes* S. 119 ff. etwas nähere Nachricht.

*) Vergl. *Scherzii Gloſſar.* ed. Oberlin. v. Walch.

> Iz duchte den meiſter genau
> Der iz us der waliſche kerte.

Man weiſs auch, wie viele Gemeinſchaft unſre alte
ſchwäbiſche Poeſie mit der provenzaliſchen hatte,
ob es gleich hier der Ort nicht iſt, über dieſen
an ſich wichtigen Umſtand ausführlicher zu ſeyn. *)
Auch erwähne ich hier nur bloſs, daſs die ſoge-
nannten Mots der Provenzalen, und die nachhe-
rigen Frottole der Italiäner ähnliche Spruchge-
dichte, wie das unſrige, waren. Wer über dieſes
letztere weitläuftiger kommentiren wollte, der
müſste ſich nothwendig auf dies Alles weitläuftiger
einlaſſen.

Unſer Schriftſteller zwar erklärt ausdrücklich,
daſs er ſein gegenwärtiges Gedicht nicht aus dem
Wälſchen genommen noch überſetzt habe:

> Wann was man hie geſchriben ſicht
> Das iſt von welſche genommen nicht

ob er gleich eingeſteht, daſs er daraus Manches in
ſein Werk herüber getragen habe, und dieſe Frei-
heit in der oben angeführten Stelle der Vorrede
ſchicklich genug rechtfertigt. Er bittet die deut-
ſche Sprache, ihn als Fremdling wie eine gute Haus-
frau gütig und nachſichtig aufzunehmen, wie ſie
manche andre Dichter aufgenommen habe, die ih-
ren Stof aus dem Wälſchen entlehnten. Wenn er
aber gleich nicht daraus überſetze, ſo werde er

---

*) *Bodmer* hat mehrmals hierüber viel Wahres und Lehr-
reiches geſagt, beſonders in den *Neuen kritiſchen Briefen*,
Br. XIII. und XIV.

doch vielleicht ein von fremder Hand geſchnitztes
Holz in ſeinem Gebäude ſo zu legen und anzubrin-
gen wiſſen, daſs es ſich zu dem Uebrigen füge und
ſchicke.

In dem Verfolge des Gedichts ſelbſt, zu Anfange
des neunten Abſchnittes im erſten Theile, treffe
ich jedoch auf nachſtehende Verſe:

Als ich hon och vor hie geſait
An dieſem buch von hoſſlichkeit
Daſs vſs welſchem ſchraib min hand.

Dieſs ſcheint ſich aber nicht ſowohl auf ein andres
aus dem Wälſchen übertragenes Gedicht, oder auf
dieſes Ganze, ſondern zunächſt auf denjenigen
Theil des gegenwärtigen zu beziehen, der un-
mittelbar vorhergeht, und worin die Pflichten der
Höflichkeit und Beſcheidenheit gelehrt werden.
Vielleicht war dieſes Stück ein ſolches von fremder
Hand geſchnitztes Holz; und es verlohnte ſich wohl
der Mühe, ſeiner urſprünglichen Verarbeitung nach-
zuſpüren.

Bei der Durchleſung des Ganzen hab' ich übri-
gens ſorgfältig darauf geachtet, ob ſich in der Spra-
che und Phraſeologie dieſes Dichters einige Spuren
ſeiner ausländiſchen Herkunft antreffen lieſsen;
und ich geſtehe, keine gefunden zu haben, die ir-
gend auffallend oder entſcheidend genug wären, um
ihn der deutſchen Sprache minder kundig zu halten,
als ſeine einländiſchen Zeitgenoſſen. Faſt ſollte dieſs
auf die Vermuthung leiten, daſs die ganze Wendung,
ſich für einen Fremdling auszugeben, von ihm er-

dichtet fey, und dafs er durch diefes Vorgeben ent-
weder feinen Sprüchen leichtern Eingang, oder fei-
ner Entlehnung mancher derfelben von den Proven-
zaldichtern mehr Entfchuldigung, vielleicht auch
der Nachläffigkeit feines deutfchen Ausdrucks mehr
Rechtfertigung habe verfchaffen wollen. Das Wäl-
fche oder Provenzalifche war damals auch in
Deutfchland, befonders am Hofe der fchwäbifchen
Kaifer, fehr beliebt; und, wie bekannt, wird
Friedrich II. felbft, der im Jahre 1220 aus ei-
nem Könige von Sicilien römifcher Kaifer wurde,
unter die Provenzaldichter gezählt. *)

Dafs fich glücklicherweife das Zeitalter der
Verfertigung diefes Gedichts beftimmen laffe, ift
fchon mehrmals angemerkt worden. Nicht zwar
in dem gereimten Vorberichte, wie Herr Ade-
lung fagt, **) auch nicht, wie Herr Miller an-
giebt, im fiebenten Theile, fondern, wenigftens
nach unfrer Wolfenbüttelfchen Handfchrift, im
neunten Kapitel des achten Theils, findet fich die
Stelle, woraus man diefe Zeitbeftimmung gefolgert
hat. Dort ift nämlich von der zu wünfchenden
Wiedereroberung des heiligen Grabes die Rede,
und es heifst weiter:

> Mich dunckct für die warhait
> Es find wol acht vnd zwantzig jar
> Das wir es verluin das ift war.

*) S. *Crefcembeni dell' Iftoria della Volgar Poefia*, Vol. II.
   p. 185. 262.
**) *Püterich*, S. 16.

In der Ulmer Handſchrift ſteht bei dieſen Worten
von neuerer Hand ein NB. und die Anmerkung
am Rande: „1188˙durch Saladinum erobert; war
„alſo damals, als dieſes geſchrieben wurde, 1210.“
Richtiger aber iſt wohl jene Eroberung in das Jahr
1187, und folglich die Entſtehung des Gedichts
noch um ein Jahr früher zu ſetzen.

Das folgende·zehnte Kapitel eben dieſes achten
Theils enthält indeſs noch mehr Anſpielungen auf
damalige Zeitumſtände. Den in eben dem ſ   n
Jahre zu Aachen gekrönten König und nachm i   ꞏ.
Kaiſer Friedrich II. redet der Dichter mit fol-
genden Worten an:

Edler kunig fryderich
Du biſt ſinnes vnd mutes rich
Vnd magſt ton was du wil
Ob du wilt ton gutes vil
Nun la ſchynen das du ſieſt wis
Vnd bringe dir ſo hochen brys
Der nit endes haben ſol
Du magſt es geton wol
Wann der rechten wiſung iſt
Got dienen alle fryſt
Ich waiſs jr zwen vſs dinem ſlacht [1])
Die dar ſuren mit groſſer macht
Aines was der kaiſer friderich [2])
Der ander das war ſicherlich
Din vetter [3]) der dritte biſtu ꞏ
Du ſolt jn nach volgen nu

1) Deines Geſchlechts.
2) Kaiſer Friedrich I.
3) Herzog Friedrich von Schwaben.

Der kaifer von vngefchicht [4])
Vol kam vber mer nicht [5])
Din vetter vol kam dar
Vnd mocht es nit volbringen gar [6])
Du bift der dritte vnd fol volkomen
Vnd voltun ich hon vernomen
Das an der dritten zal ift
Erfollunge alle fryft [7])
Gottes erfollunge lyt
An dem namen alle zyt
Da by mag man wiffen wol
Das da gebrefte [8]) nit wefen fol
Syt an der zal nit gebrift
Vnd fyt du der dritte bift
So gedinge ich wol zu got
Das du volfüreft fin gebot
Ain jeglich werck kan miffewende
Hant angenge [9]) vnd och ende
Das angenge ward gegeben
Dinen Enyn [10]) by finem leben
Din vetter fur doch fürbafs
Hin vber die mitte wiffe dafs

4) durch Mifsgefchick.
5) kam auf feinen Kreuzzügen nicht völlig übers Meer. Er
ftarb nämlich auf diefem Zuge in Armenien beim Baden
in dem Fluffe Seleph, im Jahr 1191.
6) Herzog F r i e d r i c h von Schwaben, F r i e d r i c h's I.
Sohn, fetzte nach feines Vaters Tode den Kreuzzug fort,
führte das Heer nach Antiochien, wo es aber gröfsten-
theils durch Krankheiten aufgerieben wurde; und er
felbft ftarb vor der durch die Kreuzfahrer belagerten
Stadt A c c o n. ●
7) Nach dem bekannten Sprüchwort: *Omne trinum perfectum.*
8) Gebrechen, Mangel.
9) Anfang.
10) Ahn, Grofsvater.

So folt och du das ende hon
Ob dir es gott geruchet lon, u. f. f.

Selbft die Dauer der Verfertigung feines Werks
hat unfer Spruchdichter nicht anzuzeigen vergeffen.
Den Anfang des neunten Theils macht ein Gefpräch
zwifchen ihm und feiner Feder:

La mich nun ruwen es ift nun zyt
Spricht min feder wer nit gyt
Sinen aigen knechte
Ruwe der tut vnrechte
So hon ich dir das ift war
Bedienet difen winter gar
Das du mich nit lieft beliben
Ich müffe tag vnd nacht fchriben
Du haft verfchliffen minen munt
Wan du mich me wan [1]) zehen ftunt
Zu dem tag pflege tempern [2]) vnd fchniden
Wie möcht ich das fo lang erliden
Du fchnideft mich grofs vnd klain
Vnd hanft gemachet mich gemain
Zu fchriben von herrn vnd knechte
Du tuft mir gar vnrechte
Do du pflegteft guter litte
Da volget ich dir gern mitte
Do du mit rittern vnd mit frowen
Pflegteft buchurt [3]) vnd tentze fchowen

[1]) mehr als.

[2]) Das Italiänifche *temperar*, noch jetzt vom Federfchnei-
den gebräuchlich; daher auch *un temperajo*, ein Feder-
meffer. In diefem Worte würde ich den Wälfchen zu er-
kennen glauben, wenn es im Altdeutfchen fremder wäre,
und nicht auch Temperhafen für Kühlkeffel, Tem-
perofen für Kühlofen, vorkäme. S. *Scherzii Glof-
far.* vv. Tempern, Temperey, Temperung.

[3]) Buburt oder Buhart, ein Lanzenfpiel, eine kleinere
Art von Turnier. — Siehe Scherz und du Fresne.

Da was ich gar gern by dir
Wann du gelöbeſtu och mir
Do du wolteſt zu hoffe ſin
Vnder den lüten da was min
Glöbe das ich were baſs
By dir dann iendert [4]) wiſſe daſs
Nun hanſtu dich des abgeton
Vnd hanſt din ſelbs ding verlon
Vnd zurucken gar geworffen daſs
Ich hon daran nit erworben baſs
Wann ich muſs ſchriben durch den tag
Wiſſe das ich es nit erliden mag
Du biſt worden ein klofnere [5])
Da du do zu ſchul werde
Do mochteſtu mich nit ſo hart
Din tor iſt durch den tag geſpart [6])
Sag an was iſt dir geſchechen
Du wilt weder frowen noch ritter fechen.

Unſer Dichter thut endlich dieſen Klagen ſeiner
Feder Einhalt, und ſtellt ihr vor, er habe zu den
vorhergehenden acht Theilen ſeines Gedichts nicht
mehr als acht Monate gebraucht, und beſtimme
auch für die übrigen nur zwei Monate. Hätte er
blofs zur Kurzweil, oder zum Zeitvertreibe, ge-
dichtet, ſo würde er ganze vier bis fünf Jahre ge-
braucht haben. So aber habe ihn die Noth, oder
vielmehr der innere Drang, zur Sittenbeſſerung mit-

Hurt bedeutete einen Schild, oft auch ein Heer, eine
Horde.
4) als irgendwo.
5) ein Klaufener, hier wohl nicht ſo viel als ein Kloſter-
bruder, ſondern nur ein Stubenhitter.
6) Deine Thür iſt den ganzen Tag über verſperrt.

zuwirken, zum Dichten bewogen. Und da habe
er ſich lieber eine Zeit lang ganz der Welt entzogen,
um deſto anhaltender und ungeſtörter an ihrer Be-
lehrung arbeiten zu können.

Zum Schluſs will ich noch eine Stelle aus dem
ſechsten Abſchnitte des zweiten Theils hicher ſe-
tzen, worin mancherlei Zeitumſtände vorkommen,
deren Erläuterung ich nur zum Theil beifüge, und
woraus ſich unter andern ergiebt, daſs der Ver-
faſſer noch nicht dreiſsig Jahr alt war, als er dieſes
Gedicht verfertigte:

> Wer ſich gar verainet wol
> Von rechte der ſtete weſen ſol [1]
> Nymmer vns verainen wir
> Wa vnſer ſint dry oder vier [2]
> Die wil rome verainten ſin [3]
> Da hette ſie ern groſſen gewin
> Do ſie nit verainten mere
> Da rugtte hin hinden gar jr ere [4]
> Da ſie verainten wiſſet das jr hand
> Der welte vil vberwand
> Aber do ſie nit verainten ſyt
> Was och jr waſſt [5] nit zu wit
> Allenthalben was ir ſorchte
> Ir veraintes leben das worchte [6]
> Nun iſt ir ere gar enwicht [7]

1) der muſs beſtändig, ſtandhaft ſeyn.
2) wo wir immer Jeder für ſich bleiben.
3) So lange die Römer vereint, einig waren.
4) Da gieng ihr Ruhm rückwärts.
5) ihre Waffen, ihre Macht,
6) würkte das.
7) eitel, erloſchen.

Man furcht fie zu bitterue nicht [8])
Wes fage ich des vor langer frift
In der welt gefchechen ift
Wann es fint by vnfer zyt
Von verunainungen vnd durch nyd
Von verlugen vnd von vngefchicht
Menge ftete worden enwicht [9])
Min alter ift nit dryffig jar
Vnd gedencke wol das ift war
Das bern an eren trug den krantz
Ir turn vnd ir hüfer waren gantz
Die lügent geftreuwet uff der erde [10])
Briffan [11]) lit och vnwerde
Durch verlugen vnd durch nid
Das ift gefchechen by vnfer zyt
Von vincenne vnd von ferrere [12])'
Möcht ich och fagen diefelbe mere
Das ich zel das ift ain klainer garte
Vntreuwe hat fich getailt fo harte
Das nun niemant finden mag
Truw noch ftetin [13]) ain halben tag
Wa ift nun ftete by vnfer zyt'
Die welte hant erwelet ftryt
Erge lugen fpot hafs nyd zorn

8) Vielleicht: biedere, rechtfchaffne Leute fürchten fie
nicht mehr. Oder zu bitterue (biderbe) ift wie Ad-
verbium zu nehmen, und der Sinn wäre: man fürchtet
fie nicht recht mehr.

9) Manche Städte in Verfall gerathen find.

10) Unter Bern müfste hier wohl gewifs Verona ver-
ftanden werden; ich finde aber nicht gleich, worauf fich
diefe Anfpielung beziehen kann.

11) Auch diefer Name ift mir dunkel.

12) Diefe Schreibweife ferrere macht die Lesart verre-
re in dem Namen des Dichters noch zweifelhafter.

13) Beftändigkeit.

Die tugent fint nun gar verlorn
Die welt ift vol vnftetikaît
Wa ift nun truw vnd warhait
Sie ift allenthalben vnwert
Wann ir nun laider neman gert
Sie ift von engelant vertriben
Zu kerlinge ift fie nit beliben
Wann die zwen künig vrlüger [14])
Habent ir lant gemacht vnmer
Sie ift och von bravant geiecht [15])
Die kätzer tetent ir da laid
Ift fie zu yfpanie nem fie nicht
Wann jr da michel laid gefchicht
Von haiden vnd von vernogierten [16])
Kryften fie da vbel zierten
Zu bollant [17]) ift fie nit beliben
Sie ift nun lange da vertriben
Nun wie ob fie zu rome ift
Das erfert in kurtzer frift
Wer dar icht zu fchaffen hant
Das warb römer falfcher rant
Zu tufchgan [18]) man es nit fchuchen fol
Wann die blegerin [19]) wiffent wol
So man fie beröbt zu montflofton [20])
Ob denn truwe zu tufchgan won

14) Diefs bezieht fich auf die damaligen Mifshelligkeiten und
Kriege zwifchen den Königen von Frankreich und Eng-
land, Philipp Auguft und Richard Löwenherz. Urlü-
ger fcheint hier Krieger zu bedeuten.
15) gewichen.
16) eigentlich vernuigernten, geringfchätzten, für ver-
altet hielten.
17) Pohlen.
18) Tofkana.
19) Vermuthlich Pilger.
20) zu Montefiascone.

·Sie iſt och nit zu lamparte [21])
Die haben ſie erſchrecket hart
Maylander mit vngeloben
Mit vrluge vnd mit roben
Ob ſie zu tutſchen handen ſy
Das waiſt man wol verre vnd daby
Zu vngern iſt och nit ir weſen
Sie iſt da lang nit geweſen
Ir vntruwe vnd ir vnſinne
Schinen wol an ir·kuniginne [22])
Spür ich der lande in alle ort
Ich ſünde weder hie noch dort
Weder truw noch warhait
Das macht als vnſtetikait.

[21]) in der Lombardei. Die dortigen, und beſonders die mailändiſchen Unruhen damaliger Zeit find aus der Geſchichte bekannt.

[22]) Wahrſcheinlich wird hier die Königin G e r t r u d e, Gemahlin des Ungarſchen Königs A n d r e a s II. gemeint, die B a n c b a n's, des Statthalters, Gattin zum Ehebruch verleitet hatte, und dafür von jenem ermordet wurde.

VI.

VI.

ÜBER

KÖNIG SALOMON
UND

MARKOLF.

K

VI.

ÜBER

KÖNIG SALOMON
UND
MARKOLF.

Unter verschiedenen altdeutschen poetischen Hand-
schriften, die ich selbst besitze, befindet sich eine an
Umfang und äusserer Gestalt ziemlich ansehnliche,
welche ein erzählendes Gedicht vom König Salo-
mon und Markolf enthält, deffen, so viel ich
weifs, in der Geschichte unfrer ältern Dichterlitera-
tur bisher noch keine Erwähnung geschehen ist.
Die Handschrift besteht aus 108 Blättern in kleinem
Folio, ist auf starkes Papier ganz leserlich geschrie-
ben, und mit verschiedenen, auf einzelnen etwas
kleinern Blättern nicht ganz schlecht gezeichneten
illuminirten Figuren versehen. Auf dem ersten Bil-
de, welches mit dem Format der Handschrift selbst
gleiche Gröfse hat und das Frontispiz ausmacht,
sitzt König Salomon mit seiner Gemahlin am Brett-
spiele; und oben im rechten Winkel des Blattes
steht die Jahrzahl 1479, die aber wohl ohne Zwei-
fel nur das Jahr der Verfertigung dieser Malereien,
oder der ganzen Handschrift, nicht aber des Ge-
dichts selbst, andeutet, weil dieses gewifs früher

hinauf, wenigſtens in das vierzehnte Jahrhundert
zu ſetzen ſeyn möchte.

Eigentlich beſteht dieſes Gedicht aus zwei Thei-
len; und |der|zweite derſelben| enthält die| Unter-
redungen Salomon's und Markolf's. Nur dieſer
ſtimmt, wie ich hernach zeigen werde, mit einer
lateiniſchen Erzählung überein, welche die nächſte
Quelle ſowohl einer proſaiſchen als dieſer gereimten
deutſchen war, wie am Schluſs dieſer letztern aus-
drücklich geſagt wird:

Noch hat morolf me gedrieben
Das ich nit han geſchrieben
Dorch der wort vnhubſchheit
Der doch genug hie jnne ſtent
Syn kunſt iſt uch nu bekannt
Ich laſſen yne als ich yne fant
In latine was dieſe rede
Geſchrieben die dorch bede
In das dutzſche gewant han
Das ſie woll mogen verſtan
Die da nit verſtent latin
Nu iſt die hoheſte bede myn
Alſo wer dis buch leſen will
Ich han vnhubſcher worte vil
Geſchrieben in das buchelin
Das er dorch den willen myn
Mich beſchone das beſten das er kan
Els ſye frauwe ader man
Wan ich bin nit alſo behende
Das ich das dutſche yt anders wende
Dan das latin mich beſchiet
Herumb in beſcheiden ſie mich nyt
Den zu horen dis gebort

Ich han der rede vil gekurt
Dorch des dutfches vngefug
Das ftet hie in me dan genug
Alfus hat diefe rede ein ende
Got fin gnade zu uns fende. Amen.

Der erfte Theil des Gedichts hingegen ift von
dem zweiten ganz yerfchieden; und ich habe davon
bisher noch keine ähnliche, weder lateinifche noch
deutfche, Bearbeitung ausfündig gemacht. Von
diefem alfo gebe ich hier zuvörderft den Haupt-
inhalt.

Ohne alle Einleitung und Vorrede hebt die Er-
zählung fogleich an:

Czu jherofalim wart eyn kint geborn
Das ficht zu fautte ¹) wart erkorn
Vber alle criftenheide diet ²)
Das was der konig falomon
Der manche wyfheit riet
Er nam ein wyp von Indean ³)
Eyns koniges dochter woll gedan
Dorch die wart manch hilt ⁴) verlorn
Efs was eyn vil obel ftunde
Das fie an diefe weit ye wart geborn
Ir vatter hiefs cyprian
Salomon fie yme über finen dang nam ⁵)
Er furte fie uber den wilden fee
Er hatte fie vil geweldiglich
Vff der burg zu jherufalim

1) F a u t, Vogt, Herr u. Fürft. S. *Scherz's Gloffar.*
2) über alles chriftliche Volk.
3) Indien.
4) mancher Held.
5) nahm fie ihm wider feinen Willen.

Das ich uch fagen das ift ware
Er dauffte fie vnd larte fie
Den pfalter das gantze jare
Er larte fie fpelen in dem brede
Eme was eyn konigin liep
Was fie yme zu leide ye gedet
Ir kele was wyfse als der fne
Efs entbart nye fchoner frauwe me
Ir mont recht als eyn robin bran
Vnd fpielten yr die augen
Als yrem alder woll getzam
Ir hare was geler fyden glich
Sie was fchone vnd mynniglich
Wol geftalt was ir der lyp
Sie was geheiffen falomee
Das wonigliche fchone wyp.

Auch ihre Kleidung wird umftändlich befchrieben,
und der allgemeine Eindruck, den ihre Reize auf
alle Ritter machten. Bis ins vierte Jahr lebte der
König fehr glücklich und vergnügt mit ihr. Aber
jenfeits des Wendelfees regierte ein andrer gewalti-
ger König, Pharao genannt, der eine ganz vor-
zügliche Schöne zur Gemahlin zu erhalten wünfch-
te, und in diefer Abficht feine Räthe verfammelte.
Einer derfelben pries ihm die Reize der Königin
Salome, und gab ihm den Anfchlag, fie zu ent-
führen. Unter den in diefem Rathe verfammelten
Fürften und Edeln war auch Cyprian, der Sa-
lome Vater, der fich darüber beklagte, dafs ihm
feine Tochter wider feinen Willen geraubt fey, und
fich erbot, mit vier taufend Mann wider König Sa-
lomon zu Felde zu ziehen, und Jerufalem zu be-

lagern. König Printian ist bereit, mit nicht weniger als fechszig taufend Mann ein Gleiches zu thun. Der Krieg wird angekündigt. Mit vierzig Schiffen zieht jenes vereinte Herr über den wilden See. Vor Jerufalem beginnt das Gefecht, worin Pharao von Salomon befiegt, gefangen genommen, und auf die Burg des Letztern gebracht wird. Hier empfängt ihn die Königin, und ihr Bruder Morolf. Diefer giebt dem Salomon den Rath, den gefangenen König nicht mit feiner Gemahlin beifammen zu laffen:

> Da fprach fich morolff
> Das duncket mich nit gut
> Wer ftro zu dem fure dut
> Licht czundet es fich an
> Wiltu din frauwe fin huden lan.

Aber Salomon wird über diefes Mifstrauen fehr unwillig, ob es gleich nur allzu gegründet war. Denn vermittelft eines Zauberringes, den Pharao der Königin zum Gefchenke macht, gelingt es ihm gar bald, ihre Liebe zu gewinnen. Sie verhilft ihm wieder zu feiner Freiheit; und, der Verabredung nach, fendet er ihr, nach Verlauf eines halben Jahrs, eine Zauberwurzel, die fie unter ihre Zunge legt, und darauf fogleich wie todt zur Erde finkt. Salomon beklagt ihren Tod, den jedoch Morolf noch fehr bezweifelt. Man legt fie in einen Sarg und begräbt fie. Die Nacht darauf kommt der vom Pharao abgefandte Harfenfpieler, der das Zaubermittel überbracht hatte, befreit die Köni-

gin aus dem Grabe, und führt fie davon. Am fünf-
ten Tage macht Salomon die Entdeckung, daſs
der Sarg leer iſt. Jetzt verſpricht er dem Morolf
die Hälfte ſeines Königreichs, wenn er ihm ſeine ge-
raubte Gemahlin zurückführen könne. Morolf
entſchlieſst ſich zu dieſer Unternehmung. Um aber
unerkannt zu bleiben, tödtet er einen bejahrten
Juden, der ihm zu Jeruſalem in den Wurf kommt,
zieht ihm die Haut vom Leibe, und legt ſie an:

> Morolff ſalomons drut
> Vber halb des gurtels
> Sneyt er abe des juden hut
> Er balſamte ſie vnd leite ſie
> An ſynen lyp.

Hiedurch wird er dem Könige ſelbſt unkenntlich;
und ſo zieht er übers Meer. In der Geſtalt eines
Pilgers kommt er, nach einigen Hinderniſſen und
Abentheuern, an Pharao's Hof, und findet hier
Gelegenheit, ſich bei der Königin beliebt zu ma-
chen, die mit ihm Schach ſpielt, und der er ſeinen
Wunderring ſchenkt. Auch unterhält er ſie mit
Geſange, vorzüglich mit einem ihrer Lieblingslie-
der, das ſie ehedem an der Tafel ihres Vaters ge-
lernt hat. Hieran aber wird er erkannt; und da
ſein Leugnen ihm nichts hilft, legt er endlich die
Judenhaut ab, und erſcheint in ſeiner wahren Ge-
ſtalt. Nun bittet er die Königin ſehr dringend, ihm
zurück nach Jeruſalem zu folgen. Sie ſchlägt es
ihm aber nicht nur ab, ſondern läſst ihn auch in
ſichre Verwahrung bringen, und droht ihm mit

dem Verlufte feines Lebens. Morolf macht aber
während der Nacht feine Wächter trunken, tödtet
den Schlofspförtner und deffen Weib, geht ans Ufer,
und fchifft davon.

Beftürzt über diefe Nachricht, welche fie am
Morgen darauf erfährt, läfst die Königin ihm zu
Schiffe nachfetzen. Er weifs indefs die, welche
ihn einholen follen, durch einen Schlaftrunk zu
betäuben; und während diefer Betäubung bringt er
fie ums Leben. Einer von ihnen war der Königin
Kämmerer. Deffen Geftalt und Kleidung legt er
an, geht zurück aufs Schlofs, und meldet, Mo-
rolf fey eingeholt und gefangen genommen. Weil
man ihn für den Kämmerer hält, fo folgt er Abends
dem Könige und der Königin in ihr Schlafgemach,
und giebt Beiden, ehe fie fich niederlegen, einen
von ihm bereiteten Trank, wovon er hernach auch
den zwölf Kaplanen zu trinken giebt. Diefe ver-
finken dadurch, eben fo wie jene, in einen tiefen
Schlaf. Während deffelben hebt Morolf die
zwölf Männer auf, und legt fie alle über einander
auf Einen Haufen. Den König nimmt er gleichfalls
aus dem Bette, und legt ihn an die Stelle eines jun-
gen Kapellans, deffen Kleid er ihm anlegt, nachdem
er ihm eine Platte gefchoren hat. Den Kaplan hin-
gegen legt er unbekleidet ins Bette zur Königin.
Beim Erwachen gerathen Alle hierüber in grofses
Erftaunen, und der König argwohnt fogleich, es
könne kein Andrer als Morolf diefen Unfug an-
gerichtet haben. Diefer ift indefs fchon wieder zu

Schiffe gegangen, entkommt auch glücklich, und
nach fiebenjähriger Abwefenheit landet er endlich
wieder zu Jerufalem.

Hier beredet er den König Salomon, zur
Wiedererlangung feiner Gemahlin mit zehntaufend
Mann über das Meer zu ziehen, und den Pharao
zu bekriegen. Sie vollenden die Reife, und Salo-
mon kommt unerkannt in Pharao's Burg. Hier
giebt er fich bei der Schwefter des Königs für einen
Pilger aus, der, wegen Ermordung feines Bruders,
zur Bufse lebenslang umher wandern müffe. Des
Königs Schwefter, von feiner fchönen Bildung be-
zaubert, meldet ihn' bei der Königin, die aber gar
bald Verdacht fchöpft, dafs diefer vorgebliche Pil-
ger kein Andrer als ihr voriger Gemahl fey, und
dafs Morolf ihn hergeführt habe. Sie unterredet
fich mit ihm, weigert fich aber, mit ihm nach Jeru-
falem zurückzukehren. Salomon wird von des
Königs Schwefter in ein Zimmer geführt, wo er un-
bemerkt hinter einem Vorhange die Königin be-
laufcht, indem fie den Pharao aufs zärtlichfte be-
willkommt, und mit ihm zur Tafel geht. Ueber
Tafel entdeckt fie ihrem Gemahl Salomon's An-
kunft und Aufenthalt im Schloffe, und räth ihm,
jetzt, da er ihn in feiner Gewalt habe, ihm das Le-
ben zu nehmen, worein jedoch Jener nicht willigt.
Des Königs Schwefter geht zu Salomon, und ent-
deckt ihm die verräthrifche Untreue feiner vorigen
Gemahlin. Zugleich erklärt fie ihm ihre Liebe,
und ihren Wunfch, ihm folgen zu können. Auch

giebt fie ihm den Rath, ihrem Bruder felbft Vorftel-
lungen zu thun. Salomon fafst Muth, und ftellt
den König über die Entführung feiner ehemaligen
Gattin hart zur Rede. Pharao fragt ihn, wie er
es wohl mit ihm halten würde, wenn er ihn auf
gleiche Weife zu Jerufalem in feiner Gewalt hätte.
Er antwortet, dafs er fogleich einen Galgen würde
errichten und ihn daran hängen laffen. Pharao
erwiedert, er habe fein Urtheil felbft gefprochen,
und befiehlt feinen Leuten, einen Galgen zu errich-
ten, und den fremden König bis zu feiner Hinrich-
tung in Feffeln zu legen. Des Königs Schwefter legt
indefs Fürbitte für ihn ein, und bittet ihren Bruder,
ihr zu geftatten, dafs fie nur während der letzten
Nacht ihm die Feffeln dürfe abnehmen laffen. Dar-
ein willigt der König, nachdem fie ihm bei Verluft
ihres Lebens verfprochen hat, ihn nicht entkom-
men und über den See davon ziehen zu laffen. Sie
eilt darauf in den Kerker, nimmt dem gefangenen
Könige felbft die Feffeln ab, fagt ihm, fie habe ihr
Leben für ihn verbürgt, führt ihn in ein bequeme-
res Zimmer des Schloffes, und läfst einen Harfen-
fpieler kommen, um ihn aufzuheitern:

Sie brachte eme eynen fpielman
Die dutfche harpe er in die hant nam
Eynen fchonen mantel fie dem gab
Nu diene woll dem richen keifer
Nicht dan difse einge nacht
So wil ich felber by uch fin
Sprach die junge konigin
Vff eyn matten fie zu eme fafs

Sie droft ene woll mit flyfs
Bit er finen forgen gar vergafs
Eme wart drincken her fur gedragen
Ich will uch werlich fagen
Das brachte die junge konigin her
Mit hartten groffen zuchten
Dem furften von jherufalim   ,
Salomon by der frauwen fafs
Bit das er finer forgen vergafs
Sie was fo rechte mynniglich   ‑
Das der riche keifer
Wart fo freuden riche
Dem fpielman er die harpe
Vfs der hende nam
Er leite fie vff das bein
So life flug er dar an
Er gedacht an david den konig
Den lieben vatter fin
Der von der alden troie   •
Erdacht das feitten fpiel
Das eyn edeler furfte here
Vfs der ghuden ftat zu jherufalim
Dannan was der konig falomon
Er konde woll der engel griff
Der was fo rechte wonnefam
Die finger gingen yme gezal
Des name die jungfrauwe gude war
Du bift eyn alfo hubfcher fpielman
Vff myne druwe   •
Ich wolde mich woll mit dir began
Zu eme ruckte das megelin
Sie rumet eme in das ore fin
Sage mir konig falomon
Vff din rechte druwe
Wiltu von hynan gan

Wiltu faren vber fee
Myn hilde fint mude
Ich heiffen fie flaffen gan
Ich bin myme bruder alfo liep
Vff myn druwe er dut mir nit.

Salomon kann fich indefs nicht entfchliefsen, durch feine Flucht ihr Leben in Gefahr zu fetzen, und bleibt. Früh Morgens erfcheint Pharao mit feinem Gefolge. Das Urtheil wird gefprochen, und Salomon wird zum Richtplatze geführt. Unterdefs hat Morolf diefs Alles ausgeforfcht, und bietet nun die mit ihm und dem Könige hergezogenen Ritter und Krieger zur Vertheidigung und Rettung ihres Königs auf. Vor feiner Hinrichtung bittet diefer nur, dafs ihm geftattet werde, fein Horn zu blafen, um dadurch, wie er vorgiebt, den Engel Michael zum Empfange feiner Seele herbei zu rufen. Zwar ahndet die Königin, dafs er dadurch dem Morolf und feinen Leuten ein Auffoderungszeichen geben wolle; der König ertheilt ihm indefs diefe Erlaubnifs. Er bläft das Horn; und fogleich eilen die Seinigen herbei; es beginnt ein hitziges Gefecht, worin vornehmlich Salomon und Morolf ihre Tapferkeit zeigen. Von diefem Letztern wird König Pharao überwunden und an den für Salomon errichteten Galgen gehenkt. Erft auf dringendes Bitten feiner Schwefter wird der Leichnam wieder abgenommen und ftattlich beerdigt. Dafür weifet fie dem Morolf grofse, im Schlofs verborgene, Schätze nach; von welchen er einen Theil unter feine Helden und Ritter ausfpendet. Ehe diefe wieder von dannen ziehen, erobern fie noch eine Burg und die Schätze des benachbarten Königs Yfolt, der vom Salomon in einem Zweikampf erlegt wird. Hierauf gehen fie wieder zu Schiffe, und die Königin wird wieder nach Jerufalem zurückgeführt.

Der Dichter unterbricht hier feine Erzählung, um zu der Gefchichte von der Taufe, der Schwefter des Königs Pharao überzugehen:

> Nu laffen wir die rede ftan
> Von des koniges pharos fwefter
> Heben wir den dauff an.

Morolf hat fie nämlich beredet, fich taufen zu laffen, und bewegt fie dazu vorzüglich durch das Verfprechen, dafs fie alsdann Königin von Jerufalem und Salomon's Gemahlin werden folle. In der Taufe erhält fie den Namen Afra:

> Als vfs dem dauffe fie wart irhaben
> Sie wart czum heilgen grabe gedragen
> Da oppert fie ir heubt das ift ware
> Da larte man fie den pfalter
> Folligliche fieben jare.

Jetzt kommt der König Printian nach Jerufalem, um Salomon's Gemahlin zu entführen. Er giebt fich für einen Pilger aus, wird bei Hofe gaftfreundlich aufgenommen, und weifs durch einen Zauberring, welchen er in den Becher wirft, woraus er der Königin zutrinkt, ihre Liebe zu gewinnen, fo, dafs ihm nach zwölf Wochen die Ent-

führung wirklich gelingt. Morolf macht fich an-
heifchig, die Königin wieder zurück zu bringen.
Er verftellt fich in einen Krüppel, zieht über den
wilden See, giebt fich am Hofe des Königs Prin-
tian für einen unglücklichen kranken Bettler aus,
erregt des Königs Mitleid, und bewegt ihn durch
fein Bitten, ihm einen Ring zu fchenken, den er
bisher am Finger trug. Abends vermifst feine Ge-
mahlin diefen Ring an des Königs Finger, und da
er ihr die Gefchichte mit dem Krüppel erzählt,
und ihr denfelben näher befchreibt, fo erräth fie,
dafs es Morolf feyn müffe, und überredet den
König, ihm mit feinen Leuten nachzufetzen. Un-
terdefs hat fich Morolf fchon wieder in einen Pil-
ger verkleidet. Man trifft ihn unterweges, und er-
kundigt fich, ob er folch einen Krüppel, wie der
König ihn befchrieben, nicht etwa gefehen habe.
Morolf weifet die Fragenden nach der Stadt
Aders, wo diefer Krüppel in eine Herberge gegan-
gen fey. Hier fucht man ihn aber vergebens auf.
Unterdefs verkleidet fich Morolf in einen Spiel-
mann, zieht weiter, und begegnet einem königli-
chen Kämmerer mit einem Gefolge von funfzig
Mann, welche jenen Pilger auffuchen. Auch diefe
weifet er in die Stadt, nachdem er ihnen vorher ein
Geldgefchenk abzufchwatzen gewufst hat. Unver-
richteter Sache kommen fie zur Königin zurück,
die es bald erräth, dafs Morolf unter allen die-
fen Geftalten verborgen gewefen fey. Nun fetzt fie
dreifsig Mark Goldes für den zur Belohnung aus,

der ihr den Spielmann fchaffen werde. Unterdefs
hat fich aber M o r.o l f fchon in einen Fleifcher ver-
kleidet; und auch! fo befragt man ihn' wieder um
den Spielmann. Endlich giebt ' er fich für einen
Krämer aus; und in diefer Rolle kommt er endlich,
nach einem halben Jahre, wieder nach Jerufalem
zurück. Er meldet und befchreibt hier dem Könige
den jetzigen Aufenthalt feiner Gemahlin, und dafs
fie fich, um vor allen Nachftellungen ficher zu feyn,
ein mitten im Waffer |gelegenes feftes Schlofs zur
Wohnung gewählt habe, wohin der König durch
einen unterirdifchen Röhrengang kommen könne.
Morolf dringt darauf, dafs fie von dort wieder
müffe entführt werden, weil ihm Salomon ein
mal fein Wort gegeben habe, dafs es, wenn er fie
zurückbringe, bei ihm ftehen folle, ihr das Leben zu
nehmen. Salomon felbft getraut fich nicht wie-
der, eine Unternehmung diefer Art zu wagen, da die
vorige ihn in fo nahe Lebensgefahr gebracht hatte.
Morolf verlangt alfo nur eine hinlängliche Mann-
fchaft von ihm, und er bewilligt ihm ein Heer von
zehntaufend Mann, mit welchem er nun abermals
über das Meer fchifft. Eine Meernymphe (Meer-
mynne) nimmt fich Morolf's, als ihres Nef-
fen, an, und durch ihren Zauber verfchafft fie ihm
Zugang zu dem Schloffe, wo der König eben feine
Gemahlin befucht. Hier fchneidet er den' unterir-
difchen Röhrengang ab, und überfällt den König,
der ihm nicht zu entfliehen vermag. Morolf ge-
ftattet ihm indefs freien Abzug. Er eilt zu feinem
Bruder,

Bruder, dem Könige Belian; und diefer kehrt
mit ihm und einem Heere von zwölftaufend Mann
zurück. Zwifchen diefem und Morolf's Mann-
fchaft entfteht ein hitziges Gefecht. König Belian
wird getödtet; Printian wird von Morolf im
Zweikampf erlegt, und die Königin nach Jerufalem
zurückgeführt. Hier veranlafst Morolf, dafs
Salomon feiner wiedergekehrten Gemahlin ein
Bad mufs bereiten laffen:

> Darin ging die frauwe woll gedan
> Vor fic cknyete morolf der kune man
> An der riemen adern er ir liefs
> Er druckte fie fo lyfe
> Das ir die feele vfs ging.

Salomon beweint ihren Tod, und man begräbt
fie nun wieder in dem nämlichen Grabe, worin fie
fchon einmal gelegen hatte. Salomon vermählt
fich nun wieder mit Pharao's Schwefter:

> Die konigin woll gedan
> Die wart zu jherufalem
> Eyn konigin here
> Folliglichen drufsig jare
> Bit das die junge konigin
> Godes hulde gewan
> Hie mede hat fie erfollet difs lyth
> Sie was geheifsen affrica
> Gode ift fie vmmer liep
> Hic hat difs buche eyn ende
> Got vns fine gnade fende
> > Amen.

L

Unmittelbar nach diefen Schlufsverfen des erften Theils, und noch auf der nämlichen Seite der Handfchrift, folgt die Rubrik:

Hie hatt Moroffs rede eyn ende, vnd vahet an der ander moroff.

Diefer zweite Theil ift nämlich eine mit andern, unten anzuführenden, lateinifchen und deutfchen Volksbüchern übereinftimmende metrifche Erzählung von Moroff oder Markolph und dem Könige Salomon, befonders von ihren Wechfelreden, in welchen Markolph durch feine klugen, oder vielmehr vorwitzigen und nafeweifen, Abfertigungen die falomonifche Weisheit ziemlich derbe zurückweifet und befchämt. Folgende Einleitung ift von dem ungenannten Urheber diefer Dichtung oder Reimerei vorausgefchickt:

Ir hant dick woll verftanden
Wie man findet in allen landen
Die wyfen by den doren
Wer nu gerne will horen
Dem wolde ich frömde mere fagen
Ich fafs in der zellen myn
Die nymant obel mag behagen *)
Vnd fand eyn buch das was latin
In dem felben buch fant ich
Vil wort die nit hoffelich
Luten in dutfcher czungen
Ich beden alde vnd jungen

---

*) Diefe Zeile fcheint vor der zunächft vorhergehenden ftehen zu müffen.

Die da lebent *) als hie gefchrieben ftet
Das mich ir aller hubfcheit
Intfchuldigen vmb das
Wan ich nit zu dutfche bas
Mochte gewenden das latin
Das efs behilde das daden fin.

Hierauf beginnt die Erzählung felbft mit Be-
fchreibung der Häfslichkeit Markolf's und feines
Weibes, die einftmals an den Hof des Königs Sa-
lomon kamen:

Des mannes figuren zwaren
Will ich mynen frunden
Mit worten vber kunden
Sin heubt was als eyn ole krug
Sin hare das er dar vff drug
Das ftunt als hare von den fwinen
Sin mont kunde nit dan grynen
Syn ftirn breit vnd gerüntzelt gar
Syn oren hartte als eine beren
Waren von hare altzu ruwe
Wollent ir fürbafs horen nu
Sin augen glichent woll dem ftruffen
Eyn alt hengft von zwentzig muffen
In hette nit fo lange zene
Er hatte kurtze finger vnd dicke hende
Die waren yme altzu fwartz
Mir was vil nahe vergeffen des bartz
Sin bart fin brahen waren alfo grofs
Von hare was er nyrgend blofs
Das ftach als eyn egels hut
Ich mufs ifs fagen vber lut
Als eyner merekatzen ftunt fin nafe

*) Vielleicht ein Schreibfehler für: lefent, d. i. lefen.

Sin rooke als eyn gebraden hafe
Eynen kortzen hals vnd kruppecht
Drug der vngefchaffen knecht
Abe ich ifs mit vrlaub fprechen mufs
Sin buch fin beyn fin fufse
Glichen woll den beren
Des mochte eyn heiden fwern
Gefchronden was eme fin hare
By eme ftunt fins hertzen drut. *)

Eben fo ungeftalt, wie er, war diefes fein Weib;
und Beide erregten durch ihre Häfslichkeit und
durch ihren feltfamen Aufzug grofses Auffehen am
Hofe. Morolf — wie er in dem Gedichte im-
mer heifst — läfst fich mit Salomon in ein Ge-
fpräch ein, worin fie zuerft einer dem andern ihr
Gefchlechtsregifter herrechnen. Das von Morolf
ift folgendes:

*) Zur Vergleichung will ich diefe Befchreibung aus der
profaifchen Erzählung (Nürnb. 1487. 4.) hierher fetzen:
„Vnd die perfon Marcolfi was kurtz vnd dick, grob, vnd
hett ein grofs haubt, ein preite ftirn, rot vnd geruntzelt
horig oren, hangende wangen, grofs fliefsende augen.
Der vnter lebs als ein kalbs lebs. Ein ftinckenden part als
ein pock, plochet hende, kurtze finger, vnd dick fchend-
lich füefs, eyn fpitzige hogerte nafen, grofs vnd grobe
lebfsen, ein efelifch angeficht vnd har als ein ygel. Grofs
pewerifch fchuh. Vnd auch ein fchwert vmb fich gegurt
mit einer zuriffen fcheiden. Seyn kappen was mit har
geflochten vnd geziert mit einem hyrfen gehürn. Sein
kleit hat ein fchnode farb vnd was von fchnodem tuch.
Sein rock ging im pifs auff die fcham. Czuriffen hofsen.“
u. f. f. — Unfer Reimer ift in der Folge noch viel weit-
läuftiger in diefem Karrikaturgemälde, als der profaifche
Erzähler.

Myn alder oran *(Urahn)*
Der was geheiffen rumpolt
Syne fone der hiofs ronepolt
Des fone was der fromme knecht
Den man nannte rolebrecht
Der was myns vaders vatter
Wiltu horen nu zu gader
Myn lieber vatter morolff hiefs
Myn geflicht ift dir woll bekannt
Und ich bin morolff genannt.

Dann folgt eine ziemlich lange Unterredung, Schlag
auf Schlag, worin der weife König jedesmal mit ei-
nem derben Weidfpruch abgefertigt wird. In M o -
r o l f's Erwiederungen ift durchgehends mehr Grob-
heit als Witz, ob fie 'gleich in den Verfen minder
pöbelhaft und fchmutzig find, als in der deutfchen
Profe. Das Latein ift hier noch am züchtigften.
Von jenen hier nur der Anfang:

Morolf. . Der vbel finget der finge an
Alfo du auch vnd finge an.

Salomon. Ich fant das vrteil da das zwey wyp
Kriegten vmb eyns kindes lyp
Das ander was da bliben dot
Der mutter ich das zu geben bot.

Mor. Da vil kuwe ift da ift kefs vil
Glicher wife ich fprechen will
Das wibe claffen vffer maffen
Wo fie gent mit eyn vff der ftraffen.

Sal. Got der hat mir wifheit geben
Vor allen luden die da leben

Mor. Wer bofe nach geburen hat
Der lobe fich felber das ift myn rat

Sal. Der fchuldige dicke fluchet
So ymant jagende nach jm zoget

Mor. Wer fich befchiffet mit fchalle
Vor den luden fie richent efs allo

Sal. Eyn gut wyp vnd fchone
Die ift yres mannes krone

Mor. Eyn duppen mit milch full
Sal man huden vor den katzen woll

Sal. Eyn gut wyp fanffte gemut
Die ift gut vber alles gut

Mor. Begynnet fie dich fchelden
Du falt fie loben felden

Sal. Eyme bofen wibe mag nit glichen
Mit bofsheit in ailen richen
Stirbet fie fo briche ir die bein
Vnd lege uff fie eynen groffen ftein

Mor. Dannach magftu forge han
Sie fulde wieder uff ftan

Sal. Das wyfe wypp buwet hufe weder
Die dorecht ift die worffet fie nyeder

Mor. Der kauff enwart nye glich
Vff erden noch yn hymmelrich

Sal. Eyn fchones wypp gecleidet
Dick erme manne freude bereidet

Mor. Eyn katze die fchones fel dreit
Des heitzers hertze dar nach ftreit

Sal. Salmon fprach du falt mir fagen
Gefelle das ich dich nu frage,
Wo findet man ein wypp ftarg vnd ftede

Mor. Ob mir eyn katze vil eide dede
Sie inwolde der milch nit bekorn
Glaubet ich ir efs wer verlorn

Sal. Wiltu by eren verbliben
So kere din flifs von fchellenden wiben

Mor. Die fetten wibe fiften fere
Die nafe von jrme loche kere u. f. f.

Nicht viel züchtiger und klüger gehen nun diefe
Wechfelreden ziemlich lange nach einander fort.
Salomon ift indefs mit den Proben von Morolf's
Verftande zufrieden, macht ihm Gefchenke, läfst
ihn und feine Frau neu kleiden, und ihnen eine
Wohnung anweifen. Zu diefer kommt einmal der
König auf der Jagd, und läfst fich mit feinem Güm-
pelmann, wie ihn die Hofleute nannten, in eine
neue Unterredung ein. Bald hernach kommt Mo-
rolf wieder an den Hof, und fagt dem Salomon
manche räthfelhafte Dinge, die diefer ihm bei Ver-
luft des Lebens aufzulöfen befiehlt. Morolf, der
für fein Leben beforgt ift, vertraut feiner Schwefter
insgeheim, dafs er Willens fey, den König zu er-
morden. Da er bald hernach diefe Schwefter vor
dem Könige verklagt, fo entdeckt fie diefem ihres
Bruders Anfchlag, und fagt, er trage zur Ausfüh-
rung deffelben ein Meffer im Bufen. Salomons
Leute fallen über den Morolf her, finden aber
das Meffer nicht bei ihm; auch weifs er fich mit der
Auflöfung feiner Paradoxen glücklich genug aus der
Verlegenheit zu ziehen. Indefs fällt er doch end-
lich durch feine vielen Ungefchliffenheiten in die
Ungnade des Königs, der ihn von feinem Hofe weg-
weifet, wo er fich jedoch immer wieder einzufchlei-
chen weifs. Unter andern ift er bei dem bekann-
ten Urtheile Salomons über den Streit der bei-
den Mütter zugegen; und da Jedermann die Weis-

heit bewundert, womit der König diejenige, wel-
che die Zerftückung des Kindes nicht zulaffen will,
für die wahre Mutter des ftreitigen Kindes erklärt,
fo macht ihm M o r o l f folgende Einwürfe:

> Du verftehft dich des nit woll
> Ich will dir fagen eyn ander zoll
> So das wyp mit eynem auge fchrey
> Das ander fie zu lachen ley
> Sie fprachen das mit dem munde
> Das fie ifs nit meynet mit hertzengrunde
> Mit gelaffe ift dir gut   ,
> Got weifs doch wie woll ir ftet der mut
> Das wyp kann fchreyen fpynnen liegen
> Vnd mit gelaffe mamchen bedriegen
> An yne ift keyn ftedigkeit
> Salomon fprach vff mynen eyt
> Dyn muder alfolich wyp eyn was
> Bofewicht da fie dyn genafs
> Wan were fie geweft eyn gut wyp
> Sie in hette nye bracht eyn fo bofen lyp
> Wo frauwen fint da ift freude vil
> Eyn frauwe ift eyn wonnigliches fpil
> Sie find der manne leit verdreib
> Konig griffen jungen vnd alden
> Konent fie in freuden behalden
> Sie fint aller eren ftam
> Die czunge mufs dir werden lam
> An diefem dage noch hude
> Sageftu von ene das vbel lude.

Für diefes beredte Weiberlob bedroht M o r o l f den
König, dafs er dereinft von einem Weibe noch jäm-
merlich werde betrogen werden, und reizt dadurch
feinen Zorn aufs neue. Den Folgen diefes Unwil-

lens zu entfliehen, kriecht er unter andern in einen
Bienenkorb, und da des Nachts Diebe kommen,
diesen Korb als den schwersten wählen, und ihn an
einer Stange hinwegtragen, spielt Morolf eben
den Streich, der auch vom Eulenspiegel erzählt
wird, dafs er dem vordern Träger einen Schlag
giebt, den dieser von dem hintern erhalten zu ha-
ben glaubt, und darüber mit jenem in Zank geräth,
während dessen Morolf zu entschlüpfen Gelegen-
heit findet. Er kommt zu der Mutter, deren Kind
Salomon hatte leben lassen, und giebt vor, der
König lasse sie jetzt aufsuchen, um ihr Kind tödten
und sie selbst lebendig begraben zu lassen; auch
wolle Jener ein Gebot geben, dafs jeder Mann sie-
ben Weiber nehmen solle. Hierüber entrüstet eilt
die Frau in die Stadt, empört alle Weiber, deren
sich über sieben hundert vereinigen, und des Kö-
nigs Pallast bestürmen. Salomon erfährt die Ur-
sache dieses Aufruhrs, und bricht nun in die härte-
sten Aeuserungen wider das weibliche Geschlecht
aus:

> Der konig lenger nit enfweig
> Von czorne wart er bleich
> Vnd sprach wie mag kommen das
> Das ich mit wiben bin gefast
> Keyn meister kunde geschriben
> Den grunt von den bofen wiben
> Eyn hofe wyp ist eyn krut
> Das da czuhet fleisch vnd blut
> Besser were by scorpion blieben
> Dan by bofen wyben

Wan ane ynen ift alle bofheit
Sie in halden keyn ftedigkeit
Von erften der bofen wiben rat
Der werlde gebrechen funden hat
Wer kan gefagen ader gedichten
Ader mit worten vfs gerichten
Der bofen wibe vnderfcheit
Der rat fprach efs ift vns leit
Das ir die frauwen fuft nit reynt
Vnd ir genude fufs befweient
Das ir yme die rede gewag
Salomon im czorne fprach
Ir hant doch woll alle vernommen
Wie fie im czorne her fin kommen
Vnd bant mir an myn ere gefprochen
Was hant fie an mir gerochen.

Morolf, dem diefer Unwille eben recht ift,
fpringt hervor und dankt dem Könige, der, wie er
meint, nun zur Erkenntnifs gebracht ift. Der Kö-
nig wird befchämt darüber, durch Morolf's Lift
aufs neue hintergangen zu feyn, verbannt ihn aber-
mals von feinem Hofe, thut den Frauen förmliche
Abbitte, und giebt ihnen feinen Segen:

Was ich im czorne gefprochen han
Von bofen wiben mag nymant gefchelden
Ere gut kan nymant vergelden
Man fal fie nit glichen
Den bofen ficherlichen
Von yfhrael den hoefte got
Dorch fin vil heiliges blut
Mufs er uch den fegen geben
Vnd uch behuden lyp vnd leben
Vnd ye mere uwer frucht vnd uwren famen
Da fprachen fie alle Amen.

Morolf treibt es indefs immer ärger, und geht
endlich in feiner Unverfchämtheit gegen Salomon
fo weit, dafs diefer ihn verurtheilt, gehängt zu
werden, auf fein Bitten ihm jedoch dazu die Wahl
eines Baumes im Walde verftattet. Er wird in die-
fer Abficht in den Wald geführt, ift aber zu keiner
Wahl zu bringen, und fo wird er endlich Landes
verwiefen. Bald darauf aber wird die Königin
krank, wird für todt gehalten und begraben. Der
König glaubt, Morolf könne fie ins Leben zu-
rückbringen; er läfst ihn daher überall auffuchen.
Er kommt an den Hof, und entdeckt, dafs der Sarg
leer, und die Königin entführt ift; auch gelingt es
ihm, fie wieder ausfündig zu machen. Er kehrt
zurück, nimmt den Salomon und ein Kriegsheer
mit fich, und läfst Jenen verkleidet an den fremden
Hof gehen, wo ihn aber die Königin gar bald ent-
deckt. Er foll gehenkt werden, bläft aber vorher
noch in fein Horn. Nun eilt Morolf mit dem
Heere herbei, rettet ihn, führt die Königin wieder
mit zurück, und fie mufs zur Strafe in einem Bade
fterben.

———————

Diefer letzte Theil der Erzählung ift, wie man
fieht, mit dem Hauptinhalte der erften Abtheilung
einerlei, nur dafs hier Alles fehr ins Kurze gezo-
gen ift. In der profaifchen Erzählung, deren we-
fentlichfter Inhalt dialogifch ift, findet man diefe
letzte Gefchichte gar nicht, fondern fie fchliefst da-

init, dafs man den **Morolf**, da er fich keinen
Baum zum Galgen wählen will, davon laufen läfst.
Am Schluffe geht indefs die lateinifche Erzählung
von der deutfchen ab.   Jene endigt fo:

„ *Tunc miniftri regis Marcolphum capientes du-*
xerunt extra civitatem, et pertranfeuntes vallem Io-
faphat et clivum montis Oliveti, pervenerunt usque
Hiericho, et nullam arborem invenire potuerunt,
quam Marcolphus fuspendio fuo eligeret. Inde trans-
euntes Iordanem, peragrantes omnem Arabiam, et
iterum Marcolphus nullam arborem elegit. Inde cir-
cumeuntes faltum Carmeli et cedros Libani, et foli-
tudinem Campeftri circa mare rubrum, et nunquam
Marcolphus ullam arborem elegit. Et fic evafit ma-
num Salomonis. Poft hoc domum remeans quievit
in pace. "

Im Deutfchen hingegen lautet diefer Schlufs fo:

„Do nomen die diener des künigs marcolfum
vnd füreten jn aufs der ftat vnd fürten jn in das
dall jofafat vnd vber den olberg und kamen gen ie-
richo, vnd kunden kainen baum vinden den ime
marcolfus aufserwelen wolt dar an zu hangen.
Darnach gingen fy zu dem jordan vnd das ganze
lant arabia, vnd funden kein baum den ime marcol-
fus aufserwelen wolt.   Darnach fuerten fy jn vber
den berg karmeli vnd die wueftung campeftri pey
den roten mer zwifchen pharan laban afarot oreb
cades vnd moab, vnd marcolfus wolt im kein baum
aufserwelen die fy jm weifsten.   Dar nach giengen
fy gen hebron betel ieromet latis vnd fie funden

, keynen baum daran marcolfus gern erhangen woldt
werden."

*Wie man den marcolfum wiederpracht fur den
künig vnd kund niendert keinen baum fynden
daran er woldt hangen.*

„Do giengen fy wider zu dem künig Salomon
vnd fagten im folch gefchicht. Do fprach künig Sa-
lomon Ich woll oder woll nicht fo mufs ich dich
doch neren. Dărumb fo gebt jm feines leibes no-
turfft fo will ich jn behaldten zu einem ewigen
knecht, wann fein pofsheit hat mich vberwunden.
Vnd darumb das er mich furpafs nymmer erzorn
So verfecht jn vnd fein haufsfrawen nach der not-
turfft jres leibs mit effen vnd mit drinken vnd mit
cleidern vnd was fy bedürffen."

———————

Es verlohnt fich wohl der Mühe, die Veranlaf-
fung und Entftehungsart diefer ehedem fehr gangba-
ren Volksdichtung aufzufuchen. Was ich darüber.
bisher gefunden habe, ift freilich nur Wahrfchein-
lichkeit und Vermuthung; vielleicht glückt es mir
oder Andern in der Folge, etwas Gewifferes zu ent-
decken.

So viel ich weifs, kommt der Name Markul-
phus, auch Markulfus gefchrieben, in der Ge-
lehrtengefchichte nur Einmal vor. So hiefs näm-
lich ein fränkifcher Mönch des fiebenten Jahrhun-
derts, der wahrfcheinlich zu Bourges, und hernach

zu Paris lebte.*) Man hat von ihm eine Schrift *de
formulis publicorum privatorumque negotiorum,* in
zwei Büchern, die mehrmals abgedruckt, und von
Bignon und **Baluzi** und **Lindenbrog** erläu-
tert find. Es ift eine Art von Anleitung oder Vor-
fchrift zur Führung gerichtlicher Protokolle, und
zur Abfaffung der Urtheile. Diefe Sammlung fcheint
im Mittelalter ziemlich berühmt gewefen zu feyn,
und vielleicht wurde fie von den Rechtsgelehrten
häufig benutzt. So konnte es denn leicht kommen,
dafs der Name **Markulfus** den Nebenbegrif ei-
nes gewandten und verfchlagenen, zur Auflöfung
verwickelter Fragen vorzüglich gefchickten Kopfes
erhielt, und dafs ihn der erfte Urheber diefer Dich-
tung oder des Dialogs wählte, dem es darauf an-
kam, einen überliftenden Gefellfchafter und Unter-
redner für den feiner Weisheit wegen fo berühmten
König **Salomo** zu finden. In dem lateinifchen
Texte diefes Dialogs und in der profaifchen Ueber-
fetzung deffelben behielt man diefen Namen bei;
und wenn ihn der Verfaffer der gereimten Einklei-
dung in **Morolf** umänderte, fo gefchah das viel-
leicht, um eine Anfpielung auf feine Narrheit, und
deren griechifche Benennung, hinein zu bringen,
vielleicht aber auch nur zur Milderung des harten
Lautes.

---

*) Am umftändlichften findet man Nachricht von ihm und
feinen Formeln in der *Hiftoire Literaire de la France,*
T. III. p. 565. auch in *Fabricii Biblioth. Lat. med. et
inf. aetatis,* Vol. V. p. 68. Mehrere Schriftfteller weifen
Saxe und **Hamberger** nach.

' Dafs aber diefe Dichtung fchon früher' Entfte-
hung feyn müffe, und wenigftens ins zwölfte Jahr-
hundert gehöre, davon fand ich neulich ganz zufäl-
lig einen Beweis in den Anmerkungen, welche
Goldaft unter dem angenommenen Namen Ge-
org Erhard's zum Petron geliefert hat. *)
Er führt eine Stelle aus dem lateinifchen Dialog
zwifchen Markulph und Salomon an, und
fagt, **) diefe Volksdichtung fey nichts weniger
als neu, wie man gemeiniglich glaube, fondern fehr
alt, und werde fchon vor etwa fünfhundert Jahren
vom Guilelmus, Erzbifchof von Cypern, in fei-
ner Gefchichte des heiligen Krieges erwähnt.

Guilielmus oder Willermus Tyrius,
der hier gemeint wird, lebte im zwölften Jahrhun-
derte; und ich will die ganze Stelle aus feinem Ge-
fchichtsbuche ***) hieher fetzen, die Goldaft
ohne Zweifel im Sinne hatte:

---

*) Sie finden fich zuerft in der Ausgabe Petron's, die zu
Frankfurt, oder nach der verdeckten Angabe zu Heleno-
polis, 1610. 8. herauskam, und hernach mehrmals wie-
derholt wurde.

**) In der Wechelfchen Ausgabe, Frankf. 1621. 8. S. 726:
„In hiftoria Marculphi minime nupera, ut vulgo pu-
tatur, fed perveteri, et cuius iam, ante annos quafi IƆ. men-
tionem fecit Guilhelmus Archiepifcopus Cypri in Belli Sacri
Hiftoria, legitur: SAL. quod timet impius, ve-
niet fuper cum. MAR. qui male facit et be-
ne fperat, totum fe fallit.

***) Hiftoria Rerum in Partibus Transmarinis Geftarum,
in der bekannten Sammlung: Gefta Dei per Francos, wo
die obige Stelle S. 834. fteht.

„*Ex hac nihilominus urbe (Tyro) fuit Abdi-
mus adolescens, Abdaemonis filius, qui Salomo-
nis omnia sophismata et verba parabolarum aeni-
gmatica, quae Hyram regi Tyriorum solvenda mit-
tebat, mira solvebat subtilitate.* De quo ita legitur
in *Iosepho, Antiquitatúm L. VIII.* „*Meminit ho-
„rum duorum regum Menander, qui ex Phoenica
„lingua antiquitates Tyriorum in vocem convertit
„Helladicam, ita dicens: Moriente Abibalo, suc-
„cessit in eius regnum filius eius Hyram, qui cum
„vixisset annis quinquaginta tribus, regnavit trigin-
„ta quatuor. Huius temporibus erat Abdimus,
„Abdaemonis filius in vinculis, qui semper pro-
„positiones, quas imperasset Hierosolymorum rex,
„evincebat.*“ *Et iterum infra adiecit ad hoc: Re-
gem Hierosolymorum Salomonem misisse ad Hy-
ram Tyri regem figuras quasdam, et petisse ab eo
solutionem, ita, ut si non posset discernere, solventi
pecunias daret; cumque fateretur Hyram, se non
posse illas solvere, multaque foret pecuniarum detri-
menta passurus, per Abdimum quendam Tyrium,
quae proposita fuerunt, sunt absoluta; et alia ab eo
proposita, quae si Salomo non solveret, regi Hyram
multas pecunias daret.* „— *Et hic fortasse
est, quem fabulose popularium narratio-
nes MARCOLFUM vocant, de quo dici-
tur, quod Salomonis solvebat aenigma-
ta, et ei respondebat, aequipollenter ite-
rum solvenda proponens.*“

Aus

Aus diefer Stelle ergiebt fich wenigftens fo viel,
dafs diefe Erzählung fchon im zwölften Jahrhunderte
ein gangbares Volksmährchen gewefen fey; auch ift
die Entftehungsart deffelben, die Guilielmus
vermuthet, gar nicht unwahrfcheinlich. Vielleicht,
dafs irgend ein Mönch des Mittelalters bei der Le-
fung des Jofephus diefen Umftand auffafste, und
ihn zum Grundfaden der von ihm weiter ausgefpon-
nenen Dichtung wählte, deren eigentliche Quelle
er durch Abänderung des Namens der Einen Haupt-
perfon zu verbergen fuchte. Oder er wählte mit
Fleifs dafür einen andern fchon durch Scharffinn
damals berühmtern Namen.

Einen andern Beweis von dem frühen Dafeyn
diefes Mährchens giebt die Erwähnung deffelben im
Freidank, wo die beiden Verfe vorkommen: *)

Salmon wifsheit lerte
Marolff das verkerte.

Auch *Agrikola* fagt in der Vorrede zu feinen
Sprüchwörtern: „Es ift gerühmt *Freydanck, Rit-
„ter von Thurn,* Marcolphus, *die Sieben Meifter*"
u. f. f. Und in dem zu Frankfurt bei Egenolf in 4.
ohne Jahrzahl, vermuthlich ums J. 1530, gedruck-
ten bekannten Volksbuche: *Sieben Weifen in Grecia
berümpt,* wird Blatt rjj. vom Aefopus gefagt: „Sin
„fabeln feint noch vorhanden griechifch, teutfch vnd
„latein. Ein folcher kunftreicher abenteärer foll
„auch Marcolphus fein gewefen, zur Zeit Salo-
„monis, von dem auch ein büchlin nit gar vngefal-
„zen vmbfleügt."

M

Jetzt will ich die mir bisher bekannten ge-
druckten Ausgaben anführen, und zuerft die
deutfchen:

Frag vnd antwort Salomons vnd marcolfi, Nürn-
berg, 1487. 4. (3¼ Bogen.)

Red vnd Widerred. Augsburg, 1490. 4.

Frag vnd antwort künig Salomonis vnd Marcolfi.
(vermuthlich zu Nürnberg) 1520. 4. *)

Nach der Anzeige des Herrn Bibliothekfekretärs
N y e r u p in Koppenhagen, die er auf meine erfte
Anfrage über diefes Gedicht dem Herrn Profeffor
G r ä t e r mittheilte, findet fich in der dortigen kö-
niglichen Bibliothek auch noch folgende platt-
deutfche Ausgabe:

Marcolphus myt fynem Wive, 16 Blatt in 4. Oh-
ne Jahr und Ort. Auf der Rückfeite des Titels
fteht: *Hie houet fik an eyne To hope redhinge des
alderwyffften Koninges Salomonis vnde eynes Wan-
fchapen geheten Marcolphus de doch klook was in fi-
nen reden.*

L a t e i n i f c h e Ausgaben kenne ich bis jetzt
folgende:

*Collationes, quas dicuntur feciffe mutuo Rex Sa-
lomon fapientiffimus, et Marcolphus facie deformis
et turpiffimus, tamen, ut fertur, eloquentiffimus.*
Am Schlufs fteht: *Finit Dialogus, ut fertur, inter*

*) Von diefen drei Abdrücken f. *P a n z e r ' s Annalen der
ältern deutfchen Literatur*, S. 168. 187. 447.

Salomonem Regem et Marcolphum Rusticum, impres-
sus a. D. 1488, *vicesima Novembris.* 12 Bl. in 4.
Collationes (quas dicuntur fecisse mutuo rex Sa-
lomon sapientissimus et Marcolphus facie deformis et
turpissimus, tamen, ut fertur, eloquentissimus) se-
quuntur. Ohne Jahr und Ort, in 4. *)

Marcolphus. Disputationes, quas dicuntur ha-
buisse inter se mutuo Rex Salomon sapientissimus et
Marcolphus facie deformis et turpissimus, tamen ut
fertur eloquentissimus; latinitate donatae, et nunc
primum animi et salsi (salsi?) leporis gratia edi-
tae. Einer von den Anhängen zu den *Dicteriis*
proverbialibus Andreae Gaertneri Mariaemon-
tani; Francof. 1585. 8.

Alle diese Ausgaben enthalten indefs vermuth-
lich nur den zweiten Theil von dem Inhalte des
oben befchriebenen Gedichts, und diefen ganzen
zweiten Theil fowohl, als irgend eine gereimte
Gefchichte diefes Inhalts, felbft von dem erften
Theile, hielt ich bisher für ungedruckt, bis mir
die im vierten Bande der *Bragur* (S. 173) befind-
liche Nachricht des Herrn Bibliothekärs und Ar-
chivars P. Auguftin's Wiedenbauer im
Reichsftift Neresheim zu Geficht kam. Sie betrifft
eine wirklich gedruckte, aber von meiner Hand-
fchrift ziemlich ftark abweichende Ausgabe, wenig-

---

*) Diefe beiden Ausgaben kenne ich gleichfalls nur aus der
Angabe des Herrn Nyerup, der zufolge diefes Volksbuch
auch in dänifcher Sprache noch 1711, und öfter, ge-
druckt ift.

ftens von dem erften Theile des Gedichts. Diefe
Nachricht und die beigefügte Probe reizte meine
Neugier genug, um mich an Hrn. Wiedenbauer
zu wenden, und ihn um Mittheilung diefes alten
Drucks zur eignen Anficht, oder wenigftens um et-
was nähere Befchreibung deffelben, zu erfuchen.

Der würdige Mann hat die Gefälligkeit gehabt,
felbft die erfte diefer Bitten zu erfüllen, und ich ha-
be jetzt fein Exemplar wirklich in Händen. Es be-
fteht aus 66 Blättern in klein Quart, und hat auf
der erften Seite über einem drei Viertheile derfelben
füllenden, den König Salomo und feine Gemahlin
vorftellenden, Holzfchnitt folgenden Titel:

*Dis buch feit von künig falomon vnd finer hufs-
frouwen Salome wie fy der künig fore nam vnd
wie fy Morolf künig falomon bruder wider
brocht.*

Auf der andern Seite diefes erften Blatts fteht ein
noch größerer Holzfchnitt, welcher die auf dem
Sterbebette liegende Königin abbildet, und darüber
in zwei Zeilen:

*Dis buch fagt von Künig falomon vnd von Morolff
künig falomons bruder. Durch vfs mit allen fy-
guren.*

Weil das Exemplar am Schlufs mangelhaft ift, fo
läfst fich nicht angeben, wie viele Blätter noch dazu
gehören, ob diefelben auch noch den zweiten Theil
meiner Handfchrift enthalten, und ob zu Ende des
Ganzen nicht vielleicht Jahr und Ort des Drucks
angezeigt fey. Diefer letztere hat indefs alle Spuren

des funfzehnten, oder fpätftens des Anfanges vom
fechszehnten Jahrhundert, und ziemlich viel Aehn-
lichkeit mit der oben angezeigten älteften Ausgabe
der profaifchen Erzälilung, zu Nürnberg 1487.
Auch die ziemlich fchlechten Holzfchnitte verrathen
eine frühe Entftehung. Etwas jünger, als der
eben gedachte Druck, fcheint mir indefs der gegen-
wärtige aus mehrern Urfachen zu feyn. Denn theils
finden fich in dem ganzen Idiom der Sprache fowohl,
als in einzelnen Ausdrücken und Redensarten man-
che Spüren einer gröfsern und fpätern Ausbildung,
und ihrer neuern, zum Theil jetzigen, Form;
theils glaub' ich auch in diefem Abdruck mehr ficht-
bare Beweife von einem Umftande zu entdecken,
den ich fchon bei manchen Stellen der Handfchrift
ahndete. Das Gedicht fcheint nämlich in eine der
Weifen oder Töne des Meiftergefanges umge-
formt zu feyn, ob ich mir gleich, bei der Unregel-
mäfsigkeit der Zeilenlänge und ihrer fortlaufenden
Geftalt, nicht den eigentlichen Ton deffelben zu be-
ftimmen, oder den Bar in feine Gefätze, und
diefe in ihre Stollen und Abgefänge einzu-
theilen getraue. Sowohl die ungleiche Länge der
Zeilen, als die, fchon in der Handfchrift, noch öf-
ter aber in dem Abdrucke, vorkommende Ver-
fchränkung der Reime, die nicht, wie in ältern grö-
fsern Gedichten des Minnegefanges, unmittelbar
auf einander folgen, fcheint diefe Vermuthung zu
beftätigen. Auch finden fich, befonders in dem
Abdrucke, hie und da fogenannte Waifen, oder,

wie Wagenfeil dieses Kunftwort erklärt, ganz
blofse Verfe, welche das ganze Gefätz durch leer
ftehen, auch in den folgenden Gefätzen nicht ge-
bunden oder gereimt werden, wie diefes Letztere
bei den fogenannten Körnern der Fall ift. Auch
giebt es hier weit mehr klingende oder weibli-
che Reime, die mit den ftumpfen oder männ-
lichen wechfeln. Man wird diefs alles am beften
fehen und näher prüfen können, wenn ich den
oben aus der Handfchrift mitgetheilten Anfang des
Gedichts fo hieher fetze, wie er in dem Abdrucke
lautet:

> Zu Jherüfalem wart ein kint geboren
> Das fich zu fongt *) wart erkoren
> Veber aell crifteliche diet
> Es was der künig falmon
> Der manig wifsheit geriet
> Er nam ein wyp von yndion
> Eins heyden dochter herre vnd lobefam
> Durch fy wart manig helt verloren.
> Es was ein übele ftunde
> Das fy an die welt wart ye geboren
> Ir vatter hiefs Crifpian **)
> Salmon fie ymme vher finen danck nam
> Er fürte fyo vher den wilden fee
> Er hette fy mit gewalte
> Vff der gutten bürge zu jherufalem

---

*) In der Handfchrift fautte, hier fchon dem Worte
Vogt ähnlicher gefchrieben. Vergl. *Adelung's Wör-*
terbuch.

**) In der Folge wird auch hier diefer Name gewöhnlich
Cipprian oder Zypprian gefchrieben. Der König
Pharao heifst hier gemeiniglich Fore.

Das ich üch fage das ift wor
Er döyffte fy vnd lerte fy den pfalter
Völleclich ein' gantzes jor
Er lerte fy fpielen in dem bret
Imme was die künigin liep'
Wie vil fye ymme zu leyde tet
Ir kele wifs recht alfam der fchne
Es wart nie kein fchone frouwe me
Ir mündt recht alfam ein robin bran
Do fpieltent ir die ougen
Als irem adel wol gezam
Ir hore was der gelwen fiden glich
Sy was fchono vnd myneclich
Wol geftalt was ir zarter lyp
Sy was geheiffen falome
Vnd was ein wunder fchönes wyp.

In der oben gleichfalls eingerückten Stelle, wo
Salomon bei der Schwefter des Königs Pharao die
Harfe fpielt, wird man gleiche, und im Ganzen
noch mehrere Abweichungen der Sprache und Vers-
länge finden:

Die edel jungfrouwe brochte jm ein fpielman
Ein dütfche harpffe er in die handt nam
Einen vehen mantel fie dem gabe
Sie fprach nun diene wol dem richen künige
Nit me dann dyfe einige nacht   —
So will ich ouch felber by vch fyn
Alfo fprach die junge künigin
Vff das geftiele fie zu jme fas   •
Sie tröfte yn mit flyfs das er finer forgen vergafs
Ein trincken wardt jm dar getragen
Das will ich vch für wore fagen
Das brachte die junge künigin herre
Mit fchönen züchten dem künige von jherufalem

Salmon do by der jungfrouwen fas
Bitze das er do finer forgen ein teil vergas
Sy was fo rechte mynecliche
Das der keyfer wart fo fröudenriche
Den fpilman er die harpfel vfs den henden na
Er ftalte fy an finen arme
Vil fchöne fpilte er dar an
Er gedachte an künig dauit den vatter fyn
Der vor der alten troye
Er dochte das harpfen fpil fo vin
Der was ein edeler fürfte herre
Vs der guten ftat jherufalem
Dannen was ouch der künig falmon
Vil vol kunde er der engel griff
Der don der was fo wunnefam
Die finger gingent yme hofelichen gar
Des nam die jungfrouwe genote war
Sy fprach du bift als gar ein cluger fpilman
Vnd folte ich yemer by dir fyn
Ich wolte mich mit dir wol began
Zu yme fas die jungfrouwe fchon vnd fin
Vnd rumet yme in das ore fyn
Sy fprach ach richer künig falomon
Vff myne truwe vnd wolteftu hynen gon
Vnd wolteft wider faren vber fee
Mine helde die fint müde ich heiffe fy alle floffen gan
Ich bin mynen bruder alfo liep
Ich weis wol er dut mir an dem libe nicht.

Wenn übrigens diefer Abdruck, wie ich faft
vermuthe, nur den erften und hiftorifchen Theil des
Gedichts enthält, fo würden an dem vorliegenden
Exemplare nur ein paar Blätter fehlen. Denn die
Gefchichte geht darin bis gegen das Ende fort, wo

Printian feinen Bruder, den König Belian, wider den Morolf zu Hülfe nimmt; und die unten auf der letzten Seite ftehende Ueberfchrift des folgenden, aber hier fehlenden Abfchnitts, lautet:

Hie ftritet morolff mit fynem volcke wider den heydenfchen künig pryncian vnd mit fyme bruder pellyan.

So erwünfcht es mir übrigens feyn mufs, dafs meine in der *Bragur* gefchehene Nachfrage über diefes, gewifs nicht unerhebliche, alte Gedicht nicht ohne Erfolg und Aufklärung geblieben ift; fo würde mirs doch immer noch fehr angenehm feyn, über die Literatur deffelben weitere Auskunft zu erhalten.

VII.

ZUR

LITERATUR UND KRITIK

DER

BONERSCHEN FABELN.

VII.

ZUR

LITERATUR und KRITIK

DER

BONERSCHEN FABELN.

VII.

ZUR

LITERATUR und KRITIK

DER

BONERSCHEN FABELN.

Wer mit der Gefchichte altdeutfcher Dichtkunft
und mit den bisherigen Unterfuchungen über die
Denkmäler derfelben nur einigermafsen bekannt ift,
der weifs, dafs die *Bonerfchen Fabeln* diejenigen
find, welche fonft,. ehe der Name ihres Verfaffers
entdeckt war, gewöhnlich *Fabeln aus den Zeiten
der Minnefinger* hiefsen. Diefe letztere Benennung
kann ihnen jetzt nur noch fehr uneigentlich gege-
ben werden, feitdem es fo gut als erwiefen ift, dafs
diefe Fabeln in den fo bezeichneten Zeitpunkt der
fchwäbifchen Dichter nicht mehr gehören, fondern
vielmehr in die erfte und beffere Periode des Mei-
ftergefanges, die aber freilich mit jenem Zeitraume
fehr nahe und faft unmittelbar zufammengränzt.

Dem Literator verfpreche ich in dem, was ich
über diefe Fabeln fagen werde, wenig neue Beleh-
rung. Mein gegenwärtiger Zweck ift gar nicht,
neue Auffchlüffe über diefe fchätzbaren Ueberrefte
altdeutfcher Poefie, noch über ihre Literargefchichte,
zu geben; fondern blofs, die in Anfehung ihrer

bisher gemachten Unterfuchungen und Entdeckun-
gen kürzlich zufammenzuftellen, und fie durch
eine leichtere Ueberficht auch denen, die nicht ge-
lehrte Forfcher find, bekannter zu machen. Eine
Abficht, deren Erreichung nicht ganz ohne Nutzen
feyn wird.

Ich glaube dasjenige, was bisher über diefe Fa-
beln gefagt und bemerkt ift, ziemlich vollftändig
beifammen zu haben, und fetze daher gleich An-
fangs die Quellen her, woraus fich eine genauere
Kunde von ihnen fchöpfen läfst:

*Io. Geo. Scherzii Philofophiae Moralis Ger-
manorum medii Aevi Specimen I—XI, ex Mfc. nunc
primum in lucem publicam producto;* Argentorati,
·1704—1710. 4.

Gottfched, im *Neueften aus der anmuthigen
Gelehrfamkeit,* Brachmond, 1756, S. 422 ff.

Fabeln aus den Zeiten der Minnefinger; Zürich,
1757. 8.

*Leffing's Beyträge zur Gefchichte und Litera-
tur, aus den Schätzen der herzogl. Bibliothek zu
Wolfenbüttel,* Beytr. I. S. 1 ff. Beytr. V. S. 1 ff.

Boneri Gemma, f. *Boners Edelftein, Fabu-
las C e Phonafcorum aevo complexa, ex inclyta Bi-
bliotheca Ordinis S. Iohannis Hierofol. Argentoraten-
fis; Supplementum ad I. G. Scherzii Philofophiae
Moralis Germ. med. aevi Specimina undecim; edidit
Ier. Iac. Oberlinus;* Argentor. 1782. 4.

*Adelung's Chronologiſches Verzeichniſs der
ſchwäbiſchen Dichter*, in ſ. *Magazin für die Deutſche
Sprache*, B. II. St. 3. S. 17.

*Panzer's Annalen der ältern deutſchen Litera-
tur*, Nürnb. 1788. 4. S. 48.

*Koch's Compendium der deutſchen Literatur-
geſchichte*, 2te Aufl. Berl. 1795. 8. S. 246 f.

*Friedr. Adelung's Nachrichten von altdeut-
ſchen Gedichten, welche aus der Heidelbergiſchen
Bibliothek in die Vatikaniſche gekommen ſind;* Kö-
nigsb. 1796. S. 131 ff.

Von Handſchriften dieſer Fabeln find mir
bisher folgende vierzehn bekannt:

1. Die Strafsburgiſche, deren ſich Scherz
bediehte, und die nach deſſen Tode in Schöpf-
lin's Bibliothek kam. Uffenbach liefs davon
eine Abſchrift nehmen, *) die jetzt in der Hamburr-
giſchen Stadtbibliothek befindlich iſt.

2. 3. Zwei Zürcher Manuſkripte, welche
Bodmer und Breitinger bei dem von ihnen
beſorgten Abdrucke zum Grunde legten.

4. 5. 6. Drei Handſchriften in der Vatikani-
ſchen Bibliothek zu Rom, die von dem jüngern Hrn.
Adelung am angeſ. Orte beſchrieben werden.

7. 8. 9. 10. Vier Handſchriften von verſchie-
denem Alter und Werth in der Herzogl. Bibliothek
zu Wolfenbüttel, welche Leſſing im fünften Bei-

---

*) S. *Biblioth. Uffenb. Mſpta.* p. 238. P. IV. Vol. CLXXX. 4.

trage näher beſchreibt. Von der einen machte
Gottſched eine Abſchrift, die jetzt in der Chur-
fürſtl. Bibliothek zu Dresden befindlich iſt.

11. Die, welche Gottfched aus der Tho-
maſiſchen Bibliothek in Nürnberg befaſs, und
S. 423 ſeines *Neueſten* v. 1756 erwähnt. Jetzt gleich-
falls in der Dresdner Churfürſtl. Bibliothek.

12. Eine andre in der Kaiſerl. Bibliothek zu
Wien, deren Gottſched eben daſelbſt gedenkt,
mit der er ſeine Abſchrift des Wolfenbüttelſchen
Manuſkripts vergleichen und daraus ergänzen liefs.

13. Eine in der Stadtbibliothek zu Oettingen,
die der ältere Adelung und Koch anführen.

14. Der Strafsburger Codex in der dorti-
gen Johanniter - Bibliothek, deſſen Notiz Hr. Ober-
lin in der oben gedachten lateiniſchen Schrift zu-
erſt mittheilte.

Dieſe letzte Handſchrift ſcheint, nebſt der drit-
ten Vatikaniſchen, die vollſtändigſte zu ſeyn, da
beide hundert Fabeln enthalten; die von Scherz
benutzte aber iſt vielleicht doch die älteſte von al-
len. Er ſelbſt wenigſtens ſetzt ihre Entſtehung noch
vor das Jahr 1330, weil ſie ehedem im Beſitz der
Familie von Gottenheim war, und Frie-
drich von Gottenheim, der um das Jahr
1630 lebte, vorn in das Buch folgende Reime ge-
ſchrieben hat:

Wem Gottesheymer nahmen gefalt
Difs Buch in ſicherheit behalt
Deren es geweſt dreyhundert Jahr
Wie lang zuvor ich nicht erfahr.

Einen

Einen zweiten, etwas bündigern, Beweis dieſes Al-
ters nimmt er aus dem dieſer Handſchrift angebun-
denen gnomologiſchen Gedichte — welches kein an-
dres als der *Freidank* iſt — das wenigſtens von eben
der Hand abgeſchrieben zu ſeyn und in einerlei Zeit-
alter zu gehören ſcheint. Am Schluſs deſſelben iſt
die Rede von Kaiſers F r i e d r i c h s d e s Z w e i t e n
Wallfahrt zum heiligen Grabe, von ſeinen Verträgen
mit dem Groſsſultan, und von dem über ihn ver-
häugten päpſtlichen Banne, als von lauter gleichzei-
tigen Begebenheiten.

Gleichen Werth mit dieſen Handſchriften hat
die erſte g e d r u c k t e A u s g a b e dieſer Fabeln,
und dabei eine weit gröſsere Seltenheit, weil bisher
nur ein einziges Exemplar dieſes frühen Drucks,
nämlich das in der Wolfenbüttelſchen Bibliothek
befindliche, als noch vorhanden bekannt iſt. Zwar
gedenkt ſchon S a u b e r t in ſeiner 1643. 12. her-
ausgegebenen *Beſchreibung der Nürnbergiſchen*
Stadtbibliothek eines dort vorhandenen Exemplars;
es ſcheint aber jetzt dort nicht mehr zu ſeyn, weil
weder Herr v o n M u r r noch Herr P a n z e r deſ-
ſelben erwähnen. Der ſelige *v o n H e i n i c k e* ge-
dachte in ſeiner kurzen Beſchreibung einer Kunſt-
reiſe, die den zweiten Band ſeiner *Nachrichten von*
Künſtlern und Kunſtſachen einleitet, des Wolfenbüt-
telſchen Exemplars, vornehmlich in Rückſicht auf
die früheſten Spuren der Formſchneiderei. Dieſe
Erwähnung machte den ſeligen L e ſ ſ i n g, als er

N

zum Bibliothekar in Wolfenbüttel angeftellt wurde,
von allen dortigen Schätzen gleich zuerft auf diefen
aufmerkfam; und von den oben angeführten *Bei-
trägen* war der, welcher eine Nachricht davon ent-
hielt, gleich der erfte.   Die Schlufsreime diefes al-
ten Drucks enthalten die Angabe, dafs diefes Buch
zu Bamberg im Jahr 1461 geendet fey.   Man
trug Bedenken, diefe Angabe von dem Druckjahre
zu verftehen; aber von dem Jahre der Verfertigung
der Fabeln, wovon es ein Ungenannter und Herr
Panzer *) zu nehmen geneigt find, kann es wohl
noch weniger gelten; eher noch von dem Jahre, in
welchem die Abfchrift genommen wurde, von wel-
cher diefer Abdruck gefchah.   Jetzt aber ift es durch
die nähern Unterfuchungen, welche zwei würdige
Bücherkenner **) darüber angeftellt haben, fo gut
als entfchieden, dafs Bamberg nächft Mainz der er-
fte Druckort in Deutfchland gewefen fey, und dafs
Albrecht Pfifter dafelbft fchon fo früh diefes
und noch fünf andre Bücher gedruckt habe.   Lef-
fing hat übrigens fowohl das Aeufsere als Innere
jenes Abdrucks umftändlich befchrieben; aber er.

*) Erfterer in den *Freimüthigen Betrachtungen über neue und
alte Bücher*, B. I. S. 336. Letzterer in den *Annalen der
Alt. deutfch. Lit.* S. 48.

**) Herr Prediger Steiner zu Augsburg, in *Meufel's
Hiftor.-Literar.-Biographifchem Magazin*, St. V. §. 1 ff.
und Herr Bibliothekar Langer zu Wolfenbüttel, *eben
dafelbft*, St. VII. S. 22 ff., wo man über den Druck des
Fabelbuchs auch Verfchiednes angemerkt und berichtigt
findet.

verdiente noch immer, wo nicht treu wieder abgedruckt, doch mit den Handschriften und der aus zwei derselben genommenen Zürcher Ausgabe dieser Fabeln verglichen zu werden.

Diese Ausgabe ward, wie bekannt, von Bodmer. und Breitinger besorgt; also von zwei Gelehrten, die sich um unsre ältere Dichterliteratur manches ausgezeichnete Verdienst erworben haben. Sie wußten indefs nichts von dem eben angeführten frühern Druck, sondern glaubten vielmehr, dafs der, den sie besorgten, der allererste sey. Auch scheinen ihnen keine weitere Handschriften, als die Scherzische, und die beiden, deren sie sich zu ihrer Ausgabe bedienten, bekannt gewesen zu seyn. Bald hernach gedachten sie zu Anfange der Vorrede zu *Chriemhilden Rache* und der *Klage*, zwei Rittergedichten des schwäbischen Zeitalters, des Wolfenbüttelschen Codex, den *Gottsched* in seinem *Neuesten* nachgewiesen hatte, ohne jedoch die Quelle ihrer Notiz zu nennen.

Zugleich aber sprachen sie Gottscheden einen groben Irrthum nach, in den er, wie Lessing es mit Recht nannte, durch eine kaum begreifliche Oscitanz gefallen war. In dem gereimten Epilogus, der in jener Wolfenbüttelschen Handschrift befindlich ist, nahm Gottsched den Namen von Riedenburg oder von Rindenberg,*) dem zu Liebe das Buch gedichtet war, für

---

*) In der dritten und vollständigsten Handschrift des Vatikans wird dieser Name von Meygenberg gelesen; und

den Namen des Verfaffers, und überfah diefen letz-
tern Namen ganz, ob er gleich nur fechs Zeilen
weiter hin klar und deutlich da ftand. Und diefs
fprachen nun Alle, welche nachher diefer Fabeln
erwähnten, zuverfichtlich nach, und mufsten es
nachfprechen, weil fie zur Einficht und Berichti-
gung ihres Irrthums keine Gelegenheit hatten.

L e f f i n g aber, der nun aufser dem vor ihm faft
ganz verkannten alten Drucke in der ihm anvertrau-
ten Bücherfammlung noch vier Handfchriften vor
fich hatte, und unter diefen auch die, welche
G o t t f c h e d in Händen gehabt, fo wie den ganzen
Gegenftand, mit ganz andern Augen und mit un-
gleich gröfserm Scharfblick, anfah, entdeckte bald
den fehr argen Mifsgrif, und gab davon am Schluffe
feines erften Beitrags einen vorläufigen Wink. Er
verfparte aber diefe zweite Entdeckung auf eine eig-
ne Abhandlung, deren Abdruck fich jedoch bis zum
fünften Stücke feiner Beiträge verzögerte, von wel-
chem bei feinem Leben nur die zwei erften Bogen
gedruckt wurden, und deffen Ergänzung und Aus-
gabe ich nach feinem Tode beforgte.

Während diefer Zwifchenzeit *) war der ver-
dienftvolle Herr Profeffor O b e r l i n in Strafsburg

---

der jüngere Herr *A d e l u n g* erinnert S. 159. feiner *Nach-
richten*, dafs in eben der Bibliothek eine Heidelbergifche
Handfchrift eines von M e y g e n b e r g befindlich fey, die
von der Naturgefchichte handelt.

*) Bei diefer Gelegenheit mufs ich ein kleines literarifches
Mifsverftändnifs berichtigen. In dem zweiten Bande von
L e f f i n g 's Vermifchten Schriften, S. 259, äufsert Herr

auf die nämliche Entdeckung gerathen, da ihm in
der Bibliothek des Johanniterordens zu Straſsburg
eine Handſchrift mit dem Titel: *Bonerii Liber
dictus der Edelſtein* in die Hände gerieth, worin er
unerwartet unſre Fabeln vorfand. In der oben an-
geführten Abhandlung machte er dieſen glücklichen
Fund bekannt, und theilte, auſser manchen andern
hieher gehörenden literariſchen Nachrichten, eine
Probe des nur in dieſer Handſchrift befindlichen
Prologs,*) die Folge der Fabeln in derſelben, und
ihre abweichenden Lesarten mit. Zugleich ver-
ſprach er die Beſorgung eines Abdrucks davon, mit
kritiſcher Vergleichung der beiden bisherigen Dru-
cke und einiger der bis dahin bekannten hand-

Münzdirektor L e ſ ſ i n g ſein Befremden darüber, daſs
Herr O b e r l i n von der Entdeckung ſeines Bruders als ei-
ner bloſs v e r ſ p r o c h e n e n rede, da doch der *fünfte
Beitrag zur Geſch. u. Lit.* ſchon im Jahre 1781, und die
Oberlinſche Abhandlung erſt um ein Jahr ſpäter erſchie-
nen ſey. Eigentlich aber erſchien dieſer Beitrag erſt zur
Oſtermeſſe 1782; und die Verlagsbandlung fand es nur für
gut, ihn um ein Jahr früher zu datiren, damit dadurch
der Uebelſtand vermieden würde, daſs der ſ e c h s t e Bei
trag, wie es wirklich der Fall war, um ein Jahr früher
als der f ü n f t e herausgekommen ſey. Meine Vorrede
zu dem letztern giebt hierüber ſchon Auskunft, und ich
gedachte in derſelben bereits der Oberlinſchen Entdeckung
und der ſich darauf beziehenden, damals aber noch nicht
herausgegebnen Schrift, weil mir Hr. O b e r l i n darüber
in einem Briefe vorläufige Nachricht ertheilt hatte. Dieſe
Schrift erſchien aber unmittelbar nach, oder vielleicht
noch kurz vor der Ausgabe jenes fünften Beitrages.

*) Jetzt hat er ſich auch in der dritten Vatikaniſchen ge-
funden. S. *Adelung's Nachrichten*, S. 141.

fchriftlichen Hülfsmittel. Ein Verfprechen, deffen
Erfüllung noch immer fehr zu wünfchen ift.

Denn für den kritifchen Sprachforfcher müfste
allerdings folch eine genaue Zufammenftellung der
nicht felten verfchiedenen Lesarten in diefen Fabeln
fehr viel Belehrendes haben. Aber für den gewöhn-
lichen Lefer, dem mehr um Inhalt und Verfländ-
lichkeit zu thun ift, wäre dann freilich wohl noch
eine, auf diefe kritifche Grundlage gebauete, zweite
Ausgabe nöthig, in welcher, nach der von Lef-
fing *) vorgefchlagenen und in einem gegebnen
Beifpiele befolgten Methode, ein aus allen den ver-
fchiedenen Exemplaren zufammengefetzter Text ge-
liefert würde, der lesbarer gemacht, aber nicht
modernifirt wäre, und der kein einziges Wort ent-
halten müfste, welches nicht den Beleg des einen
oder andern Textes für fich hätte. Bei Allem,
was der ftrenge Wortkritiker wider folch eine Be-
handlungsart einwenden kann, bleibt fie doch wohl
bei den Werken alter Dichter in veralteter Mund-
art die rathfamfte und die zweckmäfsigfte, wenn es
uns um die Wiedererweckung und durch leichtere
Lesbarkeit mögliche Verbreitung ihrer Werke zu
thun ift. Bei alten deutfchen Dichtern aber
wäre fie um fo mehr zu befolgen, weil die von ih-
nen vorhandnen Abfchriften in Rückficht auf Mund-
art, Rechtfchreibung und Phrafeologie fo gar viel
Willkührliches haben, dafs hier eine zu ängftliche
Gewiffenhaftigkeit bald in lächerliche und unnütze

*) *Fünfter Beitrag*, S. 16 ff.

Mikrologie ausarten müſſte; und weil uns ſelten,
oder nie, hinlängliche hiſtoriſche Gründe beſtim-
men werden, den einen Text mehr als den andern
für Originaltext des Verfaſſers, oder für treue Ab-
ſchrift deſſelben, zu nehmen. Auf die alten deut-
ſchen Dichter der noch frühern Zeiten lieſse ſich in-
deſs dieſe Behandlungsart nicht gut anwenden, wohl
aber auf die poetiſchen Ueberreſte des vierzehnten
und funfzehnten Jahrhunderts, bei denen es dann
auch keiner Ueberſetzungen in die heutige Sprache
und Schreibart bedürfen würde, die doch ohnehin
immer unvollkommene Behelfe bleiben.

Es iſt übrigens nun wohl ausgemacht, wie ich
oben ſchon beiläufig ſagte, daſs die Fabeln, wovon
hier die Rede iſt, und B o n e r, ihr auſserdem noch
allzu unbekannter Verfaſſer, nicht in die eigentli-
che Minneſingerzeit, nicht in das zwölfte oder drei-
zehnte Jahrhundert, ſondern erſt in das vierzehnte
gehören, und zwar in deſſen letztere Hälfte, wie
es L e ſ ſ i n g ſehr wahrſcheinlich gemacht hat. *)
Eine neue Beſtätigung erhalten die von ihm beige-
brachten Gründe durch die von Hrn. O b e r l i n
mitgetheilte Probe, aus feiner, vielleicht älteſten,
Handſchrift. Man vergleiche den ganzen Sprach-
charakter in denſelben mit den Ueberreſten der ſo-
genannten Minneſinger; und man wird überall Un-
ähnlichkeit finden. Aber man halte ſie mit der Spra-
che des *Freidank's*, des *Renners*, u. ſ. f. zuſammen;
und man wird durchgehends nicht nur Aehnlich-

*) *Fünften Beitrag*, S. 31 ff.

keit, fondern auch hie und da merkliche Spuren ei-
nes etwas fpätern Zeitalters antreffen.

Ueber diefe Fabeln felbft und die Quellen ihrer
Erfindung hat gleichfalls fchon Leffing, in feiner
zweiten Abhandlung, das Nöthige gefagt und erör-
tert. Boner felbft begiebt fich des Anfpruchs auf
ihre Erfindung dadurch, dafs er felbft gefteht, fie
aus dem Lateinifchen überfetzt zu haben. Bei
weiten der gröfste Theil, nämlich drei Viertheile
des Hundert, find aus dem Avian und aus dem
Anonymus des Nevelet genommen; und von
den übrigen laffen fich meiftens anderweitige latei-
nifche Quellen nachweifen. Ihren innern Werth
aber fchlagen Gellert und die fchweizerifchen
Herausgeber freilich zu hoch an; und nach der
Kunft der poetifchen Erzählung, welche fie darin
zu finden glaubten, möchte man wohl vergebens fu-
chen. Natürliche, kunftlofe Einfalt ift am Ende
ihre Haupttugend; und, wie fie nun find, bleiben
fie doch immer ein fehr fchätzbares Denkmal eines
Zeitalters unfrer Poefie, welches, fo wie es auf die
fchöne Periode der Minnefinger zunächft folgte, ihr
auch unter allen ältern Zeitpunkten an Werth und
Gehalt gewifs am nächften kommt.

Sowohl das höchft feltne gedruckte Exemplar,
als die von Leffing befchriebenen Handfchriften
der herzogl. Bibliothek zu Wolfenbüttel, habe ich
ehedem eine Zeit lang in Händen gehabt. Ich fand
bald, dafs die Handfchrift, welche Leffing im-
mer die zweite nennt, die er am umftändlichften

beſchreibt, und der anch er vor den übrigen den
Vorzug zuerkennt, die größte Aufmerkſamkeit
unter den vieren auch in der Rückſicht verdiene,
weil ihr Text, wenn er gleich gewiſs nicht der äl-
teſte und ächteſte iſt, doch ſehr oft zur Erläuterung
mancher oberdeutſchen Idiotismen in der Zürcher
Ausgabe dienen kann, die hier groſsentheils mit
hochdeutſchen, unſrer Schriftſprache gewöhnlichern,
oder ihr wenigſtens näher kommenden Ausdrücken
vertauſcht ſind. Ich nahm mir daher vor ſechszehn
Jahren eine Abſchrift davon, aus welcher ich jetzt
noch dem Leſer ein paar Fabeln zur Probe vorlegen,
und ſie zwar nicht mit einer durchgängigen Anfüh-
rung der Varianten, aber doch mit einigen Anmer-
kungen, begleiten will. Die erſte iſt ſowohl beim
Scherz, als in der Bamberger und Zürcher Aus-
gabe, und auch in dieſer Handſchrift, die fünfte
Fabel:

Von geytigkeyt. [1])

  Man liſt von einem hund
  Der trug in ſeinem mund
  Ein ſtück fleyſch das was groſs
  Des ſein geſchlecht nie verdroſs
  An ein waſſer [2]) trug jn ſein weck
  Da was auch weder pruck noch ſteck

[1]) Geiz. In der Oberlinſchen Handſchrift: Von vbe-
riger gitikeit. Eben ſo in dem Zürcher Abdrucke.
Beim Scherz hingegen: Grittikeit.

[2]) Zürcher Ausgabe: an einen Bach; und ſo auch beim
Scherz.

Da was auch ³) nyt vyſch ⁴) noch man
Zu fuſs muſt er, vber gan
Da er verre kam in den pach
Den ſchaten er vom ſtuck fleyſch ſach
Das er in ſeinem maul trug
Er ſprach ich het wol genug
Mocht ich das ſtuck zu diſem gehan
Gar ſchier er dar nach zu greyffen began ⁵)
Vnd wollt es ye begreyffen
Da muſt jm das ſein ſtuck entſleyffen
Das er im maul het im pach
Da ſtund er in vngemach ⁶)
Das er ſein ſtuck het verlorn
Durch geytikeit das tet jm zorn
Der ſchaten ⁷) vom ſtuck jn betrogen hat.
    Das noch geſchicht an mancher ſtat
Das oft betreugt ein kranker wan ⁸)
Dye frauwen vnd auch dy man
Der zwar durch vnſichtikeit

3) Scherz: da enwas.

4) Gewiſs ein Schreibfehler für ſchiff, wie beim Scherz
und in der Zürcher Ausgabe.

5) Scheſz und die Zürcher Ausgabe: viel ſchier er
gyenen began. Dieſs erklärt Scherz: mox oſcitabat,
ſeu os rictu aperiebat. Gyenen iſt nämlich gäbnen.
Ohne Zweifel iſt dieſs die richtigere Lesart.

6) Scherz und die Zürch. Ausgabe: da ſtunt er lidig
vnd mat. Lidig, ſagt Scherz, vacuus, le'd'ig. Ab
hoc lidig derivatur feudum ligium. Auch matt er-
klärt er durch vacuum, aus einer ähnlichen Stelle der
folgenden Fabel:
    Da ſie alles troſtes was mat.

7) Die ſchette. Scherz.

8) ein tumber wan. Scherz und die Zürch. Ausgabe.

Tut das jm oft wirt leit [9])
Wer liep hat das ſein nit iſt
_ Pillig iſt daz jm dez ſein pepriſt [10])
Geytikeit machet das
Das frewnt dem frewnt wirt gehaſs
Geytikeit ſtiftet den zorn .
Von geytikeit wirt manche ſel verlorn
Geytikeit gemeinclich man hat [11])
In dorfſern purgen vnd in der ſtat [12])
Der herr der ſchultheiſs der pawer der richter [13])
Der knecht der pot torwart der purger [14])

9) Scherz: der ſich vff vnſicherheit
     lot das wurt jm dick leit
In der Zürcher Ausgabe ſteht, wohl gewiſs gekünſtelt:
der ſicher durch vnſicherheit lat.

10) Vil licht des ſinen jm gebriſt. Scherz und
die Zürch. Ausg. — d. i.: dem gebricht, oder ent-
geht auch gar leicht das Seine, oder das, was ihm ſchon
gehörte. — Hierauf folgen in den andern Texten noch
die zwei Zeilen:
     Geitikeit wurt nyemer gut
     Sie trübet maniges menſchen mut.

11) Scherz: gemeiner; Zürch. Ausg.: gemeinder
hat. Dieſes Letztre ſcheint ſo viel als genoſſen au
bedeuten.

12) Hier fehlen wieder die zwei Zeilen:
     Der vogt der ſchultheiſs vnd der rat
     Vnd was der weibel vnd botten hat

13) Scherz: Der Meiger vnd der richter. — Meiger
nimmt Scherz hier nicht für: Müller, Meyer, Bauern
überhaupt, ſondern für: Pächter, die bei den Mönchen
villici hieſsen, und entweder maiores oder minores waren.

14) Scherz: Der fürſprach vnd der vrteilſprecher
     Der burger vnd der dorwart
     Der hirt vnd der banwart

Pfaffen junck vnd alt
Munnich nunnen manigualt
Der pifchoff vnd der caplan
Der apt vnd der techant
Was man finget oder fayt
Sy leben alle in geytikeit.

Folgende Fabel folgt nun fogleich als die feohs-
te in diefer Handfchrift.   Das ift fie auch im Bam-
berger Druck; beim Scherz aber und in der Zür-
cher Ausgabe ift fie die fiebente, und in Herrn
Oberlin's Handfchrift die vierte:

Wer on arbeit meint gut leben zu huben. *)

Auf einem perg da ftat
Ein pawm der grofs wunder hat ¹)
Er ift grofs lanck vnd preyt
Mit fchönen eften wol bereyt
Mit lawb gezret wol
Der peften frucht ift er vol
So ez ye auf erden funden wart
Der felb pawm het dy art
Welcher menfch feiner frucht begert
Das wart yeder vnd menclich gewert ²)
Seiner frucht füffikeyt
Er befchaw auch dy pittrikeyt

---

*) Scherz bemerkt von diefer Fabel, dafs fie bei den Al-
ten nicht vorkomme; auch hat Leffing ihre Quelle
nicht nachgewiefen.

1)   Ein bom der michel wunder hat.   Sch. Z. A.

2)   Das der nyemer wurt gewert
      Siner fruchte füffikeyt
      Er verfüche dann auch die bitterkeit.   Sch.

Dy wurczel iſt pitter gar
Hert vnd ſawer on alle war *)
Wem denn kunt wirt dy pittrikeyt *)
Der wurczél als ich han geſeyt
Der nucz machet dy frucht gut
Der alczeit wil halten guten mut *)
Er muſs darben ſicherleych
Bey diſem pawm vernemt mich
Das hoch aufgetzogen leben
Das nymant wirt gegeben *)
Er muſs ſich vben auf der pan'
Der tugent muſs er arbeyt han *.) ·
Ee er auf den hohen perg gat
Da der lieplich pawm ſtat *)
Wann er der frucht der ſuſsikeit treyt
Enpfindet ſo wirt groſs ſein leyt
Zuſtoret wirt ſein frewd groſs
Wenn er ſtet aller ſorgen ploſs
    Ditz peyſpil ſey geſeyt *)
Allen den dy da meynen on arbeyt
Wolluſt lob vnd ere
Beſiczen ymmer mere
Das mag yn nit wol ergan'

---

3) Sch.: on alle war. *Quid war ſit*, ſagt Sch., *nulla opera inveſtigare licuit; forte illecebras denotat.* Aber die Zürcher Ausgabe lieſt: *an alle var:* und das iſt einerlei mit *war*, Farbe, ohne allen äuſsern Farbenreiz.

4)   Wann denn erzoiget ſin bitterkeit.   Sch.

5)   Vnd nit wil haben ſteten mut
    Der nutzet nit der früchte gut.   Sch.

6)   Das nyeman mag haben vergeben.   Sch. Z. A.

7) Beſſer beim Scherz: Der tugend vnd muſs arbeit han.

8)   Eee das er vff den hohen grat
    Möge komen da der bom vffſtat.   Sch. Z. A.

9)   Diſe byſchafft ſy dem geſeit.   Sch. Z. A.

Als verre als ich mich verftan [10])
On arbeyt nymant vber fich mag gan
Vnd dy ewig frewd müg gehan
Vnd dy kunft on arbeyt gar
Wer on fleyfs fein junge jar
Vertreiben wil in vppikeyt
Wirt er alt es wirt jm leyt.

———————

10) Von hier an ift der Schlufs beim S c h e r z und in bei-
den Zürcher Handfchriften anders und ausführlicher:

Der bom ift edler früchte vol
Wer kunft vnd wifheit haben fol
Sicher der mufs arbeit han
On arbeit nyeman vff mag gan
Den berg vnd komen vff den böm
Gewunnen kunft ift nit ein tröm
Wer aber floffet in finer iugent
Vnd nit gert kunft ere noch tugent
Vnd die von tragheit nit erwirbet
Wot ein not †) ob der verdirbet
On kunft vnd on weifsheit gar
Wer on flifs fin jungen jar
Vertriben wil in üppikeit
So er wurt alt es wurt jm leit
Vnd mag jm wol gefchehen das
Das dick fin ougen werden nas
Von ruwen vnd ift das vil wol
Das man fin dann fpotten fol.

†) Diefs erklärt S c h e r z: *Quantis cum malis luctatur.*
W o t *Argentinenfibus noftris hoc fenfu adhuc ufurpa-*
tur. Die Zürcher Ausgabe lieft:

Wel not nib der verdirbet

Und diefe Lesart zieht B o d m e r mit Recht vor. Sie
bedeutet dann: „Was für Noth, ob der verdirbt?"
Das könnte aber auch der Sinn des S c h e r z i f c h e n
Textes feyn.

Da ich jetzt aus der Hamburgiſchen Stadtbiblio-
thek die Abſchrift in Händen habe, welche U f -
f e n b a c h von dem Scherziſchen Codex dieſer Fa-
beln nehmen liefs,*) ſo will ich bei dieſer Gelegen-
heit von derſelben noch etwas nähere Nachricht er-
theilen. Es iſt ein ziemlich ſtarker Quartband,
worin zuerſt die gedruckten Disſertationen von
S c h e r z, dann die darin noch nicht befindlichen
Fabeln, von der 52ſten an, in einer ſehr leſerlichen
Abſchrift, enthalten ſind, denen noch, von eben
der Hand geſchrieben, der *Freidanck* beigefügt iſt.
Zu Anfange ſteht folgende eigenhändige Bemerkung
von U f f e n b a c h als Titel:

*Mythologi vet. Fabulae XCIV. facetis rhythmis
germanicis expreſſae, quarum LI. priores a
Viro Conſultiſſ. et Celeberr. IO. GEORGIO
SCHERZIO Prof. Argent. ad modum Disputa-
tionum Moralium ac Politicarum propoſitas ac
typis exſcriptas cum ipſo Codice vetuſto a Dno.
SCHERZIO benevole conceſſo, contulit, re-
liquas vero per Amanuenſem ſedulo deſcri-
bi curavit Zach. C o n r. ab U f f e n b a c h,
MDCCXVI.*

Bei den in S c h e r z's Abhandlungen gedruck-
ten Fabeln hat U f f e n b a c h mit eigner Hand faſt
durchgehends die Quellen ihres Inhalts angemerkt,
vermuthlich aus der Originalhandſchrift, weil ich

---

*) S. die *Biblioth. Uffenb. Mſcpta.* (Hal. 1720. fol.) P. IV.
col. 237 ſſ. Vol. CLXXX. 4.

fie in der Folge bei den gefchriebenen von der Hand
des Abfchreibers gleichfalls angemerkt finde.   Au-
fserdem hat er Druck und Handfchrift verglichen,
und einige Abweichungen des erftern von dem letz-
tern, auch einige Berichtigungen der Scherzifchen
Worterklärungen beigefchrieben.   Eigne kurze Er-
läuterungen find hie und da, auch bei den letzten
42 abgefchriebenen Fabeln angebracht.   Sie find
aber fämtlich von nicht fonderlicher Erheblichkeit.

Unter der Rubrik der 94ften Fabel fchliefst die-
fes Manufkript mit dem im Bamberger Druck und
einigen Handfchriften befindlichen E p i l o g, den
L e f f i n g ganz mitgetheilt hat.   Nur fehlen hier
die Verfe, worin die hundertfache Anzahl der Fa-
beln, und die Namen des Dichters und feines Mä-
cens, erwähnt werden; auch ift das Ganze noch
kürzer, als in dem Bamberger Abdrucke, und
fchliefst fchon mit den Zeilen:

Der das lifet oder hört lefen
Es mag kune fin er mufe felig wefen.
                                        Amen.

VIII.

VIII.

ÜBER

DAS ALTE NIEDERSÄCHSISCHE GEDICHT

VON

FLOS UND BLANCFLOS.

VIII.

Ü B E R

DAS ALTE NIEDERSÄCHSISCHE GEDICHT

V O N

FLOS und BLANCFLOS.

Die romantifche Dichtung, von welcher hier die
Rede feyn wird, ift, ihrer erften Entftehung nach,
wohl unftreitig eine der älteften, und gehört zu den
gangbarften in den fpätern Zeiten des Mittelalters.
Die älteste Spur davon finde ich von Warton und
Tyrwhitt nachgewiefen.') Beide bemerken, dafs
Floris und Blancaflor fchon von *Matfres Ey-
mengau de Bezers*, einem Dichter aus Langue-
doc, in feinem *Breviari d'Amor*, vom Jahre 1288,
als zwei berühmte Liebende genannt werden. ')
Und fonach hätte le Grand nicht Unrecht, wenn
er wider die gewöhnliche Meinung behauptet, dafs
diefe Erzählung nicht fpanifchen, fondern franzöfi-

---

1) *Warton's Hift. of Englifh Poetry*, Vol. II. Add. ad
Vol. I. p. 352 *Tyrwhitt's Introd. Difcourfe to Chau-
cer's Canterbury-Tales*, Bell's Edit. Vol. I. p. CCVIII.

2) Die Handfchrift davon ift im Britt. Mufeum zu London,
Mff. Reg. 19. C. 1. fol. 199.

O 2

ſchen Urſprungs ſey. [3]) Sie iſt indeſs auch ſpaniſch
bearbeitet worden. [4])

Gröſsern Umlauf erhielt ſie aber in Italien durch
Boccaz, der ſie zu einem weitläuftigern Roman
ausſpann, dem er den Titel *Il Filoculo (Filocolo)
o Filocopo* gab, und deſſen Abdruck ſehr oft wieder-
holt wurde. [5]) Boccaz ſchrieb dieſen Roman
ſchon in ſeiner Jugend, und früher, als ſeine be-
rühmten Novellen. [6]) Er ſelbſt geſteht in der Ein-
leitung, daſs er den Stof nicht ſelbſt erfunden, ſon-
dern eine ältere, und vermuthlich weit kürzere Er-
zählung dabei benutzt und zum Grunde gelegt ha-

3) *Fabliaux ou Contes*, ed. in 12. Par. 1781, Vol. V. p. 255.

4) *Dufresnoy* führt in ſeiner *Bibliotheque des Romans*,
T. II p. 21. folgende Ausgabe davon an: *Flores y Blan-
caflor*, 4. en Alcala, 1512.

5) Ich finde folgende Ausgaben als die älteſten angeführt:
Venet. 1472. fol. Milano, 1476. fol. Ven. 1485. fol. ib.
1520. 1538. 1551. 1554 Firenz 1594. 8 Auch aus dem
vorigen und jetzigen Jahrhunderte könnte ich mehrere
Abdrücke anzeigen. Unter denen von San ſovino iſt
die Ven. 1551 die älteſte. Von der Ausgabe des *Tiz-
zone Gaetano*, Ven. 1527. 8. die ich ſelbſt beſitze, iſt
der Titel: *Il Philopono di Meſſer Giovanni Boc-
cacio, in fino a qui falſamente detto Philocolo*. Jene
Benennung, die ſo viel, als einen Freund von Mühe und
Beſchwerden bedeutet, hält er für die ächte. Philo-
colo iſt aber wohl aus Philocalo, Liebhaber der Schön-
heit, entſtanden.

6) Dieſs bemerkt *Manni*, *Iſtoria del Decam. di Docc*. p 75.
und *Tyrwhitt l. c.* beſtätigt es aus einem angehängten
Briefe des Squarciafico, worin geſagt wird, Boc-
caz ſey damals erſt zwanzig Jahr alt geweſen; alſo um
das Jahr 1333.

be.[7]) Auch bemerkt Apoſtolo Zeno,[8]) daſs
dieſer Stof aus einem alten franzöſiſchen Roman ge-
nommen ſey, den man auch ſpaniſch habe. Er ſetzt
hinzu, daſs auch Lodovico Dolce in ſeiner erſ-
ten Kindheit ihn in Ottave Rime gebracht habe,
und die neun erſten Geſänge davon ſeyen unter
der Aufſchrift L' Amore di Florio e di Biancofiore
zu Venedig, 1552. 4. gedruckt worden. Auch
Ruſcelli und Creſcembeni gedenken dieſes
Gedichts.

Gewiſs aber noch älter iſt ein kürzeres, welches
ich unter mehrern italiäniſchen Balladen und Roman-
zen in einer Sammlung alter einzelner Stücke dieſer
Art finde, die ich aus der Herzoglich - Wolfenbüt-
telſchen Bibliothek vor mir habe. Es iſt, gleich
den meiſten übrigen, ohne Angabe des Jahrs und
Orts, aber wenigſtens ſchon gleich zu Anfange des
ſechszehnten Jahrhunderts gedruckt, und hat über
der erſten Seite blofs die Aufſchrift: Florio e Bianza
Fiore chiamata. Das Ganze beträgt nur ſechs Quart-
blätter engen Drucks in geſpaltenen Columnen.[9])

<hr/>

7) Er ſagt darin, daſs er mit einer Dame auf dieſe Geſchichte
zu reden gekommen, und von ihr aufgefodert ſey, ſie in
eine förmliche Erzählung einzukleiden.

8) In ſeiner Ausgabe des Fontanini Dell' Eloquenza Ita-
liana, T. II. p. 161.

9) Die Stanzen ſind achtzeilig, und der Anfang, in einer
ſechszeiligen, iſt folgender:
    Donne e Signori vi volio pregare
    Chel mio dicto fia ben ſcoltato
    Che io vi volio dir e contare

Die ausführlichere prolaifche Bearbeitung des
Boccaz fcheint es erft gewefen zu feyn, die eine
Uebertragung diefer Gefchichte in mittelgriechi-
fche Jamben veranlafste, wovon eine Handfchrift
in der Kaiferlichen Bibliothek zu Wien befindlich
ift.[10]) Es war nämlich, wie Warton bemerkt,[11])
unter den während des funfzehnten und fechszehn-
ten Jahrhunderts in Italien und den benachbarten
Ländern lebenden gelehrten und meiftens dürftigen
Griechen fehr gewöhnlich, die beliebteften Gedichte
und Romane in griechifche Jamben, oder fogenann-
te *verfus politicos*, zu überfetzen. Diefs gefchah
z. B. mit der *Thefeide* des *Boccaz*, mit dem *Paftor
Fido*, mit den *romantifchen Erzählungen von Ale-
xander dem Grofsen*, vom *Apollonius von Tyrus*, Kö-
nig *Arthur*, u. a. m.

Von der franzöfifchen Ueberfetzung des
Boccazifchen Romans ift der ältefte Druck, den ich
nachgewiefen finde,[12]) von 1485, unter dem Titel:

> Or me intenda chiuncha e inamorato
> Come nafci florio e bianza fiore
> Infembla crefero con grande amore.

10) *Lambeccii Comment. de Biblioth. Caef. Vindob.* Vol. V.
p. 264. Cod. 297, n 30: „*Anonymi cuiusdam Auctoris
Poema Amatorium Graeco-Barbarum de Florio et Pla-
tziflora*, cuius titulus et principium: Διήγησις ἐξαίρε-
τος ἐρωτικὴ καὶ ξένη Φλωρίου τοῦ πανευτυχοῦς καὶ κόρης
Πλατζία Φλώρης. Εἰς καβελάερης εὐγενὴς ὁρμώμενος, ἐκ
Ῥώμης. etc." — Vergl. *Neffel de Biblioth. Vindob.* T. I.
p. 342 f. *Meurfii Gloffar Gr.-Barb.* v. βάνειν.

11) *Hift. of Engl. Poetry*, Vol. I. p. 349 ff.

12) In *Beugham's Incunabulis Typogr.* p. 162.

Le Philocale, ou Hiſtoire Amoureuſe de Floris et de Blanſchefleur. Späterhin überſetzte **Jacques Vincent** den ſpaniſchen Roman dieſes Inhalts, Paris, 1554. 8. und Lyon, 1571. 8. Und von dem **Philocopo** des **Boccaz** gab **Adrien Sevin** eine Ueberſetzung, die zu Paris, 1542, fol. und nachher öfter gedruckt iſt.

Die neueſte Einkleidung dieſer Geſchichte iſt von dem um die geſchmackvollere Bearbeitung und Abkürzung alter Romane und Rittererzählungen ſo ſehr verdienten Grafen von Treſſan.[13]) Er legte dabei die von **Jacques Vincent** (Paris, 1554. 12.) gelieferte franzöſiſche Ueberſetzung des ſpaniſchen Romans zum Grunde, worin mancherlei Zuſätze und Umändrungen des einfachen alten Mährchens vorkommen. Er iſt ein ſeltſames Gemiſch von Galanterie und Andächtelei, von Wundern und Bezauberungen, von Ritterſitten und morgenländiſchen Gebräuchen. Der Zeitpunkt, worin die Begebenheiten als vorgefallen vorausgeſetzt werden, ſcheint ſchon ins achte Jahrhundert zu fallen, wo die muhammedaniſchen Mauren von dem gröſsten Theile Spaniens Meiſter waren, und die von den Gothen abſtammenden Chriſten Aſturien, Galizien, und vornehmlich die durch Wallfahrten ſo berühmte Stadt St. Jago de Compoſtella noch im Beſitz hatten. Denn damals gab es auch Kalifen zu Babylon,

13) In der *Bibliotheque Univerſelle des Romans*, *Fevrier*, 1777. p. 151.

und Sultane in Aegypten. Le Grand[14]) hatte in-
defs den Grafen belehrt, dafs der Grundftof diefer
Gefchichte nicht fpanifchen, fondern altfranzöfi-
fchen Urfprungs fey. Sie fand fich, in Verfen
erzählt, unter den alten Handfchriften aus dem
dreizehnten und vierzehnten Jahrhundert, welche
Curne de Sainte Palaye gefammelt hatte.
Auch giebt es von jenem fpanifchen Roman eine fpä-
tere französifche Ueberfeizung von einer Frau von
Richebourg, der Ueberfetzerin des Romans,
Perfiles und Sigismunde, von *Cervantes*, die zwar
getreuer, aber, wegen mancher Auslaffungen, we-
niger unterhaltend feyn foll.

Dafs man diefes Volksmährchen auch in
Deutfchland fchon fehr früh gekannt haben
müffe, ergiebt fich aus dem Fragmente eines fehr
alten Liebesgedichts, [15]) worin folgende Stelle
vorkommt:

Alzo daz truwe megetzin
Der fteten *blancken flofen*
Verborgen holt daz blomelyn
Daz er fint teic manniger forge lofen.

In Profe, und nach dem Boccaz, ift es gleich-
falls früh bearbeitet, und zuerft zu Metz, 1499,

---

14) Vergl. deffen Duodez-Ausgabe der *Fabliaux et Gontes*,
 T. V. p. 255.
15) Nach einer von Temler aus einer von ihm nicht nach-
 gewiefenen Membrane genommenen Abfchrift liefert diefes
 Fragment Hr. *Nyerup* in feinen fchätzbaren *Symbolis
 ad Literaturam Teutonicam Antiquiorem — — (Havn. 1787.
 4.) p. 94 ff.

fol. in einer vor mir liegenden Ueberfetzung ge-
druckt, die folgenden Titel hat: *Ein gar fchone
ne:re hiftori der hochen lieb des kuniglichen fürften
Florio: vnnd von feiner lieben Bianceffora. Euch
groffe freud davon bekomen foll. Auch dobey ver-
nemen wert: wie grofs gefallen die lieb hat: Mit
fchonen figuren.* Im folgenden Jahre fchon erfchien
davon eben dafelbft eine neue unveränderte Auflage;
nur dafs darin die in der ältern auf der Rückfeite
des Titelblatts befindliche Vorrede fehlt. [16])

Eine andre profaifche Bearbeitung, worin aber
fowohl Boccazens Erweiterung, als die eben an-
geführte ältere deutfche Ueberfetzung durchaus be-
folgt ift, fteht in dem von *Feyerabendt* zu Frank-
furt 1587, fol., herausgegebenen *Buch der Liebe*
(Blatt 118, b. ff.) mit der Ueberfchrift: *Ein gantz
kurtzweilig Hiftori von Florio und Bianceffora, was
diefe beyde liebhabende Perfonen für gefahr beftan-
den, ehe fie zu vollftreckung jhrer angefangenen
Lieb kommen feindt, nicht mit wenigem nutz, was
aufs folcher Lieb zu fchöpffen, vnd wie fich für vie-
lem vnfall zu bewaren fey, zu lefen.*

Aber fchon aus dem dreizehnten, oder fpätftens
aus dem vierzehnten Jahrhunderte ift die m e t r i -
f c h e Behandlung eben diefes Stofs in oberdeutfcher
Mundart: *Das löbenliche Buche von Floren vnd von
Blantfcheflur*, wovon eine Handfchrift in der König-
lichen Bibliothek zu Berlin befindlich ift, aus wel-

16) Von beiden Ausgaben f. *Panzer's Annalen d. ä. d.
Lit.* S. 243. 250.

cher Herr Profeffor *Müller* es abgefchrieben,
und in dem zweiten Bande feiner *Sammlung deut-*
fcher Gedichte aus dem XII. — XIV. Jahrhunderte
zuerft hat abdrucken laffen. Es befteht aus 7885
Zeilen. Vers 142 ff. heifst es:

> Es hat Rupreht von orbent
> Gedichtet jn welfchen
> Mit rymen vngefelfchen ,
> Das ich in dutfche willen han
> Alfus wil ich es fohen an.

Diefer Ruprecht ift alfo wohl unftreitig der Ver-
faffer des wälfchen oder provenzalifchen Ori-
ginalgedichts; und da er beim Püterich von
Reicherzhaufen[17]) unter dem Namen Rupert
von Orlanndt angeführt wird, fo vermuth' ich,
dafs er Robert d' Orleans geheifsen habe.
Der deutfche Dichter wird von *Rudolph* Dienft-
mann zu Montfort in feinem *Wilhelm von Orleans*
genannt:

> Herr Flecke der gute Conratt
> Do er floren getalt
> Vnd planfchiffür bericht. [18])

17) Von Hrn. Adelung herausg. Leipz. 1788. 4. S. 14:
   So hat von Orlanndt Rupert
   Flor Plandtfchefflur aus walifch auch fchön be-
   richtet.
18) So lieft die von dem jüngern Hrn. *Adelung* in feinen
   Nachrichten von altdeutfchen Gedichten in der Vatikani-
   fchen Bibliothek, S. 41 ff. befchriebene Handfchrift. S. daf.
   S. 63. In dem Auszuge, den Hr. Rath *Cafparfon* in der
   Vorrede zum *Wilhelm von Oranfe* aus jenem Rittergedichte
   giebt, fteht: „Herr Slecke der gute Cunrat. Eben
   fo unrichtig aber wird hier floren für floren gelefen.

Wer diefer Conrad gewefen, und ob er, wie
der jüngere Herr Adelung [19]) vermuthet, mit
Conrad Schenck von Landeck einerlei Per-
fon fey, läfst fich fchwerlich entfcheiden. Ge-
wiffer aber dünkt mirs zu feyn, dafs wir in diefem
alten Gedichte die Originalerzählung befitzen, die
Boccaz in fo manchen Umftänden abgeändert hat,
und dafs der Verfaffer deffelben, wie fich bei nähe-
rer Vergleichung gar bald ergeben würde, diefe
Umänderung noch gar nicht gekannt hat. [20])

Hier ift es indefs meine Abficht nicht, mich bei
dem Inhalte und der Manier diefes altfchwäbifchen
Rittergedichts zu verweilen; und ich komme daher
jetzt auf den eigentlichen Zweck diefes Auffatzes,
auf die niederfächfifche oder plattdeutfche
gereimte Erzählung, *Flos und Blankflos*, die un-

---

19) Am angef. Orte, S. 72.

20) Denn dafs unter dem Welfchen hier nicht das Italiä-
nifche, fondern das Provenzalifche oder vielmehr Altfran-
zöfifche zu verftehen fey, bedarf wohl keiner Erinnerung,
obgleich die Ueberfchrift der Vatikanifchen Handfchrift
ex Italico idiomate hat, und Hr. Müller in der
Schlufsanmerkung fagt, das welfche oder italiänifche
Original folle, wie ihn Hr. Abt Denina verfichert habe,
nicht mehr vorhanden feyn. In diefem Gedichte felbft
ift V. 537 ff. eine Stelle, woraus fich ergiebt, dafs welfch
damals ausländifch überhaupt, und befonders fran-
zöfifch hiefs:

Sie bat fich frantzoifia leren
Daran begunde onch keren
Iren flys die frömde welbyn
Bitze das die kungin
In welfchem dicke wider fie fprach.

- Jängft Herr Hofrath Bruns in Helmftädt aus einer
in der dor.igen Univerfitätsbibliothek befindlichen
Handfchrift hat abdrucken laffen. ") Die bisher an-
geführten profaifchen und poetifchen Behandlungen
des nämlichen Stqfs fcheinen meinem würdigen
Freunde nicht bekannt gewefen zu feyn, ob er
gleich aus guten Gründen vermuthet, dafs das Ge-
-dicht nicht urfprünglich deutfcher Erfindung, fon-
:dern während des Mittelalters im füdlichen Frank-
reich entftanden fey.

Vergleicht man diefe plattdeutfche Erzählung
mit der oberdeutfchen in der Müllerfchen Samm-
lung, fo fieht man bald, dafs es im Ganzen zwar ei- .
nerlei Inhalts und Ganges, ") aber dafs jenes weit
kürzer und zufammengedrängter ift. Es befteht,
fo wie Herr Bruns es liefert, nur aus 1577 Ver-
fen, da das andre, wie gefagt, 7885 hat. Natür-
lich enthält es daher mehrerlei Nebenumftände und
Epifoden, die aber grofsentheils ziemlich entbehr-
lich waren; und der ganze Ton der Erzählung .
fcheint mir in diefer niederdeutfchen Bearbeitung
beffer und unterhaltender zu feyn.

21) In den *Romantifchen und andern Gedichten in altplatt-
deutfcher Sprache, aus einer Handfchrift der Akademi-
fchen Bibliothek zu Helmftädt herausgegeben von Dr. Paul
Jakob Bruns*; Berlin und Stettin, 1798. 8. S. 217.

22) Einen kurzen Auszug des Inhalts von dem altfchwäbi-
fchen Gedichte findet man in der von einem Kenner ver-
fertigten Rezenfion des zweiten Bandes der Müllerfchen
. Sammlung in den *Göttingifchen Gelehrten Anzeigen v. J.* ·
1786, S. 159; und den Inhalt des plattdeutfchen Gedichts
hat Herr Hofr. Bruns S. 220 ff. kürzlich ausgezogen.

Zufälligerweife befitze ich felbft eine andre
Handfchrift diefes Gedichts, die ich vor mehrern
Jahren aus der Fabritifchen Auktion in Helmftädt
erftanden habe. Es befindet fich unter verfchiednen
andern, von der nämlichen Hand gefchriebenen,
plattdeutfchen Gedichten, und ift, aufser einer Be-
fchädigung der erften Seite am Schlufs mangelhaft,
da es nur bis zum 1476ften Verfe des Brunfifchen
Abdrucks geht, und nach demfelben folglich 101
Zeilen fehlen. Dagegen aber kommen in meiner
Handfchrift ziemlich viel Verfe vor, die in jener
mangeln und richt unbeträchtliche Lücken machen;
auch find die Lesarten faft durchgängig merklich
verfchieden, meiftens auch beffer und richtiger.
Hätt' ich daher von dem Dafeyn der Helmftädter
Handfchrift und von der Abficht meines Freundes
vorläufige Kunde gehabt, fo würd' ich ihm mein
Manufkript fehr gern vor dem Abdrucke mitgetheilt
haben, um das feinige daraus ergänzen und berich-
tigen zu können. Jetzt könnt' ich es nun freilich,
wie ich es ehedem mit der Caffelfchen und Wol-
fenbüttelfchen Handfchrift des *Wilhelm von Oranfe*
that, alle abweichende Lesarten und Stellen aus-
ziehen, wenn ich nicht zweifeln müfste, dafs diefe
Arbeit dem Lefer fo viel Nutzen und Unterhaltung,
als mir Mühe und Zeitaufwand verurfachen würde.
Es mag hier alfo an der Bemerkung einiger der vor-
nehmften Verfchiedenheiten genug feyn. Ich fetze
die Lesarten des gedruckten Exemplars unten, und
gebe hier gleich die erften 34 Verfe nach meiner

Handſchrift, ob ich gleich die 19 erſten wegen des
faſt zur Hälfte abgeriſſenen Blattes, auf deſſen zwei-
ter Seite ſie ſtehen, zum Theil aus dem Abdrucke
ergänzen muſs. Das Fehlende bezeichne ich indeſs
bis dahin mit andrer Schrift: [23])

> *Dat gheſcah to ey*ner tyd
> *alze uns de* auenture gyt
> *de konig van* hiſpanien mit ſir macht
> *ſammede grote heres* craſft
> *vn toch to* Auerne in dat land
> *dar ſtichtede* he roſf vnd brand
> *dem konige* van auerne duchte
> *dat he* ſyk nicht weren mochte
> *mit ſo* groten ſorgen
> *veſtede* he sine borgen
> *vn alle* sine ſtede
> *dar was* he ſuluen mede
> *mit ſtryde* dede he menlike weren
> *gegen* de hiſpanſchen hern
> *de konig van* hiſpanien

23) Im gedruckten Exemplar:

> Dat gheſcah to eyner tyd
> alze vns dat bok vtwiſt
> dat van hiſpanigen de konig mit ſiner macht
> ſammede grote heres kraft
> vn toch to Averrigen in des koniges lant
> dar ſtichtede he roſ vn brant
> dem konige des wol duchte
> dat he ſik nicht weren en mochte
> mit ſo groten ſorgen
> veſtede he ſine lant vn borge
> vn alle ſine ſtede
> dar was he ſuluen mede
> mit ſtorme dede he ſolke weren
> gegen den hiſpanigeſchen heren

he konde dar nicht gewinnen
he mofte weder te,n van hynnen
he hadde en deyl des heres crafft
vn lege on eyner depen grafft
dar de pilgrimme kamen benne gan
de leyt he vangen vnd fchynnen vnd flan
dat fege yk jw alle openbar
de heydene nemen orer war
der pellegrinnen wart vele geflagen
dat wille yk jw vorwar zagen
dar wart gevangen ener greuen wiff
fchone vnd wol geftalt was ore liff
myd vil loueliken eren
brochte fe de vrauwen vor oren hern.

Der Vers: alze vns fecht dut bokelin, findet fich
hier fo wenig, als Vers 49 f. des Gedruckten:

nu saget vns vort dut bok
wo sik de rede an hof

de konig konde dar nicht winnen
des mofte he teyn van dennen
he hadde eynen deil fines heren kraft
vn lege an eyner groter graft
dar de pilgrimme here fcolde gan
de konig leyt fe binden vn flan
der pilgrimme was eyn grot fcar
dat heydenfche volk wart orer war
van vrancrike was darmede eynes greven wif
vil fin was or ghe lif
do vengen fe de vronwen louefam
dat vil ouel was ghedan
oren leven heren flogen fe dot
des leit de vrowe grote not
flogen dot der pilgrimme eyne grote fcar
vn nemen do des greven wif fo fin
alze vns fecht dut bokelin.
mit fo groten eren
brochten fe de vrouwen vor oren heren.

Und fo find auch die fünfmal vorkommenden Auf-
foderungen, dem Vorlefer einen Trunk zu geben,
in meiner Handfchrift nicht befindlich. Sie fchei-
nen mir ziemlich die Weife der Meifterfänger zu
verrathen; indefs getraue ich mir doch nicht, hier-
aus allein das jüngere Alter des Helmftädtifchen
Manufkripts zu folgern. Aber den Vorzug der
meinigen zeigt gleich folgende Stelle, wo die ge-
fangne und an den fpanifchen Hof geführte Gräfin
der Königin ihre Schwangerfchaft, und diefe ihr
gegenfeitig die ihrige, kund macht. Hier liest der
gedruckte Text:

Do sprak de konynghe
berichte my, leue greuinne
an welkem dage mach dat fin
dat du fcalt hebben eyn kindelin
de grevynne to. or sprak
fo ik ju vorwar fpreken mach
an dem herliken pafche dage
wart my ok eyn kint alze ik ju faghe
do fprak de konynghe
by mynen finnen
in deme fulven pafche dage
wart my ok eyn kint alze ik ju fage.
do fprak de grevynne
dat geve de himmelfche konynghe
gheeret werde juwe lif
God behode mek ok vil arme wif.

In meiner Handfchrift fteht dafür:

do fprak de koniginne
berichtet my beth leue greuinne
an welker tyd fal dat werden fchin

dat

dat gy ſullet hebben dat kindelin
de greuinne to der koniginnen ſprach
vorwar yk ju dat ſagen mach
vor meyen en grote tyd
alſo de anger grone lyd
in deme heren paſchedage
ſo gifft my god ſine gaue
do ſprak de koniginne
dat gene god vnd de hymelſche koniginne
geeret mote weſen juwe lif
god de behede my ok arme wiff.

Die Verſe 124 — 128 des Drucks ſind gewiſs un-
richtig, und geben keinen rechten Sinn:

Ok fecht vns der lude mere
dat de konigh mit vndulde
vn ok an ſculde
der grevynnen ores kindes vorgunde
to der ſulven ſtunde.

Hier heiſst es hingegen weit zuſammenhangender:

ok fecht vns de ſulue mere
dat de konig to der ſuluen ſtunde
blancfloſſe eres liues vorgunde
dat ſe was floſſe gelyk
des bedronede ſyk de konig ryk.

So finde ich auch nach Vers 263 eine Lücke von ei-
nigen Verſen, die doch gleichfalls nothwendig zur
Verbindung gehören:

an deme beginne dat wy leſen
dar wi dat leten weſen
van deme copmanne heue yk dat an
do ſe de juncvrauwen gecofft han
nicht lenger wolden ſe wachten
orme hern ſe de juncvrouwen brachten

van babilonya was he genand
:eyn weldich konig ouer alle land
he entffeng ſe togentlike
de weldige konig rike
he kledede ſe myd bliante *) vnd ok myt golde
blancfflos ſiner doch yo nicht enwolde
ſe hedde floſſe leff des ſyt bericht
dar vmme wolde ſe des koniges nicht
de konig an ſir wiſſheit quam
vil ſchire he dat vornam
dat ſe ſiner nicht hebben wolde.

Vergleicht man dieſe 20 Verſe mit denen zwölfen,
die dafür im Abdrucke ſtehen, ſo wird es ſehr
wahrſcheinlich, daſs ein ungeſchickter Abſchreiber
jenen Text vor ſich gehabt, und gedankenlos theils
Zeilen überhäpft, theils ſich in ihnen vergriffen
habe.

Eine gröſsere Lücke findet ſich in der Folge,
nach dem 422ſten Verſe. Es iſt nicht die Königin,
wie Vers 415 des Abdrucks geſagt wird, ſondern
der König, der zum Flos hineilt, um ihn vom
Selbſtmorde zurück zu halten. Und nun ſtehen
nach den beiden Verſen:

he ſprak blankflos leveſte myn
ſcul wy alſus gheſcheden ſyn

in meiner Handſchrift noch folgende, die in dem
gedruckten Exemplar ganz fehlen:

---

*) blyand, *byſſus, iacinctus*, edel ſeydengewant.
Vocab. 1482. *Goth.* blyant. S. Scherz's *Gloſſor.*
und Ihre in Blyat.

dar vmme enkan yk nicht vrolike leuen
aller vraide mud yk my begeuen
mochte yk dy noch eyns feyn
fo were my wol gefcheyn
din bedrofniffe dut my grote nod
yk wolde dat yk were dot
an diffen forgen mud yk bliuen
yamer vnd ruwe mud yk triuen
de konig ene do vragede
do he blancffloffe fo fere clagede
he fprak fflos leue fone myn
blancfflos de juncvrauwe fin
ene fuke fe benam
dar ere de dot van bequam
wulu des nenen louen han
fo machftu dar fuluen henne gan
vnd vppe deme ftene lefen
wor blancfflos fy gebleuen
fflos bedrouede fyk fere do
vnd wart der mere vnvro
de konig hadde vor der tyd
alfo vns dat eventure gyd
eyn graff gemaket ryke. u. f. f.

Man fieht, dafs auch diefe Verfe nichts weniger als
entbehrlich, und alfo wahrfcheinlich von dem Ab-
fchreiber überfehen find.

Nach Vers 613 verräth fchon der fehlende Reim
eine Lücke des Abdrucks; und auch diefe ift nicht
unbeträchtlich. Ich will fie aus meiner Handfchrift
ergänzen:

Fflos to hand eyn vragen began
yfft dar were jenich man
de one berichten konde

dar he vmme vragen begonde
wor he blancffloffe vunde
deme wolde he dancken to aller ftunde
ene gude vrauwe quam dar gegangen
vnd fprak blancfflos wart hire entffangen
van babilonya des koniges mannen
de vorden de juncvrauwen van dannen .
de coften fe vor ryken folt
beyde van fuluer vnd golt
van ore fo enweyt yk mer nicht
fe ys to babylonia des fyt bericht
fflos de richtede fine vart
hen to babilonia wart .
dar he vppe deme wege reyt
hadde he manich herteleyt
blancfflos ome vil vraude benam
des auendes do he to der herberge quam
bedrouet was fin mud
deme liue dede he klene gud
de werd ffloffe to bevragen began
wille gy nicht eten houeffche man. u. f. f.

Vers 1107 ff. weicht die Handfchrift merklich
ab, und giebt folgende Befchreibung von dem nächt-
lichen Beifammenfeyn der beiden Liebenden:

dar leden fe bruft tegen bruft
vnd leff van leue wart gekuft
de leue de fe dreuen
de wart nu van twen leuen geftreuen
ore vraude de wart vraudenryk
dat no wart der vraude gelyk
aller vraude hadden fe genoch
to reften fe de flap bedioch
dat fe flepen an dem morgen
an blancken armen ane forgen.

Vers 1431 mufs nach meiner Handfchrift fo be-
richtigt werden:

> myn vader toch vfhe deme lande
> to auerne in dat lant vnd brande

Und dadurch fällt die irrige Lesart oder der Schreib-
fehler Unghern weg, und die dabei von Herrn
B. gemachte Anmerkung.

So liefsen fi h nun noch manche Lesarten und
manche dadurch veranlafste Spracherklärungen des
Herausgebers aus meiner Handfchrift berichtigen.
Vers 300 fteht z. B. in dem Gedruckten:

> fage my de forge dyn
> Se fcal *hallef* wefen myn

In der Handfchrift fteht half, halb, und hallef ift
alfo nicht, wie es Herr B. erklärt, ganz lieb;
fondern der Sinn ift: „fage mir deine Sorge, und
fie foll zur Hälfte die meinige feyn." — Vers 440
mufs nothwendig für belde, wie meine Hand-
fchrift hat, breve gelefen werden, d. i. Zettel,
Papiere, wie es auch die Folge Vers 449 ergiebt.
Die dabei gemachte Note fällt alfo weg. — Vers
479 ift nere gewifs eine Abkürzung für nature,
wie in meiner Handfchrift fteht; jenes kann alfo
nicht Nahrung bedeuten. — Vers 530 lautet
bei mir, dem folgenden Reime gemäfs:

> de vor blancfflofse ys genomen

und Vers 723 f.:

> dar ynne ftund eyn adamand
> deine portenere he dat vingerlin gaff.

Bei diefer Gelegenheit bemerke ich nur noch, dafs die in der Brunfifchen Sammlung folgende Erzählung, *Theophilus*, den Inhalt eines alten franzöffchen Schaufpiels *(Moralité)* ausmacht, wovon in den *Fabliaux et Contes* von *le Grand* (T. 2. p. 24.) und in der deutfchen Ueberfetzung (Th. 2. S. 93.) ein Auszug befindlich ift.

IX.

STUDENTENGLÜCK.

EINE ALTE NIEDERSÄCHSISCHE ERZÄHLUNG.

AUS EINER HANDSCHRIFT.

IX.

STUDENTENGLÜCK.

EINE ALTE NIEDERSÄCHSISCHE ERZÄHLUNG.

AUS EINER HANDSCHRIFT.

Diefe fehr unterhaltende Erzählung, die wahr-
fcheinlich noch nie gedruckt ift, nehme ich aus
eben'der mir gehörenden Handfchrift, in welcher
das oben befchriebene plattdeutfche Gedicht von
Flos und Blancflos befindlich ift. Sie ift von eben
der Hand abgefchrieben; und am Schlufs ftehen die
Worte: *Scriptum in liuonia per manus Johannis poft
creatorem (creationem?) mundi* 7231. Da indefs
nach einem andern, hier gleich folgenden Gedich-
te 1431 fteht, fo ift vermuthlich diefe Jahrszeit
gemeint.

Der Stof der Erzählung ift wohl gewifs nicht
von der Erfindung diefes niederfächfifchen Dichters,
fondern wahrfcheinlich lateinifchen oder franzöfi-
fchen Urfprungs. In den beiden Sammlungen der
Fabliaux von *Barbafan* und *le Grand* finde ich
fie zwar nicht; ich müfste mich aber fehr irren,
wenn ich fie nicht ehedem in der *Elite des Contes du
Sieur d' Ouuille* gelefen hätte, wo fie aber gewifs

auch nur nacherzählt ift. — Unter dem fcriuer
oder Schreiber ift hier wohl kein andrer als ein
Clerc (*clericus*) oder angehender Gelehrter, ein
Student, zu verftehen, der in den alten Mährchen
fo oft feine Rolle fpielt. Ich gab daher diefer Er-
zählung, die in der Handfchrift gar keinen Titel
hat, die Auffchrift: *Studentenglück.*

————————

Ich sach in enem wortehoue [1]
De na wunfche vnd na loue
myd blomen was durchstreyt
funerlich vff mynen eyt
dat yk ny schoner frucht han vernomen
de van der erden wahre komen
dar sach yk enen poten [2]
dar was uth gefproten
eyn rofe da was fin
dat neyn fchoner mochte sin
vorwar yk dat wol fpreken mach
dat de fune ydder de dach
ny fchoner vrucht beluchte
do yk fe fach so my duchte
fe was fchone vnd fin
wan fe vornam der funnen fchin
fo ftunt fe vff deme poten
minnichliken vpgefloten
dat he fyk mofte vrauwen
de fe mochte schauwen
wen fe der funnen fchin vorlos [3]
to hant fe fyk weder toflos [4]

[1] in einem Würzhofe, d. i. Blumengarten.   [2] Boden.
[3] verlor.   [4] zufchlofs.

dat fe noch regen ydder ftorm
noch vogel ydder worm
nergen mochte schaden
in fiele ydder in bladen [5])
uppe enem andern twyge fas
en ander rofe de ok fchone was
fe was mūdich vnvordroten
vnd fuund alle tyd vpgefloten
fe fik nicht tofluten wolde
fo fe to rechte folde
dar na en bofe daw als yk fagen wil
vor myddeft [6]) yn de rofen vil
dar waffen van maden
to erme groten schaden
das hedde er nyn nod gedan
hedde fe togefloten ftan.

Nu horet algelike
fe fin arm ydder ryke
wil he de lant buwen
he en fal fyk nicht laten ruwen
he en merke wat yk fage
fo fettet he vppe de wage
beyde leuent vnd gud
neyn man weyt der werlde mud
fe ys leyder bos genoch
doch fal eyn man wefen kluch
vnd don als eyn fcriuer dede
he fprak alle dage twe bede
des morgens wan he folde vth gan
fo gink he myd bedende han [7])
dat god durch fine namen dry
ome makede vau allen jamer vry

5) am Stengel oder an den Blättern.   6) mitten.   7) hin.

wan dat an den auent trat
dat ander beth he denne hat
der eyn hemelik ydder lut **)
der hilgen funte gertrud
dat fe ome fchope *) herberge gut
yk mene wol an mynen mud
hedde dat fulue beth gedan
dat were ome yamerliken gan
wo deme fcriuer lang
dat fage yk jw hedde yk des dang
horet wo eme fy gelungen
van yarn was he junge
vnd vornemet diffe mere
van dem fuluen fcriuere
fin kumpan fede ome alfo
fin vader were eyn here ho **)
vnd des gudes alfo ryk
dat men nergen fin gelyk
mochte hebben gevunden
to den fuluen ftunden
de fcriuer al to der fchole ging
vnd fo grote lere entffing
aller dat he horde
myd dem fuluen worde
dat he finen fin daran kerde
dat he dat alfouort lerde
darto was he fo togentzam
wor he eyns henne quam
myt tuchten he dat makede
dat men dicke lachede
dat warde fo lange
dat dem fcriuere wart bange
na der werlde fyrheyt **)

*) insgeheim oder lant.   9) fchaffte.   10) ein hoher Herr.
11) Zierde, Ruhm.

ome wart dicke gefeyt
fo felfene ¹²) vrumede mere
de in deme lande were
he fprack to fines vaders knechte
do wal vnd fage my rechte
wat de werlt al fyrheit halt
vnd wo fe fy in vrauden ftalt
kunde my dat yemchman ¹³) fagen
de knecht fprack funt gy my vragen
yk wil jw des berichten wal
wat man vor de beften kefen fal
dar na mach eyn leuen
vnd luft der werlde heuen
dat fint vorften vnd edele hern
de leuen an groten eren
vnd ok to allen tyden
durch luft duftern vnd ftryden
fe hebben durch leue freten mud
vnd an dem lande manige tucht gut
beyde fuluer und golt
dure ftene kleder manigvolt
de fint ftolt vnd vrifch
eyn ander fprack yk geue
den papen hogeren pris
de fyk vlyten ¹⁴) jummermere
an hogen kunften fere
fo leuen fe myd gemake
vnd hebbn nenes dinges brake ¹⁵)
fe vorwernen ¹⁶) myd der lere
van den luden loff vnd ere
kenen ritter vnd knapen
dat befte loff geue yk den papen
nv vnd to allen tyden

12) feltfame. 13) Jemand. 14) befleiffen. 15) haben
an nichts Mangel. 16) erwerben.

do derde fprack yk mach des nicht lyden
vor ritter vnd vor knapen
vnd vor den lerden papen
loue yk de werden vrauwen tzart
gefyret na mynnichliker art
de alle forge fwaken [17])
vnd manige vraude maken
dat mach men alle dage fchauwen
den hogeften pris geue yk den vrauwen
de fcriuer.fprack yk wil nummer rauwen
my duncket an mynes fulues mud
dat kunfte mogen wefen gud
ok fo horde yk fagen
dat my mach wal behagen
vnd der yoget voget wal [18])
dat men tzartzen vrauwen denen fal
vnd nener lude man mer vint
den der de geleret fint
de dat vorwar menen
dat fe houeffchen [19]) vrauwen denen
he ging to deme vader fin
vnd fprack leue vader myn
were dat an juwer gunft
yk lerde gerne groter kunft
do fprack de vader alto hant
yk hedde dy lange gefant
to padawe ydder to paris
wifte yk dat du dinen vlyt
woldeft dar to kern
dat du woldeft lern
de fone louede [20]) ome dat
de vader ging vnd mat
ome beyde fuluer vnd golt

---

17) fchwächen.   18) und es der Jugend wobl geziemt.
19) höfifchen, vornehmen.   20) gelobte.

wente he was ome van herten holt
vnd gaff ome eyn gut teldene pert [21])
vnd hete ome ryden to paris wert
do fin muder dat vornam
al weynende dar fe to ome quam
fe fprack leue fone here
yk vruchte [22]) yk fe dy nummermere
darvmme fo wil yk dy mede geuen
dat du des tobet [23]) mogeft leuen
vifftich gulden de fmt hir
de nym leue kind to dyr
vnd vertere fe to tyden
do fach fe ome drouichliken [24]) van or ryden
he nam or orloff vnd reyt
he wart herde wal beleyt [25])
van vrunden vnd van magen
de one begunden to clagen
wente on was vor ome leyde
vor ener groten heyde
de do fine vrund wern
de heyt he weder toruge kern [26])
he reyt alleyne in godes fegen
do aff reyt he vnder wegen
kramere vnd coplude [27])
dat fage yk jw hude
he grotte fe herde tamelik [28])
fe wern weldich vnd rik
vnd danckeden ome myd vlyten
he begunde myd on to ryden
al in godes namen
reden fe to famen
myd vrauden vnd ok myd yle

21) ein gutes Zelterpferd. 22) ich fürchte. 23) defto bef-
fer. 24) betrübt. 25) gar fehr bedauert. 26) zurückkeh-
ren. 27) Kaufleute. 28) Er grüfste fie fehr geziementlich.

des weges feftich myle
do gingen fe ome aue
fe becoften [29]) grote haue
vnd moften to hus weder varn
he fprack wene god wil bewarn
de ys to allen tyden wal behut
er yk vorterde hir al myn gut
yk rede er alleyne
de junge fcriuer reyne
gar drouelik reyt vth der ftat.
nv moge gy horen wo he bat
he fprack eya vater jefu god
wene du behodeft de ys behot
do dat durch diner namen dry
vnd make my van forgen vry
hen reyt de junge fcriuer
dat ging ome wal na finer ger [30])
funder dat ome was de ftat
alto verne vnd was fpat
to der he ryden folde
de funne ging to golde
do fcrey he euer lud [31])
eya juncvrauwe funte gertrud
do my guder herberge kund
dat yk beholde myne funt
he moyde fyk gar balde
wente he reyt in eynem walde
vnd in eyner groten heyde
dar vmme was ome leyde
vnd begunde fere ylen
wente he hadde groter mylen
dre er he de ftat konde fchauwen

he

he dachte du moſt bir doch rauwen
dat yk dat perd to dode rynne
doch konde yk nicht komen dar ynne
dar vmme wil yk ſachte ryden
do ſach he verne by der ſyden
vth der heyde eyn megetin ⁵²)
driuen lemmer vnd ſwin
in eynes ryken rydders hoff
he ſprack god des hebbe loff
dat yk dar gekomen bin
dar yk lude mach ſyn ³³)
rechte he to dem houc reyt
ome was leue vnd leyt
do he by den hoff quam
dat pert he myd den ſporn nam
vnd reyd gar houeliken dar in
do leyp eyn klene kindelin
vnd ſede dat der vrauwen
ſe ſtunt vp vnd wolde ſchauwen
vnd ging vor eyn klene venſter ſtan
de ſcriuer houeſch vnd walgetan
ſach de vrauwen bouen ome ſtan
ſo eyn roſe deme des morgen ſint upgan
ſine ogen ſpelden ³⁴) do he ſe ſach
to hant de junge ſcriuer ſprach
vnd begunde gruten
myt togentliken worden ſuten
de vrauwen an der ſtunde
rechte ſo he wal kunde
god grute jw edle vrauwe hie
dut wal vnd ſaget myr
wor de here moge ſin
de vrauwe ſprack de here myn

32) ein Mädchen.   33) wo ich Leute ſehen kann.   34) ſpiel-
ten, oder vielleicht: ſpalaten, öffneten ſich weit.

de reyt ouer dreⁿ dagen utz
he folde lange komen wefen to hus
fe fprack hedurte gy fin ycht notlick
he fprack neyn twar vrauw yo bin yk
eyn arm elende fcholere ⁱ⁵)
wil gy my herbergen vmme vnfer vrauwen ere
fe fprack were hir heyme myn here
dat juwer noch twe were
yk herbergede nv alle gerne
he fprack my ys de ftat to uerne
hir vmme edele vrauwe gud
durch vnfer vrauwen willen dut
herberget my man diffe nacht
fine wort weren trouelik vnd facht
de wort begunde he fo houelik to machen
der vrauwen herte to lachen
begunde in orem liue
went he nicht myd kiue ⁱ⁶)
gar tuchtichliken he de vrauwen bat
nv hort wo myⁿnichliken fe to ome fprack
eya vil herze leue kint
yk dede dat gerne went nv fint
de lude alfo vnflicht
dat dar nemant blifft vnvordicht ⁱ⁷)
werlich mochte dat gefcheyn
yk lete yw nicht van hynnen teyn
do de fcriuer horde
an der vrauwen worde
vnd vornam an orer rede
dat fe nicht twyden wolde finer bede
doch he de vrauwen anfach
vnd fprack was nicht wefen mach
yk hebbe dat vth den boken lefen

35) ein armer fremder Schüler.   36) da er nicht trotzend,
fondern höflich bat.   37) ohne Verdacht.

was nicht mach wefen
dar na fal eyn nummer ringen
fal my noch auentlang gelingen
fo bin yk des feker vnd wis
dat wert noch beter wan dat fune is
falt my ok gan wunderliken
fo mot yk van hynnen wyken
yk enkan des nicht vormyden
wente yk mud van hynnen ryden
durch dat holt vnd durch den ftruck
diffe nacht al vth vnd vth
doch wil yk dat ringe wegen[38]
dat ys my nv alfo gelegen
vnd anders nicht mach fin
god fegene jw edele vrauwe fin
wente yk mud van bynnen fcheyden
do heyt fe one beyden[39]
vnd heylt one myt worden lofen
vppe dat fe myd ome mochte kofen
de vrauwe one do angefach
vorwar yk jw dat fagen mach
dat van den tertlichen worden
de de vrauwe van ome horde
went yk jw der warheyt ge
or wart to dem herten we
vnd an dem mute bange
fe hedde gerne lange
dar myt ome gefproken
dat hedde or nicht vordroten
dat fege yk jw al funder wan
do sach he dar komen gan
ouer den hoff eynen knapen fere
de fprack fit wilkomen leue junchere
he fach wal wo yd ome was bewant

38) leicht wagen.   39) bleiben, warten.

dat pert nam he ome vth der hant
be fprack vrauwe fint dit nicht felfen mere
dat one god gefcnt hefft heie
finem vader yk lange gedenet han
de ys fo gar eyn ryke man
dat borge vnd lant fin egen fin
yk bidde jw leue vrauwe myn
dat gy one van diffen auende nergen lan
do fprack de vrauwe walgetan
fo te ⁴⁰) dat pert hin in
fe leyt dem fcriuer fchencken win
molmezie ⁴¹ romaine vnd guden drang
fe fprack wy maken dat altolang
men trage vns dat brot hir in
wolde myn here komen fin
he wxre komen lange
ore fpilden ogen vnd or blaynder wange ⁴²)
van deme fcriuer nicht wolden geyn
fe wolde one fiedelik angefeyn
to hant droch men dat brot hen in
fe fprack ftat up leue her gaft myn
nemet water des ys tyd
yk weyt wal dat gy mode fyt
de fcriuer tohant water entffing
gar tuchtichlike he vor fe ging
fe fprack komet vnd fettet jw her
yk ete myd jw alfo mer
als yk aleyne fete
vnd nicht vel ete
de fcriuer by de vrauwen fatz
fo mynnichlik de vrauwe was
dat fe den fcriuer dar tohant

---

40) zieh. 41) Malvafier. 42) Ihre fpielenden Augen und
blöbenden Wangen.

dat he felfene rede vant
dat fe alle moften lachen
de vrauwe van den fulnen fachen
van ome wart fe gar yntfund [43])
de fpyfe de fe in den mund
gefeken hadde de vorftarff [44])
fin houeffcheyt de vorwarff [45])
dat der vrauwen wait fo we
als de viffche in der fe
de in den angel komen yft
van fulker quale als gy wal wyft
alfo quelede de vrauwe fere
de fcriuer· dachte ach ummermere
wat mach der vrauwen fin
he sprack etet leue vrauwe myn
fe fprack etet vor jw leue her gaft
eyne fake dut my overlaft
wan yk aller vrolikeft fal fin
fo dut my we dat herte myn
we gerne yk by jw fete
vppe dat gy defte bet eten
nv wil dat god alfo nicht han
fe ftund up vnd ging van dan
fe gaff deme fcriuer oren fegen
deme gefinde heyt fe finer plegen
ok fprack fe to den megeden alfo
gat vnd halet deme gafte ftro
vnd nemet beddewant [46]) hir vor
yk wil fluten de dor
heddet ome als eynen hern
wente he wil vro van hynnen kern
fo mach he jw danck fegen
yk mud my to beddo legen

43) entzündet. 44) die erftarb. 45) verurfachte. 46) Betten.

de megede deden wat fe on heyt
do de dach was al vorfcheyt **47**)
men heyt den fcriuer vpftan
vnd heyt one to bedde gan
de fcriuer lede fyk neder
alfo dede dat ingefinne feder
do dat gefinne flapen was
de vrauwe in deme bedde fatz
ore was vil we to mute
fe fprack ryker god vil gute
fal yk hute nicht by eme sin
fo vorlefe **48**) yk dat leuent myn
up ftand de vrauwe altohant
de werde fute mynne fe dar tobant **49**)
dat fe to deme fcriuer ging
myd oren armen fe ene vmme ving
fe fprack eya leue fcriuerere
vppe juwre gnade kome yk here
dat mud yk don durch de nod
juwe junge liff dut my den dot.
al na fe fyk by one lede
nv hore wo de fcriuer fede
eya leue vrauwe her
wat do yk jw wat wyte gy myr
god van hymmele dat wal weyt
han yk ycht geredet dat jw fy leyt
dat ruwet my van herten fere
fe fprack eya myn leue fcriuere
gy hebt my nicht to leyde gedan
doch fo mofte yk to jw gan
vnd vruntliken myd jw kofen
vnd breken myd jw de rofen

47) verfchieden, verfchwunden. 48) verliere. 49) die
Liebe vermochte fie dazu.

vppe der mynnen velde
eya myn vthyrwelde [50])
fal yk myn leyt vortriuen
fo mud yk nv by jw bliuen
to hant de junge fcriuer fprack
eddele vrauwe hebt juwe gemack
vnd latet juwe fchimpent fin
fe fprack leue broder myn
wat folde des luften my
dat vk aldus queme to dy
an diffe nacht alleyne
werliken yk dat meyne
wo temede my dat yk folde vpftan
vnd hire to juwe bedde gan
vnd bidden des myn wille nicht erwere
dat wern felfene mere
he fprack eddele vrauwe gud
yk bin juwe egen dar vmme dut
aldat gy nicht willen lan
tohant ore kuffent vnd ore vmmevan
den jungen fcriuer dar tohant
det he de vrauwen nam by der hant
vnd lede fe in den arm fin
do was ome vraude worden fchin
gar mynnichliken fe vmmevangen fyk
des geweten nicht kan yk
vnd neyn man tovullen reden
wo leffliken de twe deden
ouer wat fe dar daden
des enkan yk nicht entraden
doch fege yk jw als yk vornam
do yt an den dach quam
vnd fe allebeyde entfchlapen warn

50) Auserwählter.

vnd hadden des vil kleyne varn
dat de werd gekomen was
vnd in deme houe aff fatz
vnd ore brodere twe myd ym
he fprack to finem knechte nym
de, perde vnd vore fe hen yn
do fprack he to den fwegern fin
wal an ga wy in dat hus
do quam de maget tegen ome vth
fe entffeng de knapen ftolt
de wert de fprack men hale vns holt
vnd make vns eyn gud vur to hant
noch was den twen de flap bekant
do fe begonden in gan
vnd dat hedde fegen ftan [51])
vnd quemen alle gegangen
do lege de twe al vmme bevangen
vnd wern al na to famende komen
vnd hedden fyk lefflik vmme nomen
dat fe alle hedden gefworn
dat dar nene twe in dem bedde warn
eyn grot vur wart dar gemaket
de wert vragede finer maget
we in deme bedde were
fe fprack dat ys eyn fcriuere
tauent [52]) he de herberge bat
juwe knecht finem vader denet hat
de fecht fin vader fy eyn fo ryke man
dat ome borge vnd lant fin vnderdan
do fprack de here latet one vngewecket
de vrauwe hadde vth der decken ftrecket
orn arm dat men ore fach
tohant de jungefte broder fprach

51) ftehn fahen.   52) zu Abend.

IX. Studentenglück.

ſege leue ſwager myn
ſegeſtu jw eynen arm ſo ſin
ſo du mochſt ſchauwen dat ſege yk dir
van witter hut als hir
he ſprack ſwager yk ſege dy dat
dat nenen luden ys bat [53])
ſe en doruen nicht vele ſorgen
vnd ok nicht borgen
dat mach wal weſen ore hogeſte qual
wo ſe ſchonen vrauwen denen wal
de broder ſprack tohant
ſe leue broder welk eyn wit hant
ſegeſtu jw ene hant ſo ſuuerlick [54])
he ſprack ſwager weyſtu nicht
dat ſcriuer weke hende han
wente ſe gripen ſelden an
axen vnd hauwen
dar vmme lat din ſchauwen
vnd lat ome hebn ſin gemack
de wert to der maget ſprack
lat dine vrauwen upſtan
vnd lat ſe hire vorgan
de maget in de kemenaden ging
dat bedde ſe al vmme vmmeving
ſe ſprack vrauwe ys jw worden bat
to hant begonde ſe to denken dat
do ſe dar nicht inne lach
vil ſere ſe to vorſcrach
ore herte dat was leydes vol
wente ſe merkede wol
dat ſe by deme ſcriuere lach
van leyde gaff ſe ſyk manigen ſlach
ſe ging weder vor de dore

53) daſs keinen Leuten beſſer iſt.   54) ſſuberlieh.

he fprack kumpt fe noch nicht hir vore
fe fprack here yk fage jw datz
dat ore tavende gar we was
doch wil fe fchere [55]) hir vor gan
do fach fe dar enen difch ftan
dene difch droch fe vor de glut
fe fprack yk mud deme fcriuer wefen gut
yk fe wal dar de wint weyt
vnd de royk one nicht flapen leyt
de lift hadde fe bedacht
dat fe or vrauwen hedde van dannen bracht
do fe eyne wile feten
der vrauwen fe nicht vorgeten
do fprack de wert horftu
wo lange flept din vrauwe nv
ga vnd hete fe hir vth gan
de maget mofte ouer vpftan
ore hende fe yamerliken want
eyne kerfe [56]) nam fe in de hant
fe ging anderwerne hen in
de kerfen kleuede fe by eyn venfterlin
fe fette fyk vppe dat bedde bret
fo yamerlike als de juncvrauwe bert
myd ruwen vnd myd clagen
dat yk jw des nicht halff kan fagen
dat dede fe nicht ouer lud
yk mene myn vrauwe funte gertrud
de de fcriuer des auendes an bat
de gaff der juncvrauwen eynen rat
dat fe ging weder vor de dore
vnd fprack fe kumpt fchere hir vore
fe deyt fyk vafte an
yk mud in den hoff gan

55) fchier, fehr bald.　　56) eine Kerze.

yk weyt wat de varken mach erren
yk hore fe vnfte gerren [57])
de maget ging to hant hen vth
vnd leyp fnelle vinme dat hus.
to der kemenaden venfterlin
vnd grep fuuerliken dar in
de kerfen nam fe in de hant
vnd leyp dar fe de fchune [58]) vant
fe ftack de kerfen in dat dack
fe leyp weder in vnd fprack
to yodate [59]) hute vnd jummermer
de hern lepen vth tegen er
vnd lepen in der fchunen want
de maget leyp in dat hus tohant
vnd weckede up de vrauwen gut
do fe fach de groten glut
do vorfcrack fe alfo fere.
vnd on wunderde beyden wo yd dar vmme were
vnd togen fyk fnelliken an
de maget fede or wat fe hedde gedan
wo ore man vnd ore broder komen was
vnd aller by deme fure fatz
de fchune tohant geleffchet wart
de vrauwe des ok nicht enfpart
gar fnelle fe hen vth ging
dene wert vnd ore brodere entffing
de ene broder fprack alfo
wo biftu alfo vnvro
fe fprack yo wil dat god aldus han
fe begunden weder in dat hus gan
de fcriuer hadde fyk bereyt
de kleder hadde he angeleyt

57) girren, grunzen.   58) die Scheune.   59) Ueber die-
fen Ausruf, der fo viel als: zu Hülfe! bedeutet, f. Scherz's
Gloffur, unter Jodute.

de wert fprack we hefft jw gewecket
gy mochten wal wefen vorfcrecket
truwen fprack de fcriuere
dat fint felfene mere
dat yk fo fere flapen han
dat dyffs allent ys gedan
vnd diffe vur ys gemaket
vnd yk bin nicht entwaket
de wert fprack gy mochten alle fin vorbrant
god hefft vns hire honne 60) gefaut
dat wy geleffchet hebt de fchune
hus hoff hedde gebrant vnd de fchune
do fprack de wert to deme fcriuere
leue her gaft fettet jw here
de fcriuer mofte fyk dar fetten
leydes wolden fe vorgeten
dre dage bat he one tohus
dat he reyt myd ome uth
dat he one wolde laten nerne
de fwegere myd ome reden gerne
wal dre dage fe uthe wern
do begunden fe weder kern
do fe aldus weder reden
hemelik fprack he fine beden
der he plach her de fere
in funte gertrudis ere
do fe quemen in ryden
des de vrauwe plach to allen tyden
ok fe des do nicht enleyt
de vrauwe fe alle willekomen heyt
alfo fe to allen tyden plach
god wet wal wene fe leueft fach
dar wern fe alle vraudenrik

60) hier hin.

de edele vrauwe togenlik
deme fcriuere begunde uaken
de mynnichlike vrauwe ffin
gaff ome eyn golden vingerlin
myd 'edelen duren fteyne
dat koftede wal der marke teyne
in der fuluen ftund
kuffede he de vranwen vor oren munt
fe fprack eya leue fcriuere
yk bidde jw dat gy diffe mere
nemande openbarn
wen gy willen weder to hus varn
fo komet weder to myr
do antworde he der vrauwen fchir
yk weyt wal was yk fwygen fal
vmme grep he de vrauwen fmal
nicht lenger dorfte he dat machen
fe fchededen fyk myd lachen
doch fe beyde leyten
dat water vthe den ogen vleten
de vrauwe doch fyk van ome want
he reyt dar he den hern vant
vnd danckede ome myd gantzer vlys
he reyd hen to parys
vnd wart an kunften eyn groter man
wan he to der lexion folde gan
ome were wal ydder vnfachte
myd vruntheyt he yo der vrauwen dachte
de ome gut hedde gedan
deme god noch der falde gan
deme mach an houeffchen dingen
noch rechte wal gelingen
nv hebbe yk jw de mere gefaget
vnd heyt de truwe maget
de durch truwe nv vruchteden dot

des bidde wy alle den leue god
vnd de edelen vryen
de milden moder marien
dat vns nummer werde fchin
der ewygen helle pin
vnd wan wy komen an den dach
dar fyk neyn man vorbergen mach
he enmute vor gerichte gan
dat wy an truwen vafte ftan
als diffe maget orer vrauwen
was an oren denfte truwen
de helpe yns allen de mylde god
durch finen bittern tod
vnd durch fine hilgen dre namen
nv fpreket alle amen.

---

*fcriptum in liuonia per manus Iohannis poft crea-
tionem mundi 7231.*

X.

GESPRÄCH

IN PLATTDEUTSCHEN REIMEN

ÜBER

GLÜCK UND UNGLÜCK DER LIEBE.

———————

AUS EINER HANDSCHRIFT.

X.

GESPRÄCH

IN PLATTDEUTSCHEN REIMEN

ÜBER

GLÜCK UND UNGLÜCK DER LIEBE.

AUS EINER HANDSCHRIFT.

Nachstehendes kleine Gedicht ist aus eben der, in meinem Besitz befindlichen Handschrift genommen, welche die übrigen hier von mir gelieferten Stücke in niedersächsischer Mundart enthält. Die ausländische oder hochdeutsche Quelle davon weiss ich nicht anzugeben. Am Schluss steht: *Scriptus in liuonia per man9 Johannis*, 1431.

Ich was aynes dages also vrye
dat yk myner vrauden amye
vnd mynem leyde orloff gaff [1])
vnd dede my alles trorens aff [2])
twar to der suluen tyd
beyde vere vnd wyt
myn gemute was tostrowet [3])
doch hadde yk my gevrowet

1) Urlaub gab, verabschiedete, 2) und mich alles Trauerns entschlug. 3) zerstreuet.

R

des jares dat tokomende was +)
in deme jare vorbas
quam yk vff eynen schonen plan
dar sach yk eyne linden stan
dat yk by alle myne tyde
ene linden nv so wyde
hedde geseyn noch so grot
vnder der linden eyn borne vlot
dar ouer sat eyne vrauwe kluch
ore hende se vth deme borne wroch *)
de wern or wit vnd kleyne
to or ayn ander vrauwe reyne
to dem sufuen borne ging
ene de andern schone entffing
do se syk beyde hadden ewagen 6)
begunde ene de andern to vragen
myd kortewyle se de tyt verdreuen
vnd by eyn ander in vrauden bleuen
yk hebbe eyn leyff sprack de eyne
wan yk dat an see so ys kleyne
myn leyt vnd myn vngemack
to hant de ander vrauwe sprack
histu eyn de der leyff hat
so saltu yo an differ stat
my elenden weten lan
went yk nv neyn leyff gewan
ysst ane leyff myr
beth sy ydder myt leue dyr *)
do sprack weder de leues gert *)
mynem leue bin yk so wert
dat yk ome geue hogen mud

4) der kommenden schönen Jahrszeit.   5) wusch.   6) sich
gewaschen hatten. S. Scherz unter zwahen.   7) ob
mir ohne Liebe, oder dir mit Liebe, besser sey, es besser
gebe.   8) die der Liebe begehrte, ergeben war.

ſo ys dat herte ſin ſo vrot
dat he prys vnd ere begeyt
vnd let ſyk ſeyn in wapen kleyt
durch mynen willen he dar na ringet
dat he my yo klenade bringet
dat he myd ritterliker dat
in mynem denſte yrworuen hat
ſe wat vraude yk denne han
wan yk ſe dene vor my ſtan
de my ys leyff vnd yk ome alſamen
vnd de ok in mynen namen
ſtete in hogenmote leuet
vnd ſyk des nummer ſchemet
wor men denet vrauwen ffin
dar wil he jummer de ene ſin
ſe der vraude biſtu vorlan
wultu leues weſen an ⁰)
ſo moſtu ,des yrwegen dy
de ane leyff ſprack hore my
yk hebbe ſtete vrauden vil
mer wen yk dy ſagen wil
vnd vrage na nenen dinge
wen dar yk na vrauden ringe
vnd wil an my der gemenne began
durch war ¹⁰) ſolde yk enen leyff han
mer wen den andern dar by
yk hebbe mer vraude dat yk bin vry
wen yk enen to leue kore
vnd de ſulue denne van my vore,
ſo were myn leyff to leyde worden
clagen ſorgen were myn orden
ys dat yk leues nicht enhan
ſo bin yk ok leydes vorlan ¹¹)

9) wenn du ohne Liebe ſeyn willſt. 10) warum. 11) Ha-
be ich nichts Liebes, ſo hab' ich auch kein Leides.

vnd leue in vrauden to aller tyt
dat leuent my mer vraude gyt
wen dat yk leues mangil
wer vſſ der leiten angel
behafft ¹²) der wert leues hart
wen he myd leue leydes wart ¹³)
de halm wert ome ok vorgetogen ¹⁴)
worde he den noch nicht betrogen
dat mochte he gerne hebben vorgut
wente leue ys alſo gemud
dat ſe manigem gnade' vorſeyt ¹⁵)
de durch ſe heſſt nod vnd arbeyt
geleden twar to maniger ſtund
vnd wert ome nicht ore hulpe kund
ſo mud he ſyk lones irwegen ¹⁶)
wat vraude mochte he denne plegen
went juwe leuent iſt alſo
ene wile trvrich ene wile vro
ſo bin yk ſtete vrauden rick
twar vnſs leuent ys vngelick
was ane leyſſ dat ys myn rat
do ſprac weder de dar leyſſ hat
twar dine ſynne ſin dy crang
dat ys de beſte anevang
aller vraude we leues pleget
alle ding he geringe weget
wo mochte ſin herte mud han
de nv herte leyff gewan
wen reynes wiues gute

12) wer am Angel der Liebe haftet, hängen bleibt.   13) dem
fällt die Liebe zur Laſt, wenn er mit ihr Leid ertragen muſs.
14) Ein Andrer gewinnt ihm den Vorzug ab. Den Halm
ziehen, erklärt Scherz: ducto calamo ſortiri. Daher die
noch von dem Gegentheile gebräuchliche Redensart: den
kürzern ziehen.   15) verſagt.   16) des Lohns begeben.

genat ¹⁷) eyn hoch gemute
wo mochte my jummer beth gefin
wen fo yk fee dat leyff myn
dat mynen herten wol behaget
vnd mv finen kummer claget
vnd yk ome weder al men leyt
vnd wij dat don myt fteticheyt ¹⁸)
fo wert vnfe vraude gros
dat wij werden forgelos
vnd manich vruntlik wort
wert van vns gehort
dat anders nemant kan gedenken
men fut blicken vth ogen fchencken
alfulker vrauden biftn eyn gaft ¹⁹)
wen du neynen leyff haft
datu krygeft ²⁰) weder my
dar an bedregeftu fuluen dy
du falt vorbat din krigent lan
de ane leyff fprac nv hore an
du heft vil vraude dat ys war
dat ys over felden int jar
wen du eyne wile by ome bift
vnd dy aller leueft yft
fo fchut ²¹) van jw eyn fcheyden
dar van jw ok beyden
wert jamer not vnd fende ²²) clage
hute vnd ok alle dage
eyn ytlick herte fyk fo geenet ²³)
alfinen dat vor hefft gewenet
fo ys my allet bat ²⁴)

---

17) geniefst. 18) Beftändigkeit. 19) Alle folche Freuden
find dir fremd. 20) ftreiteft. 21) gefchieht. 22) trau-
rige. 23) vereint fich fo. 24) fo ift mir allezeit beffer
zu Muthe.

wen yk my genogen lat
vnd bin van nichte vro
myn gemute steyt also
stete vro in ener achte [25]
wen yk anders nicht betrachte
den wo yk vraude yrkennen moge
de mynem herten wal tovoge [26]
so wert dy we tohant
wen dy din herte vormant [27]
dines leues vnd denckest dar hin
dar din herte vnd ok din sin
tomale licht vorborgen
so mostu ok besorgen
din leyff wor yd in deme lande vert
wenich du weyst [28] wo yd vertert
sin leuent in leue ydder in leyde
so leue gy in sorgen beyde
he besorget dy [29] vnd du one weder
also licht iuwer beyder vraude neder
vnd sint to allen tyden sorgen rick
twar vnss leuent yst vngelick
so bin yk vro dat gantze yar
so mostu den troren dar
na dinem leue myd groter pin
de leues plach sprac nv lat sin
dinen krich [30] weder mich
wente he ys vavrüntlich
yk sege dy warlich dat
my ys eynes dages hat
wen dy in enem gantzen jare sy [31]
ok sege yk dy dar by

25) in Einer Richtung, Fassung.   26) die meinem Herzen
genehm sey, wohlthue.   27) erinnert.   28) wenn du nicht
weifst.   29) ist in Sorgen für dich.   30) deinen Streit.
31) mir ist an Einem Tage besser, als dir im ganzen Jahre.

wen yk mynes hertzen leyff an' fee
dat helpet my van allem wee
ok vorgete ³²) yk aller nod
vnd al myn troren dat ys dot
minet forgen verlete yk
hute fo vorgete yk
aller myner forgen fwere
alle myn troren dat yft vere ³³)
dat yk lange gehauet han
wen yk myn leues leyff fe an
fo heftu my gefeyt
du hebheft wer leyff ydder leyt ³⁴)
yk wolde twar leydes plegen
er yk my leues wolde vorwegen ³⁵)
yk fpreke vnd rade in mynen mud
men fal teyne ouelle lyden vmme eyn gud
des fullen wy vnfs krygent lan
went yk nicht rechte weten kan
welker leuent beter fy
des ys leyff myn hogefte vry
wente an myn ende ftetelick
myd enander vorenet fyk
do ftund yk dat my orer neyn enfach ³⁶)
to mynes fulues herten yk do fprach
rat my wat yk do
dat reyt my dat yk ginge hyn to
yk worde licht myner forgen an
yk grette fe ³⁷) yk dummer man
fe dankeden my gar funder fpot
yk dachte twar dy hefft god :
her gefant vff diffe heyden

---

38) vergeffe. 33) das ift fern von mir. 34) weder Liebes
noch Leides. 35) eh' ich meiner Liebe entfagen wollte.
36) Da ftand ich fo, dafs keine von ihnen mich fah. 37) ich
grüfste fie.

fe do begunden fyk to fcheyden
leyffich myd ores herten gir
de eyne vrauwe fprack to myr
wat fochftu vil dummer knape hyr
gnade vrauwe yk wil iu geyn [38]) vil fchir
eynes dages als yk vor fynne!
durch myner vrauwen mynne
bin yk kome hir her
do fprack to my de wunnenber [39])
nv ga eyn wenich vorbat [40])
fo kumftu vppe eyne ftrat
der volge fe treyt dy nergent aff [41])
gar togentliken fe my gaff
orloff to der fuluen ftund
dat my dat fcheyden ny wart kund
dat clage yk gode yk arme man
want yk noch alle tyd mud erre gan.

38) jähen, fagen.   39) Die Frendebringende, Fröhliche.
40) fürbafs, weiter hin.   41) fie trägt, führt dich nirgend
abwärts.

FRAGMENT

EINER

NIEDERSÄCHSISCHEN ERZÄHLUNG.

———

AUS EINER HANDSCHRIFT.

XI.

FRAGMENT

EINER

NIEDERSÄCHSISCHEN ERZÄHLUNG.

AUS EINER HANDSCHRIFT.

Auch diefe, am Schlufs mangelhafte, Erzählung
ift aus der nämlichen Handfchrift genommen, wel-
che die beiden vorhergehenden Stücke enthält. Ein
Ritter kommt in eine fremde Stadt, und läfst fich
von einem Bürger die Frauenzimmer in derfelben
zeigen, unter denen er des Bürgers Frau für die
fchönfte erkennt. Ihr zu Ehren fodert er Jeder-
mann zum Zweikampf auf; es erfcheint ein Geg-
ner, der ihn fchwer verwundet. Der Bürger be-
redet feine Frau, fich feines kranken Freundes an-
zunehmen, der ihr bei diefer Gelegenheit feine Lie-
be erklärt, fich von ihr das Eifen aus der Wunde
ziehen läfst, und von Stund an genefet. Bald dar-
auf fteigt er Nachts in ihr Fenfter. Sie erfchrickt,
und will ihm forthelfen. Plötzlich fällt er wie todt
nieder, und wird den Tag darauf zu Grabe getra-
gen. Die Frau geht bei feinem Leichenbegängnifs,
wie es fcheint, in die Kirche; und vermuthlich er-
wacht der Ritter in dem Verfolge der hier abbre-
chenden Erzählung von feinem Scheintode, und ge-
langt zum Zweck feiner Liebe.

Ich solde wunfchen mochte dat wefen
wat men van herte leue mach lefen
vnd van der futen leve fo tzart
na der werlde finne vnde art
befcheden wil myd worden
dat fteyt an allen orden
wo eyner vrauwen to mute was
als yk vthe deme boke las
wat or to vrauden wart getalt
mvd truwen fe dat gar vorgalt
diffe vorrede wil yk nv laten ftan
vnd wil difs boek nv heuen an
dat was eyn ritter vnd eyn degen
des liues was he gar vorwegen ¹)
he vorwarff ²) durch vrauwen minne
vil manige blut rynne
vnd vil manige bittircheit
to vrauwen denfte was he jw bereyt ³)
vnd dede yo dat befte
wat he to vrauwen denfte wifte
de fulue ritter quam gereden
vff euenture nach finen zeden ⁴)
in eyne vromde ftad
dar one nemant heyme enbat
vnd was dar vnbekant
eynen borger den he vant
ome duchte he hedde en er gefeyn
to dem borger begunde he fyk theyn ⁵)
vnd rekende myd om de kunde
vnd ome rad geue wor he vunde
de alderfchonften vrauwen
de borger fprack wille gy de fchauwen

---

1) Er war verwegen mit feinem Leibe.   2) achtete nicht.
3) immerdar bereit.   4) nach feiner Sitte, Gewohnheit.
5) zu wenden.

dat ys morne eyn hillich dach ⁶)
als yd wal weſen mach
ſo kan yk ok myd wincken
vnd myd ogen blincken
gar in korter vriſt
vff de alderſchonſten de dar yſt
do he de rede alſo vornam
do wart he gar eyn vrolick man
do dat an den andern dach quam
he ging rechte vor de dore ſtan
dar de papen ſungen
vnd de vrauwen to der dore indrungen
eyne vrauwen he dar ſach
ſin herte do vil vraude plach
vnd hadde geſeyn nv bilde alſo clar ⁷)
de ritter nam der vrauwen war
ſiner ſynne hadde ſe one berouet
vorwar des gelouet
ſe druch har vff dem houede goldegelik
dar vppe eyne binden erentrik
ore mund de ſtund in roſen var
rechte ſam ⁸) de roſen dar
geſtrowet weren in rode
dat brachte den helt in node
to den ſyden ſmal to mate lang ⁹)
ſe hedde eynen weydeliken gang
de borger ſprack deme ritter to
eya wolker duekeyt ¹⁰) jw nv
de alderſchonſte vrauwe
weſen by rechter trauwe
gy muten my der warheyt geyn ¹¹)

---

6) Morgen iſt ein heiliger Tag.   7) wie ſolch ein ſchönes
Gebilde.   8) als ob.   9) ſchmal von Taille, und ſehr lang
von Wuchs.   10) dünket.   11) jähen, ſagen.

yk weyt dat wal gy hebt geseyn
hir so manich tzartze liff
de ritter tugede [12]) vff des borgers wiff
ok bat one de borger mere
dat he fin gaft were
dat vorfede [13]) ome de helt
wente fin herte was gequelt
nach der vrauwen nacht vnd dach
went dat de elende man
herberge wan
alder nogeft by der vrauwen
vffe dat he fe mochte schauwen
vrw ydder spede [14])
wor fe in deme wege trede
vff dat fe one grotte
vnd ome fine fwere botte
de ritter reyp vth [15]) ouer all
dat yd in der ftat fchal
yfft one yement durfte beftane
in vullem wapene ydder ane [16])
myd deme wolde he to velde komen
in zyden hemden hebbe yk vornomen
dat vorhorde eyn dummer [17])
de brachte den helt in kummer
myd torne dat he vff one ftack
dat ome dat fper in der fyden aff brack
do wart he bleyk de vor was roth
vp hoff men den ritter vor dot
dar quam to ome vil manich man
fines herten trud dar nicht enquam

---

12) zeigte, oder vielmehr zeugte, fagte aus.   13) verfprach.
14) früh oder fpät.   15) rief aus.   16) mit oder ohne Rü-
ftung.   17) dumm fcheint für dummkühn, verwegen,
zu ftehen.

de borger ſprack der vrauwen to
wultu dat durch mynen willen don
vnd gan to deme manne de dar yſ gewunt [18]
de vrauwe ſprack he yſ my vnkund
yk weyt nicht wat yk dar don ſal
he dut ane myne hulpe wal
de borger ſprack yk en weyt in diſſer ſtad
nemande de dar mach bat
ome geuen yenigen troſt
dar mede he moge werden geloſt
ane van dy vrauwe here
ſee dyt ys myne lere
yk wils van dy nicht entbern
du ſalt my diſſe hede wern [19]
de vrauwe ſyk nicht mer werde
ſe hoff ſyk vppe de verde
do ſe aldar quam
de ritter was eyn vro man
do he ſe ſach in ſulker wiſe
ome duchte he were in dem paradiſe
de ritter de vrauwen ſchone emffing
vnd de maget de myd ore ging
ynd ſprack dat ſe neder ſeten
de vrauwe begunde ſweten
dat quam van orer gute
yſſt [20] ſe were in eyner groten glute
ſe ſprack leue here gy ſint ſere gewunt
gy weren my vil leuer geſund
dat weyt criſt de alder reyne
de hefft de gewalt alleyne
de mach jw helpen bat
wen [21] yk arme vrauwe nv wetet dat

---

18) verwundet.   19) dieſe Bitte gewähren.   20) als ob.
21) beſſer, als.

he fpraqk yk bin diffe ftund
durch eyn werde wiff gewund
let my. de vorderuen
fo wille yk gerne fteruen
yk mud in yamer feryen
wille gy my van deme dode vryen
fo teyt [22]) my dat yferne vth der fyden myn
ydder yk mud des dodes fin
de vrauwe werde fyk harte
de ritter vnd de vil tzarte
de ftund van fwete nat
de maget .fprack wat fchadet jw dat
fe brochte fe dar an myd groter nod
de hant fe ome to der fyden bot
vnd toch ome vth dat yfern
des wil yk fe jummer pryfen
deme ritter men eyne arften wan [23])
eynen vil gute man
de makede one in korter ftund
myd faluen heyl vnd wal gesund
dar na warde dat nicht lang
dat one de leue fere dwang
myd gedancken alfo vorwegen
to enem venfter quam he ingeftegen
dor de vrauwe by orme werde [24]) lach
vnd fleyp fe vil fere yrferach
he grep vff fe vil linde
de wert vnd fin gefinde
wern entflapen vafte
dat was leyff deme gafte
fe fprack we biftu
de my nv wil tu

dat

dat bin yk edele vrauwe tzart
de durch jw vorwundet wart
de vrauwe des vil fere yrfcrach
rechte fam eyn donreflach [21])
van leyde fe fyk roffte
. eyn fyden hemede fe an floffte [26])
vnd ging vth deme betde
vnd welde den wert nicht wecken
went dat fe den vromeden man
brocht hedde weder van dan
myd armen fe one vmme veng
wo dat god an or vorheng
vnd myd armen one vmme flot
or leyde woren fere grot
dat was eyne grote nod
de ritter vel neder vnd was dot
dat fpreke yk by mynem eyde
der vrauwen wart gar leyde .
fe kunde one van dannen nicht getragen
ok dorfte [27]) fe des nemande fagen
yodoch fo fpreken de wyfen
. nod brecket yfern
eyn bret fe vth der want gewan
dar vp lede fe den doden man
vnd brachte one in fin bedde weder
dar na lede fe fyk neder
dat des neymant wart enwar
in deme hus al ane var
wen [28]) de maget de myd ore was
als man vns in deme boke las
dat gefchach des morgens vro
de knechte fproken orem heren to

---

25) wie über einen Donnerfchlag.   26) fie fchlüpfte fchnell
in ein feidnes Hemde.   27) durfte.   28) anfser.

vnd de kamer lude reyp
den langen ſlap he leyder ſleyp [29])
do des de werdinne wart enwar
eyn tept [30]) leyt ſe bringen dar
ſine beſten knechte
houen ene vp myd rechte
vnd drugen one in de kerken ſeder
vnd ſetten one dar neder
myd leſen vnd myd ſingen
vnd ok myd guten dingen
de vrauwe ſyk des an nam

—   —   —   —   —

29) Er ſchlief leider den langen Schlaf, d. i. er war todt.
30) Tepte für Tapete, Decke.

XII.

ZWEI
ALTDEUTSCHE LEHRGEDICHTE:

1.

SANT THOBIAS SEGEN.

2.

KATO DES MAYSTERS RAT.

———————

AUS EINER HANDSCHRIFT.

XII.

ZWEI

ALTDEUTSCHE LEHRGEDICHTE:

1.

SANT THOBIAS SEGEN.

2.

KATO DES MAYSTERS RAT.

AUS EINER HANDSCHRIFT.

Diese beiden, so viel ich weiß noch ungedruckten Gedichte befinden sich in einem handschriftlichen Quartbande der Herzogl.-Wolfenbüttelischen Bibliothek (226 Extrav.) S. 70 ff., der außerdem noch einen „Kurzen Begriff einer Reformation des „heimlichen Gerichts in Westphalen v. J. 1429 durch „Kaiser Sigismund" und sonst noch ziemlich unbedeutende Sachen, Recepte zum Kochen und Arzneien u. s. w. enthält. Die Handschrift ist auf Papier in kl. 4. und in beiden Gedichten sind die Schriftzüge die nämlichen. Zwei gereimte Verse sind immer in Eine Zeile gesetzt; z. B.:

Der gut her sant thobias   Der gotes weyssag was
Seinen sun er sant   So fer in fremde land

Nur daß der Anfang des zweiten Reims allemal mit einem großen roth durchstrichnen Buchstaben bezeichnet ist. Auf den Schnitt der Blätter ist die

Jahrzahl 1469 gefchrieben; auch kommen fonft hie
und da, nur nicht bei diefen Gedichten, die Jahr-
zahlen 1464, 1466 und 1470 vor. Leicht aber
möchten diefe beiden poetifchen Stücke felbft noch
ziemlich viel älter feyn.

Von dem erften Gedichte finde ich keine Spur,
dafs es fo, oder in einer andern Einkleidung des
Inhalts, jemals gedruckt fey.

Die Ueberfetzung von des angeblichen *Diony-
fius Cato moralifchen Sprüchen* ift allem Anfchei-
ne nach viel älter,[1] als die bekannte und oft ge-
druckte von Sebaftian Brant, *) von der fie
ganz verfchieden ift. Diefe hier ift auch weniger
vollftändig. Es liegen dabei hauptfächlich nur die
im Original den Verfen vorangehenden kurzen la-
teinifchen Sentenzen zum Grunde, und einige von
den Diftichen, die hie und da ausgehoben find.
Nach Herrn *Panzer's* Angabe (*Annalen d. ält.
deutfch. Lit.* S. 56.) befitzt Herr Heidegger in
Zürich noch eine gedruckte blofs deutfche Ueber-
fetzung diefer Sprüche, die älter ift als die Bran-
tifche. Sie fängt an:

> Es was ein maifter wol erkant
> Herr kato was er genant.

Von der gegenwärtigen befindet fich auch eine
Handfchrift in der Vatikanifchen Bibliothek, wo-

---

*) Ausgaben derfelben von verfchiedenen Jahren findet
man in *Panzer's Annalen d. ält. d. Lit.* angeführt. Ich
habe eine dort nicht nachgewiefene vor mir, die zu
Nürnberg, 1512, 4. von Hieron. Höltzel gedruckt ift.

von der jüngere Herr **Adelung** *) die erften Zeilen anführt:

Hetten die kundigere
Gute rede gewere
Wa fi di horten fagen
Wolti fi darzu betagen
Oder tugentlichen
Von dem mer weichen.

Es wird dabei noch angemerkt, dafs fich auch in der Churfürftl. Bibliothek zu Dresden ein Gedicht mit der Ueberfchrift finde: *Gar ein köftenlicher catho, den ein weyfer heyden gemacht hat.*

1.

SANT THOBIAS SEGEN.

Der gut her fant thobias
Der gotes weyffag ¹) was
Seinen fun er fant
So fer in fremde land
Das er des wennen wolt ²)
Das er jn nimmer mer gefechen folt
Gar trurenklichen er von jm fchied
Jm was fein fun viil lieb
Vmb jm was jm vil lait
Er fant jn wol viertzig tag waid
Da er jn fach vor jm ftaun
Ain fegen wart über jn getaun
Der von hertzen gut was
Wan er naütz ³) dar an vergafs

*.) *Altdeutfche Gedichte in Rom*, (Königsb. 1799. 8.) S. 315.
1) Weiffager, Prophet.   2) fo, dafs er faft wähnte, glaubte.
3) nichts.

Er fprach der got dem naútz verborgen ift
Vnd des aigen du bift
Der muſs dich behüten
Durch fein veterlichen gietin
Vber veld vnd durch walt
Vor aller not manigfalt
Vor hunger vnd vor durft
Vnd vor befem geluft
Vor hitze vnd vor frören
Got miefs dein gepet erhören
Vnd miefs dich haben fchone *)
Vor dem gechen *) totte
Du. fchlaffeft oder wacheft
Auf veld in holtz oder vnder dache
Dein veint werden genidert
Got fend dich gefund her wider
Mit vil rechtem mut
Mit leib vnd mit gut
Gefegnet fei dir der weg
Alle ſtrauffe °) vnd fteg
Da vornen vnd da hinden
Got durch fein haylig fünf wunden
Der fei dir baiden halb neben ')
Vnd mufs dir guten frid geben
Vnd pfleg auch deiner gefert
Vnd fieg *) dir gut wirt
In dem gotes frid far
Der hailig gaift dich bewar
Dein hertz fei dir ftainin
Dein leyb fei dir bainen
Dein haupt fei dir ftechlin *)
Der himel fei der fchilt dein

---

4) dich bewahrt, verfchont halten.　5) jähen, fchnellen.
6) Strafse.　7) der fey dir nahe zu beiden Seiten.　8) ge-
währe, verfchaffe dir.　9) ftählern.

Die helle fei vor dir verfpert
Alle wauffen [10]) fei vor dir verirt
Das paradeis fei dir offen
Alle wauffen fei vor dir verfchloffen
Das fi dich müffen meiden
Das fi dich nit verfchneiden
Der maun [11]) vnd auch die funne
Die leichten dir mit wunne
Die heiligen zwelff boten [12])
Die erren dich vor gotte
Das ich dich on not feche
Alles lieb müfs dir gefchechen
Mein her fant fteffan
Der got ze himmel fach ftaun
Zu feinefs vaters gerechten hant
Da er fein not vberwand
Der geftand [13]) dir jmmer bey
Das dir defter bafs fei
Mein her fant Johannes
Pfleg deines heiligen namens
Die vier evangeliften
Die weifen dich das befte
Nun müfs dich befchirmen
Mein fraw fant maria
Vor aller armute
Mit ires kindes gute
Das behüt dich vor aller not
Vnd vor dem ewigen tod
Vnd pfleg deins leibs vnd deiner felle
Vnd deiner weltlichen ere
Sant oftwalt deiner fpeis pfleg
Sant gerdrut dir gut herberg geb
Rain küfch fei dir dein leib
Hold fei dir man vnd weib

10) Waffen. 11) Mond. 12) Apoftel. 13) ftehe.

Gut rat můfs dein werden
Vnd geches todes nit erfterben
Zu got můfeft du felig fein
Alfo fegnet er den fun fein
Vnd fant jn da zu jercho.
Des ward er her nach vil fro
Alfo můft du gefegnet fein
Des helff dir vnfer trechtin [14])
Vnd gotes mutter die frei
Mein fraw fant mary
Nun gefegen dich got heůt
Mit abels fegen gotes trut
Sein opffer got fo wol gefiel
Vnd was feins hertzen fpil
Vnd mit dem fegen enochas [15])
Der got fo recht lieb was
Das er jn in das paradeis nam
Mit leib vnd mit fele dar kam
Nun geb dir got noes fegen
Der got mit trůen wolt pflegen
Den er fo fchon behut
Vor dem der fin flucht
Got fegen dich mit dem fegen ftet
Den er abraham dett
Vmb das er jm was gehorfam
Da er mit dem fun auf den berg kam
Nu gefegen dich Got heůt
Mit dem fegen Jacobs traut
Vnd mit dem fegen Yfaias
Der gotes weifsag was
Nu gefegen dich got mit jofeps fegen
Vnd můfs deines leib pflegen
Als Jofeph von jm was behůt
Da man jn verkauff vnd gut

14) **Frau,** fonft auch der **Herr.**   15) **Henoch's.**

Du seiest gesegnet mit dem segen,
Damit der almechtig got
Die hailigen drey künig segnet
Casper Balteser Malchior
Auch segen dich got mit
Dem Segen damit er segnet
Die drai kind sydrach mysaach abdenago
In gotes namen amen.

Sant maria geruch empfachen ditz gebete von mir
Mer dann alles das lob
Das jr wirdt erboten
In himel vnd auf erde
Von menschen vnd von Engeln amen.

————————

2.
KATHO DES MAYSTERS RAT.

Weren die kündigere
Guter red nit gesere
Wa si die horten sagen
Vnd weltent sy dar zu getagen
Oder aber tugentklichen
Von den merren schleichen
So welt ich jungen lewten
Geren lesen vnd betewten
Weise ler vnd guten rat
Die ain vil weiser haiden hat
Durch zucht vnd durch beschaidenhait
Vngelerten lewten berait
Er was ein remmere *)

1) ein Römer.

Wie er ain Haiden were
Er was doch wiffent reich [2])
Vnd redet criftem gelauben gelich
Baides fpat vnd fru
Das noch manger criften tut
Der da ain maifter wanet wefen
Wan er ze fchul hat gelefen
Von getüfche [3]) vnd von kriege
Wie man die welt betrüge
Vnd an mangen fachen
Recht zu nichten machen
Des endet doch der heide nicht
Des nun laider vil gefchicht
Werder liegen noch triegen
Noch zu vnrecht kriegen
Sein lob was wait erkant
Er was Katho genant
Wer nach feiner lerre fert
Der hat fich fchanden erwert
Süs [4]) vieng er an vnd fprach
Do er die gute lewte fach
Die verirret werren durch irren tummen fitten
Da wol jch varen mitten
Ob ich jn geb fehlichen rat
Das fi vberren [5]) mifetat
Vnd nach erren ftrebten
Vnd tugentlichen lebten.

Er fprach vil lieb funne mein
Wilt du mir gefolgnig fein
Du magft von meiner lerre
Gewinnen gut vnd erre
Lob vnd hör mein gebot

2) reich am Wiffen.   3) Täufchung, Betrug.   4) So.
5) übergehn, vermeiden.

Vernim es recht durch got
Wer liſet das er nit verſtat
Wie gar er ſich verſaumet hat *)
Flůch 7) got mit ſinen
Dein fraind ſolt du minen
Hab deinen maug 8) vnd dein fraind lieb
Such den marckt vnd flaich den diepp
Mit guten lewten wandel vnd leb
Behalt vil wol was man dir geb
Kum nimmer an den rat
Da man dich nit hin gebeten hat
Bis rain vnd grieſs die lewt
Dein elich weib die treit 9)
Dein greſſern ſolt du entwiohen
Vertrag dein vngelichen
Bis deinen maiſter vndertan
Groſs ſcham ſolt du han
Du ſolt dein ding wol bewarn
Das fremd ſolt du laſsen varen
Du ſolt dein haus beruchen 10)
Den weſchel 11) ſolt du ſuchen
Siech wem du borgeſt
Das du dar nach ſorgeſt
Du ſolt vil geren 12) gelten
Hab wirtſchafft ſelten
Du ſolt ſchallen zu maſse 13)
Das dich das gut nit lauſse
Du ſolt nit hochzerren 14)

---

6) vernachläſſigt.   7) Soll flech, flehe an, heiſsen.
8) Maug für Mag, Blutsverwandte. S. Scherz's Gloſſar.
9) treiten oder trewten, traulich umfaſſen. S. ebend.
10) beſorgen, wofür auch ruchen gebraucht wird.
11) Werkzeug zum Waſchen, Reinigen.   12) Geren
ſcheint für gern zu ſtehen, und der Sinn zu ſeyn: du ſollſt
gern viel gelten.   13) du ſollſt mäſsigen Ruhm ſuchen.
14) Scheint für hochzeiten, Gaſtmale geben, zu ſtehen.
Im Lateiniſchen: Convivare raro.

Vnd dar nach koft werren
Als du werdeft reich
So betrag dich frümtklich
Hab es faft kum es alfo
Vnd bis fo du zereft [15]) fro
Schlauff nit viel durch trägkait
Vnd behalt wol gefchworen ayd
Mifch den wein zebant
Vnd ftreit vmb deins vaters land
Lau dir vnftete weib vnmer wefsen
Du folt die buch geren leffen
Behalt wol was man dir fage
Lerren zucht deine kind alle tag
Du folt dich fenft machen
Zürn nit one fache.
Spotte auch niemmans von nichte [16])
Bis geren an gerichte
Vnd wa man deding [17]) hat
Vnd rat da den beften rat
Du folt nit glauben den befen
Spil mit ainem kloffen [18])
Würffel vnd fpilbret folt du fliechen
Den buchen zu ziechen
Du folt dein hufs beruchen
Du folt weder fchelten noch fluchen
Hab mit fenffte deinen zorn
Vertrag von dem du bift geboren
Den myndern folt du nit verfchmechen
Durch dein krafft nit vergechen
Wer dir hat wol getaun
Du folt jn des geniefsen laun
Du folt dich auch erbarmen
Stetiklich über die armen

15) zuerft.   16) um Nichts, ohne Urfache.   17) Te-
ding, gerichtliche Verhandlung.   18) Kräufel. Siehe
Scherz. Lat. Trochum fuge.

Sprich recht vrtail
Dein zung ſey dir nit fail
Geſtand vnrechts nemmant bey
Wie lieb dir der fraind ſey
Wach den tag vnd ſchlaff die nacht
Das geit dir ſinne vnd macht
Zu vil ſchlaffen iſt ain gewonhait
Nach vil ſchlaffen iſt lashait berait
Bis ob deinem diſche fro
An fremder ſtat du nit alſo
Bey fremdes wirtes prot
Hiet deiner red genot ·
Merk recht was der wirt tu
Vnd ſchweig gar ſtil dar zu
So der wirt frage dich
So anwurt vnd ſprich
Schweigen iſt ain groſse tugent
Baidn an alter vnd an jugent
Fluch niwe mer ¹⁹)
Bis nit ain ſager
Schwigen ſchadet kainem man
Vil klaffen wol geſchaden kan
Du ſolt mit kainem man
Mit rede kainen ſtreit han
Du ſolt auch zu keiner zeyt
Wider dich ſelbe haben ſtreit
Wie lieb es dir ſei daz du laſt
Des du groſsen ſchaden haſt
R uchdich ²⁰) was dein weib ſage
So ſi von den knechten klage
Weib haſent oft ainen man
Dem der wirt wol gutes gan
Maneſt du ainen fraind zevil
Des er dir nit ſogen wil
Iſt er dir lieb wie er tut

19) Fliehe neue Mähre.   20) Pekümmre dich um das.

So man jn doch ob es fei gut
Lan dir nemant fo lieb fein
Das du icht vergeffeft dein
Hat dir iemant gehaiffen icht
Das folt du zwainen geloben nicht
Wan man vnderweile gelobet vil
Des man doch nit geben wil
Lobe dich jemant zu hage ²¹)
So merck ob er dir war fage
Vnd gelaub jnn nit bas dan dir
Deines felhes loh gar verbirg
Lan dich merren nit ze vil
Ob jemant bey dir raunnen wil ²²)
Welcher man ift felber bas
Der furcht hinderkas ²³)
Wer des guten ift vberladen
Der hiet fich al zeyt vor fchaden
Das anegeng vnd das ende
Hat oft miffewende ²⁴)
Seit vns allen ift gegeben
Ain hartz vngewiffes leben
So fetz dein zuverficht
An aines anders tod nicht
Deines armen fründtes gählin ²⁵)
Lan dir dancknem fein ²⁶)
Vnd lob jn fellenklicher ²⁷)
Dan ob er wer reicher
Wan du ward nackent geborn
So lan dir nit wefen zorn
Ob dir dein armut

Vnder-

²¹) zu deinem Behagen.
nicht zu viel vorfchwatzen.
derkofen, afterreden.
Ausgang. ²⁵) kleine Gabe.
feyn, nimm fie mit Dank an.
plene et laudare memento.

²²) Lafs dir von Ohrenbläfern
²³) üble Nachrede, von hin-
²⁴) Mifsgefchick, fchlimmen
²⁶) lafs fie dir danknehmig
²⁷) völliger, mehr noch

Vnderweyllen prechen [28]) tut
Wilt du furchten den tod
So muſt du leben mit not
Tuſt du deinem frainden gut
Ob er dir da übel tut
So ſchuldig got nit da mit [29])
Verzeich jn auch ſo er dich bit
Wilt du ainem leichen icht [30])
Des gelob du zwirot [31]) nicht
Der mit red geleich ſeyn kan
Vnd dir übel im hertzen gan
Dem tu du alſam
So betrügeſt du den man
Du ſolt nemmant hinderreden icht
Des doch laider vil geſchicht
Wer kind hat vnd arm iſt
Der ſol ſy lernen ainen liſt [32])
Mit dem ſi erwerbin
Das ſi nit verderhin
Was dich tunket miſetaun
Des ſolt du nemmer guten wan
Wan dem lerrer nit wol an ſtat
Tut er das er verboten hat·
Er iſt nit weiſ der des begert
Das man jm zu recht entwert
Welch ding dir ſei on erkant
Das ſag nit denn die des kunt hand
Seit vnſer vngewiſſes leben
Wonnet in ſo gewiſſen ſchäden [33])
So lich das dein lon ſei berait
Welches tages du leideſt arbait
Macht du deinen geſellen angeſigen [34])

28) Gebrechen verurſacht, zur Laſt iſt, 29) gieb Gott da-
von nicht die Schuld. 30) etwas leihen. 31) zwiefach,
32) eine Kunſt. 33) *Quum dubia in certis verſetur vita
periclis.* 34) über ſie ſiegen.

T

Du folt doch weilen [35]) vnder ligen
Mit denften mannigfalten
Sol man den fraind behalten
Du folt den des klainen dings gewerren
Von dem du wilt des grefern geren
Mit fo getaunen fachen
Solt du dir früt machen
Gebe deinem zorn kainen frift
Mit dem der dir zu gnaden kumen ift
Befer has gebirt den zorn.
Aus eben hälle wurdet lieb geborn.
Wan dein gefind erzürn dich
So tu das es nit geraẅe dich
Wer hat getultigen fiten
Dem fulget hail vnd erre mit
Du vberwindeft mer mit giet
Dan mit zorn vnd mit vngemüte
Behalt das wol mit weifhait
Das du gewineft mit arbait
Wem fein arbait kumet zu fchaden
Der mufs mit forgen fein vberladen
Lan got den himmel achten
Auf erde folt du trachten
Du fol mit lofsbuchen [36])
Gotes willen nit verfuchen
Wilt du kindig werden
Zepawe [37]) die erdin
Das fi dir fruchtig wefe
So folt du virgilius lefen
So tu mater kuntfchafft
Würtz krüter vnd ander krafft
Wilt du aber di fine
Kerren an weibes minne
Das bit dich nafonem zerleren

Vnd züchding nach erren
Vnd hab lieb vor allen dingen got
Das iſt mein lern vnd mein wort
Du ſolt vermeiden
Has vnd neiden
Dem er nit anderſt tut
Den machet er doch vngemut
Doch muſs der frum leiden
Haſs vnd auch neide
Der man iſt werd zu aller friſt
Die weil er milt vnd genedig iſt
Vil ding verdirbt
Das man nit entlichen wirbt
Lan dich der arbait verdrieſsen
Der du nit magſt genieſsen
Du ſolt deinen feinden nicht verzeichen
Was du on ſchaden macht geleichen
Ob du nit ſtarck biſt
So lerren weiſhait vnd liſt
Macht du dain zway wol han
So biſt du ain ſtarck man
Wan eſs dir kummerlichen ſtat
So hab deiner fraind rat
Wer ainen guten froind hat
Der iſt ain gut artzat
Du ſolt ainen reichen
Nit ſuchen ſicherlichen
Such den der frum ſei
Dem macht du lang weſen bei
Schlauff auch das dein mut
Vor beſen gedencken ſey behut
Wilt du das dich minne got
So hab nit alter lewt ſpot
Wan den alten volget mite
Gerren küntlicher ſite[31])

31) kindiſches Betragen.

Vil ſtille ſchweig vnd getage [39])
Vnd merck recht was man bei dir ſage
Die leit dent dir kund
Ir ſiten mit etlicher red zer ſtund
Des todes winſchet niemant
Dan wer das leben ſchmechen kan
Dir ſei zeloben nit zegach
Das es dir nit gerew hernach
Lob zemaſſe ainen man
Der deinen ſchaden nie gewan
Dir wirt kunt in kurter friſt
Wie er dein guter fraind iſt
Wen dein ding wol ſte
So lug das es dir nit miſege
Als dir miſſelinge
So hab gut gedinge
Du ſolt mercken zu manger ſtund
Das dir weiſhait werde kund
Wer nit kan der iſt vnwerd
Des kunſtloſen niemant begert
Wer truren ſchweigen kan
Mit dem nim dich nit ſchimpſſes an [40])
Siech das du ſchier lauſt [41])
Den krieg da du nit recht hauſt [42])
Du ſolt ſchier entweichen
Wa du nit macht geleichen
Den freind du nit verlieſſen ſolt
Der dir wölle weſſen holt
Wie reich du werdeſt über in
Doch nim ſein tray in deinen ſin
Gewineſt du reicher ain ampt
So laib dich zu mit wan du macht
Die fraind du dan kaiſſeſt [43])

39) Ga tage n oder gedagen, ſchweigen. 40) Mit dem
laſs dich nicht in Scherz ein. 41) unterlaſſeſt. 42) haſt.
43) erkieſeſt, beibehältſt.

So du das ampt verleiſeſt
Du ſolt der knecht ſchonen
Die dir denen vmb deinen lonen
Gedenck das er auch iſt
Ain menſch als du ſelber biſt
Die ſchelck ſolt du meiden
Wilt du nit ſchaden leiden
Nim war wie der ſit ſei
Dem du wölleſt wonen bey
Es ſey diern oder knecht
Sy ſeien neidig oder ſchlecht
Si ſchaffent mengen zorn
Das beſer wer wer es verborn
Du ſolt dein ding zu dem erſten beſechen
So mag dir nit miſegeſchechen
Du ſolt nit lang dar nach ſtreben
Das ſchier von dir muſt geben
Von den gelerten lerren
Die vngelerten lerren gerren
Was dir ſei vnerkunt
Das frage du vnd lerren das geren vnderſtunt
So gewineſt du deſter mere
Gut vnd auch ere
Wie wol du gelernet biſt
Du ſolt doch vben den liſt
Du muſt den liſt treiben
Söllen ſi dir beleiben
Des der man nie began
Iſt wunder ob er es wol kan
Pfligt ain man gut gewonhait
Das würt jm nimmer laid
Gewonhait iſt bey dem man
Wie er lebt oder was er kan
Des der man gewonhait hat
Es iſt wunder ob er es lant

Tuft du icht in deiner tabefucht **)
Wider jemant der da haben zucht
Das folt du befern fo es gefchicht,
Verfchmech kainen feind nicht
Es war nie nemant fo fchwach
In mut doch der fein vngemach
Wilt du felig werden
In himmel vnd auf erde
So meide böfe weib vnd fpiel
Das verderbet jung leit vil
Irre weib vnd gefellefs liebin
Machen mangen man ze diebin
Sie ftifftent raub vnd mord
Sie fend des tüffels hort
Dar nach des weines trunckenhait
Geit groffen fchaden vnd laid
Den lewten auf erde
Nemant fy leib gut vnd ere
Si nement in die fele gar
Auch fun folt du nemmen war
Das du drinckeft in der maffe
Das trunckenhait dich laffe
Leib gut ere vnd fele
Was fol jch dir fagen mere
Tuft du es es ift dein felikait
Hie mit fei dir genug gefait
Ich mag nit lenger hey dir fein
Got miefs dein pfleger fein
Vnd nim non dein felber war
Vnd wünfch das jch wol gefar.

   Hie hat katho ain end
   Got vns fein gnad fend.

44) Tobefucht, Jachzorn.

XIII.

AUSZUG

AUS

SEBASTIAN BRANT'S

NARRENSCHIFF.

———

NACH DER AUSGABE,

AUGSBURG, 1495.

XIII.

AUSZUG

AUS

SEBASTIAN BRANT'S

NARRENSCHIFF.

NACH DER AUSGABE,
AUGSBURG, 1495.

Die Literatur diefes Gedichts, auf die ich
mich hier nicht einlaffen will, findet man in denen
Schriften ziemlich vollftändig, welche Herr *Kock*
in der zweiten Auflage feines *Compendium's der
deutfchen Literaturgefchichte*, S. 148 f. nachgewie-
fen hat. Ich bemerke nur, dafs die Ausgabe, die
ich vor mir habe, und die auch Hr. Schaffer *Pan-
zer* in feinen *Annalen der ältern deutfchen Literatur*,
S. 220, Nr. 409 anführt, wo jedoch 1495 für 1595
zu lefen ift, nach der dort geäufserten Vermuthung
diefes trefflichen Bibliographen, ganz fo ift, wie
er die fpätere Schönfpergerfche von 1498, S. 235
befchreibt. Ob indefs beide Ausgaben von der im
J. 1494 gedruckten Bafeler Ausgabe, die man bis-
her nur noch als die ältefte kennt, abweichen, und
fchon Verlängerungen von fremder Hand ent-
halten, bin ich nicht im Stande mit Gewifsheit zu
entfcheiden. Am Schlufs fteht auf einem eignen

Blatte vor dem Regifter folgendes Kolophon: „*Hie
endet fich das neü fchiff aus Narragonia So zu nutz
heylfamer ler. ermanung. vnd ervolgung. der weifs-
heyt. vernunfft vnd guter fytten. Auch zu verach-
tung vnd ftrauff der narrheyt. blintheit. Irfal vnd
torheit aller ftät. vnd gefchlacht. der menfchen. mit
befunderm fleifs. müg. vnd arbeyt. gefamelt ift. mit
merer erlengerung. vnd fcheinbarlicher erklerung.
durch Sebaftianum Brant In beyden rechten doctorem.
Gedruckt czu Strafsburg auff die Vafenacht. dye man
der narren kyerchweich nennet. Im jar nach Crift-
geburt Tufent vierhundert vier vnnd neütig. Vnd
dar nach gedruckt aufs dem felbigen Strafsburgerfchen
exemplar zu Augfpurg in der keyferlichen ftat von
Hannfen Schönfperger Im jar nach Chrifti vnfers her-
ren geburt Tufent vierhundert fünff vnnd neüntzig-
ofien. Am fumpftag vor vnfers herren auffart.*

Die Veranlaffung zur Hauptldee diefes Gedichts
fcheint aus der Stelle im 106ten Pfalm genommen zu
feyn, welche, nach der lateinifchen Ueberfetzung
der Vulgata, mit gröfsern Buchftaben gedruckt,
als Motto über der kurzen Vorrede in Profe fteht,
die faft nur Umfchreibung des Titels ift. Am
Schlufs diefer Vorrede ftehen wieder diefe Worte
des gedachten Pfalms in folgender deutfchen Ueber-
fetzung:

„*Das fındt dye fich wagen auff das mer in fchiffen
tunde jr weerck in vil waffern. Sy fieigen auff*

bis gen den hymel vnnd fallen wider ab biſs zu
dem abgrund, jr ſele was verſuncken in narr-
heit. Sy ſindt betrübt worden vnd bewegt gleich
wie druncken vnnd all jr weiſsheit iſt ver-
ſchluckt. Sy haben geyert in der eynöde, in
dem waſſ·rnregen haben ſy nit ſunden den weg
der 'ſtat jrer wonung, jr ſel hat in juen abge-
nomen. "

Eine andre Stelle aus dem Buche der Weisheit,
Kap. 14, „Du haſt geben in dem Meer einen Weg"
u. ſ. f. wird jener beigefügt.

Auf der Rückſeite dieſer Vorrede folgt ein Holz-
ſchnitt, in zwei Felder abgetheilt. In dem obern ein
mit Narren beladener Wagen, mit der Ueberſchrift:
das narren ſchyeff, und darunter, auf Noten ge-
ſetzt: *gaudeamus omnes.* In dem untern Felde ein
groſses und zwei kleinere Schiffe mit Narren. Auf
dem groſsen winkt einer aus der Geſellſchaft den
übrigen zu; und darauf ſcheint ſich das Wort her-
nach zu beziehen, welches zwiſchen dem groſsen
Schiffe und dem nächſten kleinern Fahrzeuge ſteht.
Ueber und unter dieſen Abbildungen ſtehen fol-
gende Verſe:

Der mag wol vom glückrad ſagen
Der im ſchiff oder auff wagen
Nit mit will faren oder zefuſs gon
Der hat ſein ſtim nit zwiſchen gton.

Hierauf folgt eine Vorrede oder Einleitung in
Verſen, worin geklagt wird, daſs, ungeachtet der

allgemeinern Verbreitung der Bibel dennoch fo viel
Thorheit in der Welt fey:

> Des hab ich gdacht zu dyfer frift
> Wie ich der narren fchiff auff rift
> Galleen, füft, kragk, nauen, prack
> Keelweinig hornach reifchif ftarck
> Schlytkarren, ftofsberen, rollwagen *)
> Ein fchiff möche die nit all getragen
> Die jetz fint in der narren zall
> Ein teil kein für hant überall
> Die ftieben zuhar wie die ymmen.

Ein Narrenfpiegel, meint der Verfaffer, würde da-
zu dienlich feyn, dem Thoren zu der ihm nöthigen
Selbftkenntnifs zu verhelfen:

> Dann wer fich für ein narren acht
> Der ift bald zu eim weifen gmacht.

Er verfpricht, jeder Art von Narren ihren Spiegel
vorzuhalten, und den ganzen Lauf der Welt darzu-
ftellen.   Auch verfpricht er fich den Beifall der
Weifen, und achtet des Zorns und Haffes der Tho-

---

*) Lauter Benennungen von Fahrzeugen verfchiedner Art.
Galleen find Galeren; Füft, im Franzöfifchen *fute* oder
fufte, leitet Menage von *fuftis* oder *fufta* her, und er-
klärt es von niedrigen Ruderfchiffen; Kragk ift ein
Kauffartheifchiff, im Franzöfifchen *caraque*, f. das Brem.
Niederfächf. Wörterbuch, unter Karakke; Nauen für
Nachen, f. Frifch unter diefem letztern Worte;
Prack für Barke; Keelweinig, oder Kielweilig,
wie die neuern Ausgaben lefen, ohne Zweifel von Kiel,
das oft als Keel vorkommt; Reifchiff, vielleicht ein
Schiff mit mehrern Reihen von Ruderbänken; Schleyt-
karren, vermuthlich Schleifkarren, oder eine Art
Schlitten; und Stofsbern, ftofsbare Wagen, oder
von beren *(to bear)* tragen.

ren nicht. Sie alle zu ſchildern, habe ihm nicht
wenig Mühe gekoſtet:

> Wärlich han ich on arbeit nicht
> Zuſamen ſo vil narren bracht
> Ich hab etwan gewacht zu nacht
> Do die ſchliefen der ich gedacht
> Oder villeicht bey ſpyl vnd wein
> Saſſen vnd wenig gdachten mein.

Auch das weibliche Geſchlecht werde hier die Schil-
derung ſeiner Thorheiten antreffen, und er achte
des Unwillens nicht, den er ſich von demſelben zu-
ziehen werde, und den er auch ſchon über die er-
ſte Bekanntmachung ſeines Buchs erfahren habe.
Wer ſich etwa damals nicht darin getroffen gefun-
den habe, werde ſein Bild nun ſchon darin finden.

Zuerſt von den Büchernarren, unter welche ſich
der Verfaſſer ſelbſt mit begreift:

> Den vortantz hat man mir gelan
> Dann ich on nutz vil bücher han
> Die ich lyſs vnd nit verſtan
> Doch wer ich in der mucken ſchon. „

Alſo gleich zu Anfange des Buchs ſelbſt,

1. Unnutze bücher.

Der Büchernarr ſelbſt wird redend eingeführt,
und er geſteht, daſs er viele urnütze Bücher geſam-
melt habe, wovon er viele weder verſtehe noch
brauche. Er ſpottet über die Nothwendigkeit der
Büche., deren man, ſelbſt im gelehrten Stande, gar
wohl entrathen könne.

> Vil ſint doctores an der zaJl
> Wenig gelerter überall.

Am Schlufs diefes Abfchnitts kommt er auf die Buch-
druckerei:

> Danck hab die heilig truckerei
> Die hat vil gelehrter leut gemacht
> Wiewol fy yetz wirt gantz veracht.

2. Von guten retten.

Klagen über die Vernachläſſigung des Rechts
und guten, weifen Raths, wobei dem Richter feine
Pflicht vorgehalten wird:

> Gedenck das der kein richter fey
> Wem nit gerechtikeit wont bey
> Vnd er fich billich des befcham
> Wer im zu eygt eins richters nam
> So im gerechtikeit gebrift
> Richten vom recht entfprungen ift.

Gar oft wird der Streit nicht gefchlichtet, fondern
nur noch mehr angefacht:

> Im ratt man dick ein ander mant
> Do mit die zweynis werden gfpant.

Billig follte der Richter Gottes, als unfer aller Rich-
ters, eingedenk feyn:

> Wie du richft mich vnd ich richt dich
> Als würt er richten dich vnd mich.

3. Von geitigkeit.

Ueber die Thorheit derer, die vielen Reichthum
fammeln, um damit zu geizen, und feiner nicht ge-
niefsen:

> Es hat kein weifer ye begerdt
> Das er möcht reich fein hie auff erdt
> Sunder das er lert kennen fich
> Wer weife ift der ift me denn rich.

Die Thorheit und die übeln Folgen des Geizes
werden geſchildert:

Geydt iſt ein falſch erfarerin
Wie ſy nutz hab vnd heimlich gwinn
Des offnen raubs ein geyrlich ſchlundt
Sy würt erfüllt zu keiner ſtundt
Wann ſy nit hat iſt ſy verflucht
Ye me ſy hat ye me ſy ſucht.

Mit gröſserm Reichthum wächſt der Geiz nur im-
mer mehr; und wer reich iſt, muſs von ſeinem Ver-
mögen nützlichen Gebrauch machen:

Reichtum die ſoll man bruchen recht
Gleich wie man brucht ein ſtoltzen knecht
Gelt'ſoll man halten ſo auff erd
Das nit der knecht dein meyſter werd.

4. *Von neuen funden.*

Hierunter ſcheint B r a n t neue Erfindungen, be-
ſonders in Moden und Kleidertrachten zu verſtehen,
deren damalige Beſchaffenheit man aus ſeiner Schil-
derung kennen lernt:

Yetz hand die weibiſchen geuch gelert
Vnd ſchaben all tag jr zwilckbacken *)
Sie waſchens das ſy werden ſchmacken
Vnd ſchmieren ſy mit affenſchmalz
Vnd tund entblöſſen nack vnd halſs
Vil ring vnd groſse kettin dran
Als ob ſy vor ſant lienhart ſtan
Der menſchen bald thut enbinden
Das er ſein kettin nimmer kan finden.
Mit ſchwebel, hartz, biſſen **) das har

*) Die Backen oder Wangen, als Zwillinge.
**) biſſen, aufpuffen, empor ſtehend machen.

Darein fchlecht er dann eyerklar
Das es jm fchifselkorb werde krufs
Der henck den kopff zum fenfter aufs
Vnd hlaycht das har bey funnen feür
Dar vnder werdendt leüfs nit teür
Die treügen yetz wol in der welt
Das tut all kleyder feind voll felt
Rock, mentel, hembder vnd bruftuch
Pantofel, ftifel, hofen, fchuch,
Wild kappen, mentel, vmblauf dran. *)
Der teüdtfch fitt will gantz auffgan.
Man wirt fchier buftab fchreiben dran
Das man fech an der lyberey
Was gfchlecht der narren yeder fey.
Dann treit man kurtz, dann lange röck,
Dann groffe hüt, dann fpitzig mit eck.
Dann örmel lang, dann weit, dann eng,
Dann hofen mit vil farb vnd fpreng.

Befonders eifert er wider das kurze Abfchneiden
oder Befchroten der Röcke:

Pfuch fchand der teütfchen nacion
Das die natur verdeckt will han
Das man das blöfst vnd fehen lat
Darumb es leider übel gat.

Auch den geiftlichen Stand beftraft er wegen feiner
Kleiderthorheit:

Man fech yetz pfaffen münch prelaten
Wie fy im feltzen kleidern watten
Vnd ketfchen **) ein teil auff der erd
Vnd gont mit feltzem weifs vnd gberd
Den leyen fy fich glichen wend

Die

*) umberlaufende Borten.
**) fchleppen.

Die kleider hinden ſeind zertrent
Vnd müſſen han ein langen ſpalt
Des es kein zier hat noch geſtalt
Man muſs jn ſehen wamſs vnd hoſen.
Die hofzuch bringen die frantzoſen.

So rügter auch die breiten Spitzen der Pantof-
feln, womit ſie die Gaſſen kehren. Auch zeigt er
die ſchlimmen Folgen ſolcher Moden, z. B. des
Haarkräuſelns:

Kal wirt der kopff der kruſhar treit,
Het Abſolon hein har gehan ,
Er wer gehangen nit daran.

5. *Der altt narr.*

Ein alter Geck wird hier redend eingeführt, der
gern noch der Welt mit genieſen möchte:

Aber der pflug iſt mir gezogen
Durch mein zwilchback ſeiten vnd augen
Vnd hat mir runtzeln eingefiert
Die ich mit kytzen netz hab geſchmirt.

In der Folge wird aus der biblifchen und weltlichen
Geſchichte eine Menge von Namen ſolcher Männer
genannt, die noch im Alter ſtark, weiſe und
brauchbar waren.

6. *Von ler der kind.*

Ueber die Achtloſigkeit der Eltern gegen die Er-
ziehung ihrer Kinder; über ihre Unbilligkeit gegen
Lehrer derſelben, welche Strenge brauchen, oft
auch aus Geiz die ſchlechtern Erzieher wählen; auch
über das gewöhnliche Miſsgeſchick der Kinder, die
ihre Väter früh verlieren, und nun von ihren Müt-
tern erzogen werden:

U

> Es geradt warlich gar felten wol
> Wann ein wittwen erziechen fol
> Ein kind das es recht wol gerot
> Das ift funder gab von got

Bei diefer Gelegenheit preift Brant feine Mutter
als eine Ausnahme von diefer Regel.   Sehr gut fagt
er von dem unnützen Vorzuge adlicher Geburt:

> Dann anfang, mittel, end der ere
> Entfpringt allein aus guter lere.
> Ein löblich ding ift edel fein
> Aber frömd ift es vnd nit dein
> Es kumbt von dein eltern har.
> Ein koftlich ding ift reichtum gar
> Aber das ift des glückes vall
> Das auff vnd ab gang wie ein ball.
> Ein hübfch ding der welt glory ift
> Vnftatbar doch, dem alzeyt ghrift.
> Schamheit des leibes man vil acht
> Wert ettwan doch kum über nacht.
> Gleich wie gefuntheit ift vaft lieb
> Vnd ftilt fich ab doch wie ein dieb.
> Grofs fterck acht man für koftlich hab
> Nymbt doch von kranchheit alter ab.
> Darumb ift neützig vnd ötlich mer
> Vnd bleiblich bey uns dann die ler.

7. Zwitracht machen.

Unart der Leute, die uns gegen andre Argwohn
beibringen, wenn fie es gleich mit der Wendung
thun, dafs es ganz unter uns bleiben müffe; denn
folch einer

> — wills in beichts weifs han geton
> Das nit verweifung kum dar von
> Vnd wil neützt mit zu fchaffen han

Dann er es vnder der roſen het
Vnd in dein eygen hertz geredt.

Man merkt aber bald die Abſicht eiues ſolchen Auf-
mutzers:

Man ſicht gar bald am weſen an.
Was einer ſagt vnd ſey ein man
Wann er mit lip lap teding kumpt
So merck im wol an zu ſtund
Ob es gang aufs eim guten grund.

Aus dem Akerthume werden verſchiedne Beiſpiele
von den ſchlimmen Folgen der Zwietracht erwähnt;
und diefs iſt noch immer der Fall:

Diſcordia hat Epſel vil
Die ſy noch ettwan vnderweill
Würfft zwiſchen freund vnd gut geſellen
Das ſy jr freintſchafft ab tunt ſtellen
Als ſy verwürt die drey geſpylen
Die inen ſelbs ſo wol gefielen
Das yede ſich die hübſte meint
Bifs Parifs ſye dar aufs beſcheint.

8. *Nit ratts pflegen.*

Von der Pflicht, in bedenklichen Fällen ver-
nünftige Leute um Rath zu fragen, und ihrem Ra-
the zu folgen:

Wer nit mag han das man in lert
Dem gſchicht recht was jm widerſert
Wer nit gein hat das man jm rat
Dem gat es wol wie es jm gat.

9. *Von böſen ſytten.*

Die Rede iſt vornehmlich vom guten Anſtande
im äuſserlichen Betragen, wobei auch über die Ver

nachläffigung des fittlichen Wohlftandes in der Klei-
dung geklagt wird:

> Man kann kein rock me recht antragen
> Man muſs in über die achſel ſchlagen
> Die ermel nemen in die hand
> Do mit der leib vorn oſſen ſtand
> Als würt die welt gereitz zu ſchand.

Und in der Folge:

> Beſſer iſt haben gut geberd
> Denn allen reichthum auff der erd
> Vſs ſitten man gar bald verſtat
> Waſs einer in ſeim hertzen hat.

10. *Von waren freünden.*

> Freündſchaſſt iſt ein faſt mechtig band
> Vnd kreſftiger in frömden gwand
> Dann zwiſchen gſybten *) freünden dick
> Das ſchaſft das diſes kumpt von glück
> Das einer dein verwanter ſey
> Aber aus eygnem willen frey
> Wirt auſserwelt ein gſellig freünd
> Solch minder ab zu keren ſeindt
> Das ſy ein freünd in nöten loſſen
> Dann tuen dick die blutes genoſſen.

11. *Nit globen der geſchrift.*

Ueber den Glauben, welcher der Bibel gebührt,
und die Nothwendigkeit eines frommen Verhaltens.

12. *Nit vor bedencken.*

Wie nothwendig es ſey, alles, was man unter-
nimmt, vorher wohl zu überlegen, um ſein Verfah-
ren in der Folge nicht bereuen zu dürfen:

*) geſippten, nahe verwandten; daher Sippſchaft.

Wer in der that gutt anſchlag kan
Der muſs ſein ein erfarner man
Oder hat das von frawen gelert
Die ſind ſolch rates hochgeert
Ein frantzos ſein ſach vor zu richt
Ein lambard iſt gut in der gſchicht
Die teutſchen machen jr anſchlag
Wann mans nit widerbringen mag
Vnd ſind gar weiſs nach der geſchicht
Dar vor gedencken ſy ſich nicht
Des ſpot man jr in manchem gdicht.

13. Von bâolern.

Venus wird redend eingeführt, und erzählt ver-
ſchiedne Beiſpiele von ihrer überliſtenden Gewalt:

Cupido treit ſein bogen blofs
Auff yeder ſeit ein kocher grofs
In eim hat er lang hacken pfyl
Do mit trifft er der narren vil
Die ſeint ſcharpff, gulden, hacket ſpitz
Wer troffen wirt der kompt von witz
Vnd tantzt har nach am narren holtz
Im andern kocher vogelboltz
Seint ſtompf, mit bley beſchwert, nit leicht,
Der erſt macht wund, der ander fleucht.
Wen trifft Cupido, den entzündt
Amor ſein bruder das er blindt.
Das ſeint zuay böſe huren kindt,

14. Von vermeſenheit.

Von der trieglichen Sicherheit derer, die ruhig
fortſündigen, und ſich auf Gottes Barmherzigkeit
verlaſſen.

15. *Narrecht anschleg.*

Beftraft vornehmlich die Thorheit der Bauluft,
und der Unternehmungen ohne Kräfte und Vor-
bedacht:

Wer kaufft ein vor gebauwnes Hauſs
Der giht fein gelt nützlich aufs
Den halt ich für ein weifen man
Der jm mit gelt frid fchaffen kan
Er gwinnt dann das halb daran.

16. *Von braffern.*

Ueber unnützen Aufwand, Schwelgerei und
Liebe zum Trunk:

Wer nachtes fitzt beim vollen mon
Der ficht felten die fonn auff gon.

17. *Verachtung armut.*

Eym yeden glaubt fo vil die welt
Als er hat in feiner tafchen gelt

Ohne Geld gelangt man, bei allen Verdienften, zu
keinen Ehrenftellen:

Wär noch in leben Salomon
Man liefs jn in den rat nit gon
Wann er ein armer weber wär
Oder jm ftünd fein feckel leer.

18. *Dienft zweier herren.*

Thorheit derer, die vielerlei Gefchäfte über-
nehmen, und keines recht abwarten:

Der hie mufs fein vnd anderfchwa
Der ift recht weder hie noch da.

19. *Von viel fchwetzen.*

Nöthige Zähmung der Zunge, die durch ihr Ge-
fchwätz gar bald die Thorheit des Herzens verräth:

Vil ſchwetzen iſt ſelten on ſünd
Wer vil lüt der iſt niemans freünd
Wer herren übel reden tüt
Das bleibt verſchwigen nit lang zeyt — —
Vnd nimbt die leng nit wol gut end
Dann herren die hand lange hend
Wer über ſich vil hawen wil
Den fallen ſpen in die augen vil
Vnd wer ſein mund in hymel ſetzt
Der würt offt mit ſein ſchad geletzt.

20. *Von ſchatz finden.*

Unrechtmäſsiger Beſitz deſſen, was man findet, und wovon man weiſs, es gehöre andern. Wie ſchlimme Folgen diefs haben könne, wird mit einigen warnenden Beiſpielen gelehrt.

21. *Straffen vnd ſelbſt tun.*

Verwerflichkeit der Sittenlehrer, welche die Fehler ſelbſt begehen, die ſie an andern beſtrafen. Je angeſehner der iſt, welcher fehlt, deſto anſteckender ſind ſeine Fehler:

Ein ydes laſter das geſchicht
So vil ſcheinbarer man es ſicht
So viel als der wirt höher geacht
Der ſolches laſter hat vollbracht.

22. *Die ler der weiſheit.*

Meiſtens eine Paraphraſe des erſten Kapitels im Buche der Weisheit.

23. *Uberhebung im Glück.*

Schlimme Folgen des Uebermuths in glücklichen Umſtänden, die gar leicht eine andre Wendung nehmen können. Nothwendigkeit ſchmerzhafter Hei-

lungsmittel in mifslichen Krankheiten, die der
Kranke fich gefallen laffen mufs, wenn er genefen
will:

> Wer eim artzt in der kranckheit leügt
> Vnd in der beicht ein priefter dreügt
> Vnd unwar feyt feim aduocat
> Wann er will nemen bey im ratt
> Der hat im felbs allein gelogen
> Vnd mit feim fchaden fich betrogen.

24. Won zu vil forg.

Um Dinge, die uns nicht angehen, oder die
wir nicht ändern können, follten wir unbeküm-
mert feyn. Im niedern Stande, lebt man, am unbe-
forgteften.

25. Von borg auff nemen.

Gleich böfen Schuldnern handeln gottlofe Men-
fchen, die ihre Befferung verfchieben.

26. Von unnützen wünfchen.

Ueber die Thorheit menfchlicher Wünfche, und
das oft verfehlte Glück, welches man durch Erfül-
lung derfelben erlangt. Auch der Wunfch eines
langen Lebens und der Wunfch, älter zu feyn, als
man ift, ift von diefer Art:

> Nit winfch dein jar gant felber hin
> Verfchwinden bald vnd du mit jn.
> Du magft verharren nit fo lang
> Das du fechft wie all ding ausgan.

27. Unnütz ftudieren.

Von zwecklofen gelehrten Befchäftigungen,
und unnützem Disputiren:

Dann ſy nit vmb die warheit rechten
Sundern durch lob vnd rum ſy vechten
Vnd werden ſo verhart da mit
Das ſy der warheit weichen nit
Vnd iſt jn nöter wie ſy gwinnen
Dann wie ſy der warheit nachſinnen.

Auch wird über die unnütze Verſchwendung der akademiſchen Jahre geklagt:

Do mit ſo gat die jugent hin
So ſind wir zu lips, erſoret, vyen *)
Zu heydelberg, metz, baſel geſtanden
Kummen zu leſt doch heim mit ſchanden
Das gelt das iſt verzeret do
Der druckery ſeint wir dann fro
Vnd das man lert auftragen wein
Daraus würt dann ein henſelein
So iſt das gelt geleit wol an
Studenten kapp will ſchellen han.

28. Wider got reden.

Es iſt die vermeſſenſte Thorheit, Gottes Wege und Einrichtung meiſtern zu wollen. Solch ein Vorwitz wird gewöhnlich beſtraft.

29. Ander leüt urteilen.

Von dem thörichten Dünkel, ſich allein für fromm und weiſe zu halten, und Andre zu verur-theilen.

3o. Von viel der Pfrienden.

Beſſer, ſich mit Einem Amte oder mit Einer Pfründe begnügen, als nach mehrern trachten, die man doch nicht gehörig abwarten kann:

*) Leipzig, Erfurt, Wien.

Merk wer vil pfründen haben well
Der leisten wart er in der hell
Do würt er finden ein presentz
Die me tut dann hye sechs absentz
Vnd mag dann nit me dispensieren
Er muss dar auff selbs residieren
Vnd sich der pfründen wol ergetzen
Man lasst jn kein vicarien setzen.

31. *Uffslag suchen.*

Wer immer Auffchub sucht, und seine Besserung verschiebt, ist ein Thor, und stirbt darüber hin.

32. *Von frawen hieten.*

Umsonst hofft man, eine Frau zu hüten, und von ihrer Tugend versichert zu seyn.

33. *Von Eebruch.*

Eebrechen wygt man also gering
Als ob man schnelt ein kyseling. *)

Klagen über die Seltenheit der ehelichen Treue, und Beispiele ihrer Verletzung. Lehren der Sittsamkeit für das weibliche Geschlecht:

Ein frome fraw sol haben gberd
Ir augen schlagen zu der erd
Vnd nit hoffwart mit yederman
Treiben vnd yeden gefslen an.

34. *Narr hür als vern.*

Wider die Begierde nach allem, was neu und fremd ist, und den Unbestand in der Wahl seiner Geschäfte.

*) Als ob er einen Kieselstein wegschnellte.

35. *Leichtlich zürnen.*

Der Narr, den eſel allzeit reit
Wer vil zürnt do man neüt vmb geitt
Vnd vmb ſich ſchnowet als ein hund
Kein gütig wort gat aus ſeim mund
Kein buchſtab kann er dann das R
Als ob ein hund ſein vatter wär.

Beſchreibung des Zornſüchtigen:

Wer zornig iſt der vnderſtat *)
Das er ſelb zehend ſunſt nit tett
Sein mund der ſchnubt ſein ougen brennen
Sein antlit gſchuilt **) wie ein bruthennen
Sein hend wirft er vnordenlich
Sein füſs die treiben ſtetz ſürſich
Sein adern lauffen auff voll blut
Er beiſt vnd bilt aufs heyſſer glut
Vnd ſchreigt wie ein waldeſel thut.

36. *Eigenrichtigkeit.*

Nicht ſowohl **Eigendünkel**, als das Weſen
eines **Sonderlings**. Wer allein in der Welt fer-
tig zu werden denkt, und nicht fremde Hülfe noch
Freundſchaft ſucht, heiſst **eigenrichtig**, oder
vielmehr **einricht:**

Der ſunderlich ſich iſt abkeren
Vnd iſt ſo einricht das er nit
Mag bleiben in der gemein zu zyt
Der weiſs ſpricht es ſey in der gemein
Vil beſſer ſein dann gar allein
Zwen wermen auch ein ander bald
Wer ſchlafft allein der bleibt lang kalt

*) der unternimmt, wagt.
**) ſchwillt auf.

Ein bilger der von gfellen fcheidt
Dem widerfert allein dick leid.

37. *Von glückes fall.*

Ueber den Unbeftand und fchnellen Wandel des
Glücks, und die Unficherheit der Ehre, der Ge-
walt und des Reichthums.

38. *Krancken die nit volgen.*

Wer einen Arzt zu Rathe zieht, mufs ihm Folge
leiften, nicht das Gegentheil von dem thun, was
er ihm vorfchreibt und verordnet.

39. *Oefflich anfchleg.*

Klugheit fodert Verfchwiegenheit, damit der
Anfchlag bis zur Ausführung verborgen bleibe, und
nicht dadurch, dafs er zu früh öffentlich bekannt
wird, hintertrieben werde:

Ich halt nit für ein weifen man
Wer nit fein anfchlag bergen kan
Dann narren rat vnd buler werck
Ein ftat gebauwen auff eim bergk
Vnd ftraw das in den fchuhen leit*)
Die vier verbergen fich kein zeit.**)

Am Schlufs klagt fich der Verfaffer felbft der Thor-
heit an, fich zu früh eines ungewiffen Glücks ge-
freut, und es dadurch verloren zu haben:

Ich felber fitz in difem narren
Wollt ettwan auff ein vogel harren
Vnd ee derfelbe kam zu dem zweck
Flugen mir funft wol fechs hinweck.

---

*) Stroh, das in den Schuhen liegt.
**) nicht lange.

40. *An narren ſtoſſen.*

Eine ſprüchwörtliche Redensart, die ſo viel bedeutet, als: ſelbſt darüber zum Narren werden, daſs man andre ihrer Narrheit wegen ſtraft.

41. *Nit achten all red.*

Ueber die Gleichgültigkeit des Weiſen gegen Tadel und üble Nachrede. Nur ſich ſelbſt muſs man von ſeinem Thun Rechenſchaft geben können:

Kein ſoll man förchten alſo ſer
'Er red joch laſter ſchand vnere
Als man ſich ſelbs entſitzen ſoll
Eim andern magſtu entrinnen wol
Aber dir ſelb magſt nit entfliehen
Du muſt den wurm ſtets mit dir ziehen. — —
On ander leüt magſtu ſein dick
On dich ſelb nit ein augenblick.

42. *Spottvogel.*

Schlimme Folgen des Spottes, der gemeiniglich auf den Spötter ſelbſt zurückfällt.

43. *Verachtung ewiger.*

Es iſt Unverſtand, bloſs auf zeitliche Güter zu ſehen, und der ewigen nicht zu achten.

44. *Kirchen vneren.*

Von dem Miſsbrauch der Kirchen, und Störung des Gottesdienſtes durchs Geräuſch, durchs Mitbringen der Hunde, Vögel, und dergl.

45. *Mutwillig ungfel.*

Dem geſchieht recht, der ſich muthwillig Unglück bereitet; er verdient weder Hülfe noch Bedauern.

46. *Gwalt der narheyt.*

Schädlichkeit der Thoren, die Gewalt in Händen haben, oder gar am Ruder der Regierung fitzen.

47. *Weg der feligheyt.*

Der Thor verfehlt des rechten Weges zu feinem künftigen und ewigen Glück. Er wählt den breiten Pfad ftatt des engen, der zum Leben führt.

48. *Das gfellenfchyff.*

Beftrafung der Kaufleute, Handwerker und Künftler, die thöricht und zwecklos bei ihrem Gewerbe verfahren.

49. *Böf exempel der alten.*

Von der herrfchenden Vernachläffigung der Kinderzucht, und der Schädlichkeit der böfen Beifpiele, welche die Eltern geben.

50. *Von wolluft.*

Verderblichkeit der Weiberränke und ihrer Anlockungen zur Wölluft.

51. *Verfchwiegen fein.*

Der ift ein narr, der heimlichkeit
Seiner frawen oder yemans feit

52. *Weiben durch gut.*

Meiftens bereitet fich der vielfaches Unglück, der durch reiche Heirath fein Glück zu machen hofft, ohne auf Ehre und Frömmigkeit zu achten.

53. *Von neid vnd has.*

Es ift neid ein fo tötlich wund
Die nymer würt recht gefund
Vnd hat die eygenfchafft an jr

Wann ſy jr ettwas gantz ſetzt für
So hat kein ru ſy tag noch nacht
Biſs ſy jr anſchlag hat vollbracht
So lieb iſt jr kein ſchlaff noch freüd
Das ſy vergeſs jrs hertzen leid
Darumb hat ſy ein bleichen mund
Dür, mager, ſy iſt wie ein hund
Ir augen rot, vnd ſicht nieman
Mit gantzen vollen augen an.

54. Ungedult der ſtraf.

Es iſt ein gewiſſes Zeichen der Narrheit, wenn
man keine Belehrung noch Tadel dulden kann.

55. Narrecht artzney.

Beſtrafung der Pfuſcher in der Arzneikunde
und des Gebrauchs abergläubiſcher Heilmittel.

56. End des gewaltes.

An mehrern Beiſpielen wird die Unſicherheit
und Vergänglichkeit menſchlicher Herrſchaft und
Gewalt gezeigt.

57. Fürwiſſenheit gotes.

Von der Pflicht, das Seine zu thun, und die
Lenkung ſeiner Schickſale der Fürſehung Gottes zu
überlaſſen, der alles weiſe ordnet:

Dann got nie keinen hat verlon
Er wuſt warumb ers hat gethon
Wann ers wolt alls gleich han veracht
Er hett wol neüt dann roſen gmacht
Aber er wolt auch diſtlen han.

58. Sein ſelbs vergeſſen.

Beſſer iſts, ſein eignes Thun und Laſſen beobach-
ten, als ſich um andre bekümmern.

59. *Undanckberkeyt.*

Wenn man andrer Leute Dienſte und Wohltha-
ten begehrt, ſo muſs man etwas thun, wodurch
man ſich ihrer werth macht; auch für Kleinigkeiten
muſs man dankbar ſeyn, wenn man gröſsere Ge-
ſchenke zu erhalten wünſcht.

60. „*Selbs wolgefallen.*

Beſtrafung der Eigenliebe, und des zu häufigen
Gebrauchs der Spiegel aus Selbſtgefälligkeit.

61. *Von dantzen.*

Das Tanzen hält B. für eine Erfindung des
Teufels, und für die Quelle vieler Laſter.

62. *Nachts hofieren.*

Es iſt Geckerei, des Nachts vor die Häuſer
der Buhlerinnen umher ziehen, und ihnen Muſik
bringen.

63. *Von bettlern.*

Beſtrafung der Bettelmönche, deren Orden oft
nichts weniger als arm ſey, und der Heiligthum-
führer, die Reliquien feil bieten,

Das hew das tieff vergraben lagk
Vnder der krippf zu Bettlehym
Das ſy von Balams eſel bein
Ein feder von ſant michels flügel
Ouch von ſant jörgen roſs ein zügel
Vnd hand auch aller heyligen zan
Vil narren dye glauben dann dar an.

Auch werden mancherlei Betriegereien und Vor-
ſpiegelungen der Bettler angeführt:

Der gat auff krucken das mans ſicht
Wann er allein iſt darff ers nicht

Dyſer

Dyſer kan ſallen vor den leüten
Das yeder man tu auff in deuten
‚Der lechnet andern jr kinder ab
Das er ein groſſen hauffen hab; u. ſ. ſ.

64. Von böſen weibern.

Es werden verſchiedne, beſonders bibliſche,
Beiſpiele von guten und böſen Frauen angeführt,
und die mannigfaltigen Unarten der letztern gerügt:

Wan man die weiſsheit gantz durchgrund
Kein bitterer krut auff erd man fund
Dann frawen deren hertz iſt ein garn
Vnd ſtrick dar ein vil doren farn.

Durch drey ding wirt die erd erſchüt
Das vierd das mag ſy tragen nit
Ein knecht der worden iſt ein herr
Ein narr der ſich hat gefüllet ſer
Ein neidiſch böſs vnd gifftig weib
Wer die vermechlet ſeinem leib
Das vierd al freuntſchaft ganz verderbt
Ein dienſtmagt die jr frawen erbt
Drey ding man nit erfüllen mag
Das vierd ſchreigt ſtätz har zu har zu trag
Ein fraw die hell das erterich
Das ſchluckt all waſſers güſs in ſich
Das feür ſpricht nimer hör auff nu
Ich hab genug trag nim harzu
Drey ding ich nit erkennen kan
Des vierden waiſs ich gantz neüt van.
Wann in dem lufft ein adler fleügt
Ein ſchlang die auff eim ſelſen kreucht
Ein ſchiff das mitten gat jm mer
Ein man der noch hat kindiſche ler
Des gleich der weg einer frawen iſt

X

Die fich zum echruch hat gerüft
Die fchleckt vnd wäfcht den mund gar fchon
Vnd fpricht ich hab nit böfes ton
Ein rinnen tach zu winters frift
Ift gleich ein fraw die zenkifch ift.

65. *Achtung des Geftirns.*

Beftrafung des Mifsbrauchs der Sterndeuter und
Kalendermacher, und des ihrem Vorherverkünden
von dem grofsen Haufen gegebenen Glaubens.

66. *Erfahrung aller Lande.*

Wider diejenigen, welche nach der Kunde frem-
der Länder und Oerter begierig find, fich mit geo-
graphifchen und mathematifchen Kenntniffen be-
fchäftigen, und darüber die Selbftkenntnifs ver-
nachläffigen:

Vnd rechnen bifs hinder das mer
Dar jun menfchlich vernunft irt fer
Das fy fölchem nach rechen all zytt
Vnd kan fich felb aufsrechen nit
Vnd meint das er die ding verftat
Das dye welt felbs nit an jr hat
Das meint mancher zu finden
Wölt er fich recht befinen
Vnd gedecht fein felbs bafs
Was vor im vnd e wafs
Dye vil grob band geyrtt
Vnd dardurch warden verfiertt.

67. *Nicht ein Narr feyn.*

Der Thor hält fich immer für klug, und be-
merkt nicht, dafs man feiner fpottet, bis er es mit
feinem Schaden erfährt. Diefs wird durch das Bei-
fpiel vom Marfyas erläutert.

Mancher will ſein ein witzig man
Der ſich doch nimbt der torheit an
Vnd meint das man in reümen ſol
Wann man ſpricht der kan narrheit wol
Dargegen ſeind vil narren auch
Die aufsgebrütet hat ein gauch
Die wollen von der weiſheit ſagen
Es ſey gehawen oder geſchlagen
So went ſie witzig ſeyn gezelt
So man ſie doch für narren helt

68. *Von der Weisheit.*

Bei allem Streben nach Kunſt, Wiſſenſchaft und Ruhm verfehlt doch Mancher des rechten Weges, der zur Weisheit führt:

O wie vil irrend an dem weg
Do mancher iſt hinleſſig treg
Vnd den zugadt nit vnderſtat
Der ander neben ſich aufs gat
Der dritt gat alsbald hinder ſich
Gar wenig ſeind die gand für ſich
Wann ſy hand angefangen ſchon
Gar wenig tugent me nachgon
Dann ſy den faden nit anrüren
Dardurch ſy jr fußtritt regieren
Vnd hand nit acht des waren licht
Do mit allein den weg man ſicht.

Als Beiſpiel wird hier die bekannte Allegorie von der Wahl des Herkules am Scheidewege der Tugend und des Laſters eingeſchaltet. In der Folge wird die Schmeichelei und Falſchheit unter dem Bilde eines falben Hengſtes geſchildert, der immer geſtreichelt ſeyn will.

X 2

69. *Schimpf nicht verstehn.*

Die Rede ift hier von denen, die keinen Scherz
verftehen, und fich mit Narren in ein ernfthaftes
Gefpräch einlaffen:

> Der ift ein narr der nit verftat
> Wann er mit einem narren redt
> Der ift ein narr der widerbillt
> Vnd fich mit einem truncknen fchilt
> Mit kind vnd narren fchimpfen will
> Vnd nit auffnemen narren fpyl
> Wer will mit jägern gon der hetz
> Wer köglen will der felb aufffetz.

70. *Böfes thun und nicht erwarten.*

Wer gegen andre böfe und ungerecht handelt,
mufs fich auf gleiche Begegnung von ihnen gefafst
machen:

> Der ift ein narr der andern thut
> Das er von keim mag han für gut
> Lug jeder was er andern tüg
> Das in do mit auch wol benüg
> Wie yeder vor dem wald einbillt
> Desgleich jm allzeit widerhyllt
> Wer andre ftoffen will inn fack
> Der wart auch felbft des backanflack*)
> Wer vilen feyt was yedem brift**)
> Der hört gar offt auch wer er ift.

71. *Nicht fürfehen beizeit.*

Mancher ift forglos für die Zukunft:

> Kein ding bey zeiten er beftelt
> Nit übernechtigs er behelt
> Dann das er funft fo hinlefs***) ift

*) Backenfchlag.   **) gebricht.   ***) nachläffig.

Das er nit gdenkt was jm gebriſt
Vnd was er haben muſs zur nat *)
Dann ſo es an ein treffen gat
Nit weitter gdenckt er auff all ſtund
Dann von der naſen biſs in mund.

Das Beiſpiel der im Sommer auf den Winter ſam-
melnden Ameiſe wird zur Nachahnung empfohlen.

72. Vom Zanken.

Ueber das Wohlgefallen mancher Menſchen an
Uneinigkeit, und beſonders an gerichtlichen Hän-
deln. Von den Sachwaltern heiſst es:

Die kunnen dann die ſach wol breiten
Vnd jr garn nach dem wiltbret ſpreiten
Das auſs eim ſechle wirt ein ſach
Vnd auſs eim reünſlein **) werd ein bach
Man muſs yetz köſtlich redner dingen
Vnd ſie von verren landen bringen
Das ſy die ſachen wol verklügen
Vnd mit geſchwetz ein richter btriegen
So müſs man dann vil tag anſtellen
Damit der tag ſold mög anſchwellen.

73. Grobe Narren.

Es ſey ein neuer Heiliger, Grobian genannt,
aufgekommen, und Herr Glympfius ſey geſtorben.

Vorauſs wann praſſer zuſammen kommen
So hebt die ſaw die metten an
Die primzeit iſt in eſels than
Die tertz iſt von ſant grobian
Hutmacher knecht ſingen die ſext
Von groben filtzen iſt der text.

*) zur Noth.   **) eine Waſſerrinne, Goſſe.

Die wüfte rott fitzt in der non
Schemmer vnd demmer dar zu gon
Dar nach dye faw zur vefper klingt
Vnflat vnd fchamperion dann fingt.

74. *Geiftlich werden,*

Von der übertriebnen Neigung zum geiftlichen
Stande, felbft unter den Bauern, um dadurch zu
einem müfsigen Leben zu gelangen. Klagen über
die Unwiffenheit vieler Priefter und die zu grofse
Nachficht der Bifchöfe bei ihrer Aufnahme in den
Orden.

75. *Von unnützem Jagen.*

Die Jagd erfodert viele Koften und Zeit, die
nicht ein Jeder aufzuwenden hat. Auch wird man-
cher adliche Gutsherr durch die Bauern um fein
Wild betrogen.

76. *Von Schützen.*

Es liefse fich auch ein Narrenfchiefsen anftellen,
worin fo Mancher des Ziels verfehlen würde, wel-
ches mancherlei, hier aufgezählte, Urfachen haben
könnte.

Zur weifsheit mancher fchieffen will
Vnd wenig treffen doch das zyl
Das fchafft man zeygt nit recht dar nach
Der balt zu nider der zu hoch — — —
Wer weifsheit eben treffen will
Der dürfft das er het folche pfil
Der'n hercules hat me dann vil
Mit dem er draff das er geredt
Vnd was er traf fiel todt zur erd.

77. Groſs Rühmen.

Vornehmlich wider die Prahler mit hoher und
ritterlicher Geburt:

> Auſs tugent iſt all adel gmacht
> Wer noch gut ſitt ere, tugent kan
> Den halt ich für ein edel man
> Aber wer hett kein tugend nit
> Kein zucht ſcham ere noch gute ſytt
> Den halt ich alles adels ler
> Ob joch ein fürſt ſein vatter wär.
> Adel allein bey tugent ſtat
> Auſs tugent aller adel gat.

Hernach werden auch die getadelt, welche ſich ohne
Grund ihrer Gelehrſamkeit und durch Reiſen erlang-
ter Weltkunde rühmen.

78. Von Spielern.

Beſtrafung der Spielſucht, beſonders an den
Weibern mit Männern, und an den Pfaffen.

79. Gedruckte Narren.

So, wie den Eſel alles drückt, ſo giebt es auch
Narren, die ihm darin gleichen, und ſich freiwillig
unter manchen Druck begeben:

> Als der nit volget gutem rat
> Wer zürnet ſo eſs nit iſt not
> Wer unglück kaufft wer trurt on ſach
> Wer lieber krieg hat dann gemach
> Wer gern ficht mutwill ſeiner kind
> Wer helt ſich nachbawr nit zu fründ
> Wer leidet das jn truck ſein ſchuch
> Vnd jn ſein fraw im weinhauſs ſuch
> Wer mers verzert dann er gewint

Vnd borget vil fo jm zerrint
Wer zeucht fein frawen ein ander vor
Der ift ein narr gauch efel thor.

80. *Reuter und Schreiber.*

Schreiber vnd reüter man auch fpott
Sy feyen in der narren rott
Sy bgon fich nach mit gleicher nar *)
Der fchindt heimlich der offenbar
Der wogt fein leib in druck vnd naſs
Der fetzt fein fel ins dintenfaſs
Der reüter ſtofſt vil fcheüren an
Der fchreiber mufs ein bauren han
Der veifſt fey vnd müg trieffen wol
Do mit er ryechen mach fein kol
Wann yeder thät als er thun fol
So weren ſie beid geldes wert
Diefer mit federn der mit fchwert. u. ſ. ſ.

81. *Narrichte Botfchaft.*

Auch die Thorheiten und die Fahrläſſigkeit
der Boten, ihr Vorwitz, zu langes Verweilen, öf-
teres Einkehren, Wiederkommen ohne Antwort,
u. dergl. werden hier beftraft.

82. *Köche und Keller.*

Ueber die Mifsbräuche diefer Hausbedienten,
auch andrer Dienftboten, und die Betrügereien,
die fie an ihrer Herrfchaft verüben.

83. *Bäurifche Aufgänge.* **)

Von der überhand genommenen Ueppigkeit,
Schwelgerei und Prachtliebe der Bauern; auch von
ihrem Streben nach höherm Range:

*) Sie kommen einander nahe in ihrer Narrheit.
**) Fortfchritte in der Ueppigkeit.

Desgleich bey vnsern zeiten auch
Ist auffgestanden mancher gauch
Der vor ein burger kauffman was
Will edel seyn vnd ritters gnass *)
Der edelman gert seyn ein frey
Der graff das er gefürstet sey
Der fürst die kron des künigs gert
Vil werden ritter die kein schwert
Thunt bruchen für gerechtigkeit
Die bauren tragen seiden kleid
Vnd gulden ketten an dem leib
Es kumbt daher ein burgers weib
Vil steltzer dan ein grefin thut
Wo yetz gelt ist do ist hochmut.

84. *Verachtung der Armuth.*

Von der herrschenden Geldgier und der aus-
schließenden Schätzung des Reichthums vor Tugend
und Rechtschaffenheit. Der Armuth wird unter
andern folgendes Lob ertheilt:

Ein armer singt frey durch den wald
Dem armen seltten nit entpfalt **)
Die freyheit hat ein armer man
Das man jn doch last bettlen gan
Vnd ob man jm joch gar nit gytt
So hat er doch dest minder nitt.
Bey armut fand man bessern rat
Dann reichtum ye gegeben hat.

Hievon werden viele berühmte und weise Männer
des Alterthums als Beispiele angeführt.

85. *Beharren im Guten.*

Wider den Wankelmuth in der Ausführung gu-

*) Genosse.
**) Dem Armen entfällt selten, er verliest selten etwas.

ter Vorfätze und den Auffchub derfelben, auch wi-
der die, welche viel anfangen und wenig vollenden.

86. Nicht fürfehen den Tod.

Wider die Sorglofigkeit und Sicherheit der Men-
fchen in Anfehung ihres Todes, der doch unver-
meidlich ift; auch wider die Thorheit, die Todten
zu beklagen, die doch vielem Ungemach entnom-
men find. Auch wird die Thorheit prächtiger
Leichenbegängniffe und Denkmäler beftraft, wo-
von aus dem Alterthum verfchiedne Beifpiele ange-
führt werden:

    Dye fel hilfft neüt ein köftlich grab
    Oder das man grofs marmel hab
    Vnd auffhenck fchilt helm baner grofs
    Hye leit ein herr ift wappens gnofs
    Haw man im dann in einen ftein.
    Der recht fchilt ift ein todtenbein
    Daran würen fchlangen krotten nagen.

87. Verachtung Gottes.

Ueber die Thorheit derer, die in ihrem fündli-
chen Wandel beharren, und glauben, dafs Gottes
Strafen fie nicht treffen werden.

88. Von Gottesläftern.

Klagen über die Ruchlofigkeit vieler Menfchen,
die fich durch leichtfinniges Schwören und Gottes-
läftern an den Tag legt.

89. Von Plage Gottes.

Hinweifung auf die göttlichen Strafgerichte über
viele Länder und Städte, und auf einige Beifpiele
von denfelben.

90. *Thörichter Wechfel.*

Ueber die Unruhe vieler Menfchen, fich eine glücklichere Lage zu verfchaffen, wozu fie bald durch Habfucht, bald durch Buhlerei getrieben werden:

Cupido treyt fein bogen blofs
Auff yeder feyt ein kocher grofs
In eim hat er vil hacken pfil
Do mit trifft er der narren vil
Die feind fcharpf gulden hacketh fpitz
Wer troffen würt der kumbt von witz
Vnd dantz hernach am narren holtz
Im andern kocher vogel boltz
Seind ftumpf mit blei befwärt nit licht
Der erft macht wund der ander flücht.

91. *Wucher und Fürkauf.*

Wider die Vertheurung und das Uebervorthei-len im Handel und Wandel, worin die Chriften die Juden übertreffen.

92. *Ueberhebung der Hoffart.*

Manch narr halt fich gar hoch darum
Das er aus wälfchen landen kum
Vnd fey zu fchulen worden weifs
Zu Bonony zu Pavy Pareifs
Zur hohe Syen in der Sapienz
Auch in der fchul zu Orlyens
Vnd den voraffen gefehen hett
Vnd metrr pirr de Comuget
Als ob nit auch in teutfcher art
Noch wär vernunft finn böhter zart
Do man weifsheit kunft möcht leren
Nit not fo ver zu fchulen keren.

Von den fchlimmen Folgen des Uebermuths und Stolzes werden einige Beifpiele angeführt.

93. *Ehre Vater und Mutter.*

Thorheit der Eltern, die all ihr Gut zu früh ihren Kindern hingeben, und hernach felbft darben müffen. Verfchiedne Beifpiele undankbarer und ungehorfamer Kinder und ihrer Beftrafung.

94. *Schwatzen im Chor.*

Wider das leichtfinnige Betragen der Geiftlichen, die nur der Geldvertheilung halber im Chor er- fcheinen, und dort über mancherlei Entwürfe und Gewerbe mit einander fchwatzen.

95. *Hoffnung auf Erbe.*

Mancher eins andern tod fich freut
Des end er nimmer mehr befchaut
Hofft einen tragen hin zu grab
Der mit feim gebein wirft birnen ab
Wer hoffet auf ein andern tod
Vnd weifs nit wann fein fel aufsgot
Der felb den efel tut befchlagen
Der in gen narren berg würt tragen.

96. *Verführung am Feiertage.*

Ueber die Unart, Gefchäfte, die man an Ar- beitstagen hätte verrichten follen, auf Feiertage zu fparen, und über die Entweihung diefer letztern.

97. *Geben und Reuen.*

Auch die find Narren, die etwas verfchenken, was fie fich bald wieder zurückwünfchen, und nicht aus gutem Willen und mit guter Art Andern wohltbun.

98. *Von Trägen und Faulen.*

Wie rauch den augen nit iſt gut
Was eſſich auch den zenen tut
Des gleich der träg vnd faul tut ſchin
Denen dye hand geſendet in
Ein treger menſch iſt niemant nutz
Dann das er ſey ein winterhutz
Vnd das man jn laſs ſchlaſſen gnug
Sitzen bym ofen iſt ſein fug.
Selig der werckt mit ſeinem karſt
Wer müſſig gat der iſt der narrſt.

99. *Ausländiſche Narren.*

Wider fremde Religionsverwandte, Saſazenen,
Türken, Heiden, u. a. m. auch böſe Weiber,
Kuppler und Selbſtmörder.

100. *Abnehmung des Glaubens.*

Klagen über den Verfall des Chriſtenthums und
deſſen Verbannung aus denen Ländern und Gegen-
den, wo es vormals herrſchend war; auch über die
Zerrüttung des deutſchen Reichs, ungeachtet es von
dem edeln Kaiſer Maximilian regiert werde.

101. *Vom falben Hengſt.*

Wider die kriechenden Schmeichler, beſonders
wider die Fuchsſchwänzler bei Hofe:
Der liebkofst der runt in die oren
Das er auffkum in kurzen jaren
Vnd ſich mit tellerſchlecken ner
Mancher durch liegen wört ein herr
Dann er den kutzen ſtreichen kan
Vnd mit dem falben hengſt umbgan. *)

*) „Ehedem hatte man die ſprüchwörtliche Redensart: den
falben Hengſt ſtreichen, den falben Hengſt

Und am Schluſs des Kapitels:

> Wann yeder wär als er ſich ſtellt
> Den man, für frum vnd redlich helt
> Oder ſtelt ſich als er dann wär
> Vil narrenkappen ſtünden lär.

102. *Von Ohrenblaſen.*

Ueber die Thorheit der Leichtgläubigkeit und die Gewohnheit des Verläumdens und Afterredens, mit einigen bibliſchen Beiſpielen erläutert.

103. *Unnützes Studiren.*

Von der zweckwidrigen Anwendung der Jahre des Studirens, und der verkehrten Richtung des gelehrten Fleiſses:

> Do mit ſo gat die iugent hyen
> So feind wir zu Léips Erford' Wien
> Zu Heydelberg Mentz Baſel gſtanden
> Kummen zu letſt doch heim mit ſchanden.

104. *Von Falſchheit.*

Klagen über die Untreue und Falſchheit der Welt, und über den Betrug der Afterärzte, der Roſshändler und der Kaufleute:

> Der kauflad muſs gantz vinſter ſein
> Das man nit ſeh des tuches ſchein
> Die weile thut einer ſehen an
> Was narren auff dem laden ſtan
> Gent ſy der wagen einen truck
> Das ſy ſich gen der erden buck

reiten, wofür man auch nur ſagte: den Falben ſtreichen, d. i. ſchmeicheln, den Fuchsſchwanz ſtreicheln." *Adelung* im *Wörterb.* unter Falb.

Vnd fragen eins wie vil man heiſch
Den taumen wigt man zu dem fleyſch.

Auch werden die falſchen Geldmünzer und die Al-
chemiſten beſtraft, und hernach die verkehrten
Schriftausleger:

Die gent dem glauben erſt ein biſſ
Vnd netzen das papieren ſchiff
Ein yeder etwas reiſſet dar ab
Das es deſt minder bort mer hab
Ruder vnd rinnen nimbt man dar von
Das es deſt ce mög vndergon.

105. *Wahrheit verſchweigen.*

Ermunterung zum Bekenntnifs der Wahrheit,
ungeachtet aller Gefahr und aller Anreizung, ſie
zu verſchweigen:

Ich bin gar offt gerennet an
Weil ich das ſchiff gezimbert han
Ich ſoll es doch ein wenig ferben
Vnd nit mit eychen rinden gerben
Sunder mit linden ſaft ſchmieren
Vnd etlich ding etwas gloſieren
Aber ich liefs ſie alle erfrieren
Das ich anders dann warheit ſeyt
Warheyt die bleibt in ewigkeit.

106. *Hinderung der Gutheit.*

Narren ſuchen Andre ſich gleich zu machen,
und ihr Gutesthun zu verhindern, und fromme
Leute von ihrer Frömmigkeit abwendig zu machen.

107. *Ablaſſung von Gutheit.*

Wider den Leichtſinn, nicht auf die Zukunft
und auf das Heil ſeiner Seele bedacht zu ſeyn.

108. Vom Lohn der Weisheit.

Vom Glücke' derer, die den Pfad der Tugend betreten, und standhaft auf demselben fortwandeln, mit der Wahl des Herkules am Scheidewege der Tugend und der Wolluft erläutert.

109. Schlaraffen - Schiff.

Ueberall finden die Narren ihres Gleichen, wohin sie kommen:

> Wir varen vmb durch alle land
> Von Narbon in Schluraffenland
> Dar nach wend wir gen montflafcon
> Vnd das land gen narrengon.

110. Verachtung des Unfalls.

In jedem Stande und jeder Lage des menfchlichen Lebens giebt es Ungemach und Mifsgefchick', worein man fich fchicken und finden mufs; daher ift es Thorheit, mit feinem Stande unzufrieden zu feyn.

111. Bösgläubige Narren.

Wider die Verächter der Kirche und des Papftes. Von jener heifst es, dafs

> Sie doch ein meyfterin ift allein
> Ein eintzig gfponfs on flecken rein
> Ein eintzig rock on nat vnd felt
> Ein mutter haubt der gantzen welt
> Die nit befchlieffet jren fchofs
> Dem funder irrend klein vnd grofs
> Der fich zu jr in demut ker
> Billich hat die all würd vnd er.

112. Hinterrede des Guten.

Abfertigung derer, die den Verfaffer auf allerlei Weife tadeln, und ihm über die Beftrafung der

Narren

Narren in dieſem Gedichte Vorwürfe machen, wo-
durch ſie ſich ſelbſt als ſolche verrathen, die in die
Klaſſe der darin gezüchtigten Narren gehören:

> Wem nit gefalt diſs narrenbuch
> Der laſs das das ein ander ſuch
> Der leicht gern zu der weiſsheit lauf
> Ich bitt keinen das er es kauff
> Er well dann witzig werden drab
> Vnd ziehen ſelbſt die kappen ab.

113. Entſchuldigung des Dichters.

Ueber die gute und uneigennützige Abſicht, in
welcher dieſes Gedicht geſchrieben wurde, wodurch
kein Aergerniſs ſollte gegeben werden:

> Aber ich weiſs das mir geſchicht
> Gleich wie der blumen die wol reücht
> Daraüſs das bynlein honig zeücht
> Aber wann dar auff kumpt ein ſpinn
> So ſucht ſy gifft nach jrem gewinn.

Der Schluſs des Ganzen iſt folgender:

> Wer will der leſs dis narrenbuch
> Ich weiſs wol wo mich truckt der ſchuch
> Darumb ob man wolt ſchelten mich
> Vnd ſprechen artzt heyl ſelber dich
> Dann du auch biſt in vnſer rott
> Ich kenn das vnd veriech es got
> Das ich vil torheyt hab gethon
> Vnd noch im narren küttel gon
> Wie vaſt ich an der kappen ſchüt
> Wil ſy mich doch gantz laſſen nit
> Doch han ich fleiſs vnd ernſt ankert
> Do mit (als du ſichſt) han gelert
> Das ich yetz kenn der narren vil
> Wie wol ich auch bin in dem ſpil

Hab mut doch fürter ob got wil
Mit wytz mich beffern mit der zeit
Ob mir fo vil gott gnaden geit
Ein yeder lug das er nit fel
Das jm nit bleib der narren ftrel
Die kapp verhafft jm an dem leib
Gedenck ein yeder was ich fchreib
Wo er hin lend vnd wo er bleib .
Dann welcher jm felb felt dar an
Der würt den fpot zum fchaden han
Des fey ein yeder narr gemant
Als bfchleüfst Sebaftianus Brant.
Der yedem zu der weyfsheit rat
Er fey was wefens oder ftadt
Kein gut werck man kam nie zu fpat.

EIN ALTER MEISTERGESANG.

XIV.

EIN ALTER MEISTERGESANG.

So nothwendig auch für richtige Würdigung und leichtere Ueberficht hiftorifcher Gegenftände die Scheidung gewiffer Epochen und Zeiträume feyn mag; fo fühlt doch Jedermann das damit verbundene Unbeftimmte und Schwankende. Denn, wenn man auch dergleichen Gränzfcheidungen nicht nach Zeitabtheilungen oder Jahrhunderten macht, fondern, wie billig, nach den charakteriftifchen Hauptverändrungen der Gegenftände felbft; fo finden fich immer doch der Anomalien und der Ausnahmen viele. Befonders ift diefs in Geiftesbefchäftigungen der Fall. In dem frühern Zeitalter giebt es Genies, die fich über die Schranken der herrfchenden Kultur deffelben hinausfchwingen; und in der Folgezeit manche Köpfe, die weit hinter der gröfsern Vollkommenheit zurückbleiben, und noch ganz den unvollkommenern Charakter der Vorzeit an fich tragen.

Wenn man in der Gefchichte der deutfchen Dichtkunft die Periode der fogenannten Minnefinger von der darauf folgenden der Meifterfänger abfondert, fo hat, wie bekannt, die letztere, ob fie gleich die fpätere war, nicht den Charakter des Fortfchreitens, fondern des Rückgan-

ges, nicht das Gepräge der gröſsern, ſondern der
geringern Vollkommenheit. Die blühende Poeſie
des Minnegeſanges welkte wieder zuſammen, und
vereitelte die Hoffnung ſchöner, den Blüthen ent-
ſprechender, Früchte, durch die Verwahrloſung
einer mifsverſtandnen Kunſt, und einer geiſtloſen,
völlig handwerksmäſsigen Behandlung. Sie welkte
vornehmlich im Innern; aber auch ihr Aeuſseres er-
hielt eine gezwungene, unnatürliche Form. Nach
dieſer pflegt man gewöhnlich ſchon die innere Ver-
ſchlimmerung zu ahnden; und es gehört allerdings
zu den Ausnahmen, wenn man dieſe Ahndung bei
näherer Prüfung nicht beſtätigt findet. So gar ſel-
ten ſind indeſs dieſe Ausnahmen nicht; und wie der
weltkluge Mann es oft gerathen findet, ſich nach
der, wenn gleich widernatürlichen Weiſe und Sitte
ſeines Zeitalters und Landes zu bequemen, und
doch dabei ſeinen innern Werth und Vorzug zu be-
haupten weiſs; ſo kann auch der Dichter ſeinem
Stoffe die einmal beliebte Form geben, ohne da-
durch das weſentliche Verdienſt ſeines Kunſtwerks
völlig einzubüſsen.

Vor etwa zwanzig Jahren theilte mir mein un-
vergeſslicher Freund L e ſ ſ i n g mit der ihm eigenen
Willfährigkeit folgenden Meiſtergeſang mit, der auf
einem halben Bogen, im kleinen Quartformat, al-
ler Wahrſcheinlichkeit nach ſchon vor Ablauf des
funfzehnten Jahrhunderts gedruckt iſt, und in ſei-
nem eignen Beſitze war. Das Gedicht ſchien ihm
und mir einer neuen Bekanntmachung würdig zu

ſeyn. Ich ſchrieb mirs in dieſer Abſicht ab, und
liefs auf der untern Hälfte jeder Seite leeren Platz
zu einigen Anmerkungen über deſſen Beſchaffenheit
und Sprache. So fand es mein ſel. Freund bei mir,
nahm es mit ſich, und ſetzte auf das erſte Blatt fol-
gende Anmerkung, welche den T o n dieſes Mei-
ſtergeſanges betrifft, und die ich hier ſogleich, als
Einleitung, mittheilen will:

„Dieſer T o n, oder dieſe W e i ſ e, gehörte in
den ſpätern Zeiten des Meiſtergeſanges zu den vier
gekrönten Tönen, in welchen ein neuer Mei-
ſter ſeine Probe ablegen muſste."

„Er hat ſeinen Namen von B a r t h e l R e g e n-
b o g e n, den die Meiſterſänger unter die zwölf er-
ſten Erfinder ihrer ho'dſeligen Kunſt ſetzten, von
welchen ſie wohl ſonſt glaubten, dafs ſie zu den Zei-
ten Kaiſers O t t o des E r ſ t e n gelebt hätten.
Doch, da der älteſte unter ihnen K l i n g s o h r,
und der jüngſte F r a u e n l o b iſt; ſo iſt ausgemacht,
dafs ſie ſämtlich im dreizehnten Jahrhunderte gelebt
haben."

„B a r t h e l R e g e n b o g e n war ein Schmied von
Profeſſion, der vornehmlich z w e i Töne oder
Weiſen hatte, in welchen er ſeine Lieder dichtete.
Der eine war der k u r z e Ton, welcher aus ſie-
ben Reimen beſtand, und der andre der l a n g e,
welcher drei und zwanzig Reime zählte. Da nun
gegenwärtiges Lied in dem letztern abgefaſst iſt, ſo
mufs es in Geſätze von drei und zwanzig Zeilen
abgetheilt werden. Und da dergleichen längere Ge-

dichte von Pindariſcher Einrichtung waren, näm-
lich aus drei Stücken beſtanden, wovon die erſten
zwei der Stoll hieſsen, und wie στροφὴ und ἀντί-
στροφος nach einerlei Melodie geſungen wurden,
der dritte aber der Abgeſang genannt ward, und
wie der ἐπῳδὸς ſeine eigne Melodie hatte; ſo brauche
ich weiter keine Urſache von meiner überſchriebe-
nen Abtheilung anzugeben. Die erſten acht ver-
ſchränkten Reime ſind der Stoll, und die andern
funfzehn der Abgeſang. Dieſe zuſammen
heiſsen ein Geſätz; und dergleichen Geſätze hat
das Lied funfzehn."

„Beim Wagenfeil kommen die Noten zu ob-
genannten vier gekrönten Tönen vor; und es dürfte
nicht uneben ſeyn, die vom langen Ton Re-
genbogens daraus beidrucken zu laſſen."

„Das Lied ſelbſt iſt für einen Meiſter des funf-
zehnten Jahrhunderts, in deſſen Ablaufe es augen-
ſcheinlich gedruckt iſt, viel zu gut. Und wenn die
ältern Meiſter des dreizehnten Jahrhunderts, wie
ich beweiſen kann, es für eine Beleidigung aufnah-
men, wenn ein Andrer in dem ihnen eignen Tone
dichtete; ſo könnte leicht Regenbogen ſelbſt
der Verfaſſer dieſes Liedes ſeyn."

„Ich muſs aber auch im Gegentheile bekennen,
daſs mir jene pindariſche Einrichtung der Geſätze das
Alter des Liedes wiederum verdächtig macht. Denn
es iſt nirgend eine Spur zu finden, daſs man im
dreizehnten Jahrhunderte den Pindar in Deutſch-
land gekannt, oder ſich in der geringſten Kleinig-

keit die griechiſche Poeſie zum Muſter genommen
habe. Es wäre denn, daſs unſre Dichter eine
ſolche Einrichtung etwa den Provenzalen abge-
ſehen hätten, welchen ſie eher bekannt werden
können." —

Aufser dieſem letzten Umſtande verſtattet es
auch wohl die Sprache dieſes Liedes nicht, ob ſie
gleich der Sprache der Minneſinger ſehr nahe
kommt, für die Verfertigung deſſelben einen ſo frü-
hen Zeitpunkt anzunehmen; ſie müſste denn, wie
es faſt immer geſchah, in der Folge abgeändert und
verneulicht ſeyn. Aber von dem weit ſchlechtern
Charakter der ſpätern Meiſtergeſänge unterſcheidet
ſich dieſer doch ſehr auffallend. Ich glaube daher,
er gehöre in die Zeit des Ueberganges der Minne lie-
der in die mehr lyriſche, abgemeſſenere Form des
Meiſtergeſanges, die ohne Zweifel gegen die Mitte
und in die letzte Hälfte des funfzehnten Jahrhun-
derts fällt. Ueberhaupt aber ſcheint mir die der
pindariſchen freilich ſehr ähnliche, deswegen je-
doch nicht nothwendig von ihr entlehnte Form der
Meiſtergeſänge, die man von Puſchmann und
Wagenſeil *) umſtändlicher beſchrieben findet,

*) *Gründlicher Bericht des deutſchen Meiſtergeſangs, durch
Adam Puſchmann von Görlitz.* Gedruckt daſelbſt,
1574. 4. — *Wagenſeil*, in ſeinem bekannten Buche
von der Meiſterſinger holdſeligen Kunſt Anfang, u. ſ. f. —
S. auch *Meiſter's Beiträge zur Geſchichte der deutſchen
Sprache und Nationalliteratur*, S. 130. und des ſeligen
Häſelein's Abhandlung von den Meiſterſängern, in der
Bragur, B. 3. S. 17.

keine urfprüngliche Erfindung jener ältern Meifter
zu feyn, von welchen man die Töne benannte.
Vielleicht gab man ihnen die Benennungen erft fpä-
terhin, um dadurch diefen Tönen defto mehr An-
fehen zu geben, und zugleich das Andenken jener
vorgeblichen Erfinder des Meiftergefanges dadurch
defto länger zu erhalten. Auch war das von Lef-
fing erwähnte Verbot, fich der viergekrönten Töne
zu bedienen, nicht allen Singefchulen diefer Dich-
terzunft gemein. In der von *Pufchmann* (Bl. 14.
b.) mitgetheilten *Schulordnung* fteht gleich An-
fangs: „Vnd follen die vier Haupt Thöne der vier
„gekrönten Meifter für andern Thönen keinen
„Vortheil haben, wie fonft auf andern Schulen ge.
„bräuchlich.“

Die Melodie zu dem langen Ton, Regen-
bogens, in welchem das Lied gefchrieben ift, habe
ich hier aus dem Wagenfeil beigefügt, aber mit
Weglaffung der von ihm im Abgefang angebrach-
ten Taktftriche, wodurch die ganze Weife eine fal-
fche Bewegung erhalten, und alle die auffteigenden
Noten im Niederfchlage ftehen, folglich die Skan-
fion durchaus zerrüttet wird.

Woher übrigens der Inhalt diefes Liedes genom-
men fey, weifs ich vor der Hand nicht nachzuwei-
fen; höchft wahrfcheinlich aber aus irgend einer
italiänifchen, damals fchon ins Deutfche oder Latei-
nifche überfetzten, Novelle. Denn man weifs, wie
gangbar um diefe Zeit dergleichen Erzählungen
waren; und meine Vorausfetzung hat daher nichts

er Graf der was ge - wal - - - tig
tr - den nyn - dert leb der - - - -

das heißt Sof - fey — mit Na - men.
vil an - dre Für - - ften scha - men.

- nig - li - chen. Sie trägt der e - ren
Fran - ken - reich.

et fich des jun - gen Hel - den Muth.

ftamm Ihr gut er - freu - et

es blut.

Befremdendes. Möglich auch, daſs wahre Ge-
ſchichte aus den Begebenheiten der ältern Grafen
von Savoyen dabei zum Grunde liegt.

IM LANGEN DON REGENPOGENS.

I. Geſatz. *)

Stoll.

Es ſagt die geſchrifft, [1]) es ſey geſeſſen
Ein edler graff, der was gewaltig vnd reich,
Vor ſchanden was er wol behut
In einem land das heiſst Soffey [2]) mit namen.
Eins tags da hat er ſich vermeſſen,
Wie auf erden nyndert [3]) leb, der ſein gleich

*) Das Gedicht war in dem Abdrucke nicht zeilenweiſe in
Verſe getheilt, ſondern lief in Eins fort; nur daſs zwei-
mal nach vier, und dann nach funfzehn Zeilen ein Ab-
ſatz war. Dieſs gründet ſich auf die gewöhnliche Abthei-
lung des ganzen Meiſtergeſanges oder Bar in mehrere
Geſätze, deren jedes zwei Stollen und einen Abge-
ſang hat. Leſſing ſetzte dieſe Abtheilung bei meiner
Abſchrift hinzu; und ich habe ſie ſtehen laſſen, ob er
gleich darin irrte, daſs er den Stoll auf acht Zeilen
ausdehnte. Jede Hälfte deſſelben hieſs vielmehr ein
Stoll, und wurde gewöhnlich am Schluſs der vierten
Zeile mit einem Kreuze bemerkt. S. Wagenſeil,
S. 521 f.

1) Geſchrift für Schrift wurde gewöhnlich von der
Bibel, ſeltner ſo, wie hier, von weltlichen Geſchichtbü-
chern gebraucht.

2) Die alte Benennung von Savoyen. In einem Canz-
leybüchlein von 1517 finde ich es Sophey, und beim
Schedler und Münſter wird es Sophoy geſchrieben.

3) nirgend, kommt ſo geſchrieben noch im Theurdank vor.

Des trug der held ein freyen mut,
Defs mufsten sich vil andre fursten schamen.

Abgesang.

Da hett der edel graff so zart
Ein schone fraw die was so miniglichen
Sie was geborn von hoher art
Vnd was des kunigs tochter aufs frankenreich.
Sie tregt der eren wol ein kron
Die rein vnd die viel gut,
Des freuet sich des jungen heldes mut,
Das redt derselbig graff so frey,
Ich main dafs auf der welt nit soy
Geborn ein weip die so schön sey,
Die ich mir allein han auserkorn.
Sie ist meins herzens ein pluender stam,
Vnd meiner sel ein wuntschel rut, [4)]
Ihr gut erfreuet manchen man,
Vnd macht dem jungen held ein freyes plut.

II. Gesatz.

Stoll.

Eins nachts der selbig graff so reiche
An einem bett bey seiner schonen frawen lag;
Da gedacht er hin vnd wider her,
Wie jm auff erd so gutlich wer geschehen.
Da sprach die fraw so minigliche:
Wol uns dafs wir erlebt haben diesen tag,
Wir haben silber gold vnd ere,
Durch unser freud mufs man viel wunder spehen.

Abgesang.

Da kam ein stimme von got
Vnd sprach: wolt ihr lieber leiden

---

4) Wünschelruthe; ein sehr glückliches dichtrisches Bild.

Ewiglichen hertzenlaydt vnd vngemach, [5]
Oder wolt jr lieber ſcheiden
Von ewerm reiche, wolt haben ſpot
Vnd hertzenleidt zehn jahr im zorn,
Antwurt bald das jr nit wert verlorn.
Der graf vnd auch ſein fraw verga: [6]
Es iſt beſſer wir furchten gottes zorn
Leiden hertzenleidt vnd vngemach,
Denn daſs wir dort ewig wern verlorn,
Zwen kunig die kriegten wider jn,
Dem dritten hat auch alls ſein volk geſchworn,
Des was der graf gar ſchier verzeyt, [7]
Grofs vngluck hett ſich jm aufserkorn.

III. Geſatz.

Stoll.

Da muſt der edel graf entrinnen,
Er vnd ſein ſchone fraw mit groffem ſpot,
Silber vnd gold volgt jn nicht nach,
Grofs vngluck das hett den herrn befeſſen.
    Da gedacht der graf in ſeinem ſin:
Ach wie ſere hab ich erzurnet meinen got,
Von dannen was jm ſo gach, [8]
Land vnd leut die hetten ſein ſchier vergeſſen.

5) Weil in den übrigen Abgeſängen immer die erſte und
   dritte, und die zweite und vierte Zeile reimen, ſo vermu-
   thete Leſſing ſehr wahrſcheinlich, daſs die Worte
   Spott und Ungemach verſetzt ſeyen, und man leſen
   müſſe:
       Ewiglichen hertzenleidt vnd ſpot,
       Oder wolt ihr lieber ſcheiden
       Von ewerm reiche, wolt haben vngemach.
6) für verjähte, erwiederte.
7) verjagt, in Schrecken geſetzt.
8) Gach iſt jähe, eilig, plötzlich beſtürzt, ſo, daſs er
   von dannen eilte.

Abgeſang.

Die fraw die ſprach: wo keren wir hin,
Das wir vertreiben vnſere lange jar?
In die beidenſchaft [9]) ſtet mir mein ſin,
Darin ſo bin ich geweſen lang furwar.
Ein ſtat wol an dem mere leit, [10])
Jenau [11]) iſt ſie genant,
Sie iſt manchem kaufman wol erkant
Da wollen wir ſchiffen vber mere,
Ob groſſes vngeluck woll von vns lan.
Ach nein, ſprach die fraw ſo here,
Der gottes wil der ſol an vns zergan, [12])
Sint das wir in das elend [13]) kumen ſein,
So laſſen wir vngeluck haben ſeinen rant, [14])
Es kumpt noch ſchierer geluckes zeyt,
Des gibe ich euch mein weiblich ere zu pfandt.

IV. Geſatz.

Stoll.

Der edel graf wart arm an ſeinem gut,
Er auf vnd nider wol an dem wilden mere ging,
Groſs jamer zwang das hertze ſein,
Das er hett ſein junges leben ſchyer verlorn.

9) Von den ſchwäbiſchen Dichtern ſcheint dieſes Wort oft
für die Fremde überhaupt gebraucht zu werden, ob-
gleich gewöhnlich unter Heiden die Sarazenen zu
verſtehen ſind.

10) liegt. 11) Genua, die in den ältern deutſchen Bü-
chern gemeiniglich Jenua geſchrieben wird; und ſo
ſollt' es vielleicht auch hier ſeyn.

12) ergehen, vollzogen werden

13) So bald wir in die Fremde gekommen ſind.

14) Rant, entweder Lauf, von rennen, oder für Ran,
welches Raub, Beute heiſst. Beim Notker iſt ranen,
wüten, toben.

Das derſach[15] die fraw aufs ſendern[16] mut,
Mit weiſſen armen ſy den herrn vmb vieng:
Gehabt euch wol, trut herre mein,
Wolt jr euch machen ſelber zu einem torn.

Abgeſang.

Ich trage in meinem peuttclein
Domit ich euch edler herre noch will derfrewen,
Zwen edel ſtain die ſeind ſo ſein,
Dar von vnſs beyde freud noch mocht werden newé.
Sy gelten vns goldes alſo vil wol rij hundert kron,
Defs frewet ſich der graf gar lobeſam,
Er ſprach, du haſt gar wol bedacht,
Du reines weyp von adel hoch geporn,
Du haſt mein hertz in freude bracht,
Al mein trurikeit han ich ganz verlorn.
Sint ich die warheit iehen ſol,
Vor ſorgen was ich gar trurig,
Wann vor freud pflegen wir der mynne ſpil,
Nein, ſprach die fraw, traut herre da laſſet von.

V. Geſätz.

Stoll.

Der graff der wart gar ſehr erfrewet,
In einem bufslin[17] ſie dieſelben ſteine trug,
Es was geſtalt recht als ein maufs,
Rauch vnd val als ich wil beweiſen.
Ir vnmut war gantz zerſtrewet,
Da ers[18] vmbe vieng da was gericht der myne pflug,[19]
Ir leid ſtund clein vnd was nit grofs,
Die buchſenſtein die ſeindt gar hoch zu preiſen.

---

15) erſah, wie hernach derfrewen für erfreuen.
16) traurigen. 17) ein Büchslein, eine kleine Schachtel.
18) er ſie. 19) der Minne Pflege. Man weiſs, daſs die-
ſer Ausdruck die Leiſtung ehelicher Pflicht bedeutet.

Abgesang.

Ein aer [20]) hoch in den luften schwebt,
Der begunde sich auf das selbig trulein [21]) setzen,
Es lag vor jm recht als es lebt,
Da ers ergraiff, jr freud die gunde sich letzen. [22])
Der graff sprang auf vnd lieff jm nach
Durch distel vnd durch dorn,
Gross vngeluck hett sich dem herren ausserkorn,
Die fraw die stund in jamer gross,
Vor rechten elend sie nit entsprechen [23]) kund,
Die zeher [24]) vber jr wengel floss,
Betrubet wass jr rosen varber mund.
Der aer hoch in die luffte auf floch,
Zu eim gefild hette er jm aufsderkorn,
Ir leyd hoch in die wolken auff zoch,
Do sy vmb vieng den fursten hochgeborn.

VI.   Gesatz.

Stoll.

Der graff der kam herwider schire,
Do stund die fraw allein so in grosser not,
Jedoch erfreuet er jr den mut
Mit einem miniglichen vmbefang.

    Da sprach der graff zu jr gar schire:
Zart reines weib so gyb mir deinen treuen rat,
Vngeluck mir vil zu leide tut,
Do gingen sy dem wilden mere so nahen.

Ab-

---

20) Ein Adler.   21) Das Diminutiv von Truhe, Ka-
sten, Schrank, aber auch jedes Behältniss. Im mittlern
Latein *truca.*
22) Entweder für v e r l e t z e n, oder wahrscheinlicher für
e n d i g e n.
23) e n t s p r e c h e n ist hier bloss für s p r e c h e n, aus-
s p r e c h e n, gesetzt.
24) Zähren flossen über ihre Wangen.

Abgeſang.

Ein kock [25] her auf dem mere ging,
Dor auff ſo ſaſſen vier der kaufleut,
Die fraw man do gar ſchon entpfieng,
Vnd auch den herrn als ich euch wil bedeutten.
Nun wolt jr ſchiffen vber mere,
So tret zu vns her an,
Des freuet ſich der graf gar lobeſan,
Wo ſieht euch hin ewer mut gericht,
Do ſprach die aufſerwelte greffin ſein:
Von meinem herrn ſcheid ich mich nicht,
Vnd ſolt ich jmer arm bei jm ſein.
Do ſchifften ſjo mit freuden abe,
Sy hetten rat: wie tetten wir diſſen man?
Da ſchrei die fraw laut: o we wie ſol
Es meinem liebſten herrn ergan?

VII. Geſätz.

Stoll.

Der kauffherrn der war viere,
Jeglicher wollt die frawen des nachtes bei jm han.
Sie achten auff den graffen nicht,
Wie doch er was vnter jn ein mutter leine. [26]
Die fraw die lieff zum graffen ſchire,
O we mein lieber herre, wie ſol es euch dergan!
Gebt mich jn zu kauffen in kurtzer pflicht, [27]
Thut ihr des nicht, ewer leben das iſt gar cleine.

---

25) Ein breites rundliches Schiff, im Gegenſatz der langen
ſchmalen Schiffe oder Galeeren. S. *Friſch.*

26) d. i. weil er doch unter ihnen **mutterſeelen al-
lein,** ohne Beiſtand und Hülfe war.

27) auf eine kurze Zeit.

Z

Abgeſang.

Ich hab gehort den jren bund,
Wie ſy euch edler herre nun wolln verſenken
Tieffe in des wilden ineres grund,
Daran ſolt jr edler herre gedenken,
Vnd ſprecht zu jn, ich ſey euch feil,
Sie haben goldes alſo vil,
Mein 'ere ich vor. jn wol behalten wil.
Vnter jn haben ſie ein alten man
Dem muſſen ſie volgen nach ſeinem rat,
An den wil ich mich ganz verlan,
Er leſt mir wider varn kein not.
Sy geben euch ſechſhundert kron
Vnd zalen euch mein-lieber herre
So in diſſem kiel, [28]
So behut ich mich vor ſchanden vil.
Mit gottes hilffe mein ere
Ich nicht verſpillen [29] wil.

VIII. Geſätz.

'Stoll.

Der graff gund ſich ſelber rauffen,
Er ſprach, du hertzliebes myngliches lieb,
Vnd ſolt ich mich vertzeihen dein [10]
Biſs auf ein tag, das mocht got wol erbarmen.
Nu ſol ich die frawe mein verkauffen,
So hat mich offt getroſt [31] jr junger ſtoltzer leyp,

28) Schiffe.
29) verlieren, verloren gehn laſſen.
30) ſollt' ich deiner entbehren.
31) getröſtet.

Vnd auch jr rotes mundelein;
Wie ſol geſchehen mir ſenden vnd vil armen?

Abgeſang.

So wolt ich lieber leyden not,
Ee das ich mich ſchone fraw ſol von euch ſchaiden,
Vnd auch den grimmiglichen dot
Den wolt lieber verdulden an uns baiden,
So mag es leider nit geſein, ſeit vngeluck ſein bot [32])
Gar crefftiglichen auf vns geworffen hat,
So iſt vil weger [33]) wenn das ich ſterbe,
Zart reines weip ee verkauff ich dich,
Wenn das mein junger leip verderbe.
Sie ſchneidt ein vingerlin [34]) entzwey,
Vnd det jns an ein heimliche ſtat,
Darbei ſolt jr gedencken mein
Biſs auf ein tag das vnſer ding wider eben gat.

IX. Geſätz.

Stoll.

Der kaufleut gunde einer zu jm ſitzen,
Er ſprach, wie beutſtu dein wunderſchones weip,
So wil ich dir bezallen ſchon,
Tuſtu das nicht du haſts vmbſunſt verlorn.
Der graf antwurt jm aufs witzen, [35])
Er ſprach, wie mochteſtu bezalen jren ſtoltzen leip,
Ioh gib dirs um vj. hundert cron,
So iſt ſie doch von adel hoch geborn.

---

32) ſein Schickſal, Verhängniſs.
33) beſſer. Weg, gut, nützlich, wie unweg, unnütz.
34) einen Ring.
35) mit gutem Vorbedacht.

Abgeſang.

Da namen ſie den graffen zart
Vnd furten jn des ſchiffs wol ein ende,
Vnd zalten jn wol auf der vart,
Darnach wart der arme graff elende. [36])
Sie ſchutten jm das gelt wol in den gern, [37])
Vnd ſtieſſen jn hindan,
Das jm der gern aufs der hand entran.
Das gelt jm in das mere viel.
Das derſach das frawlein fein,
Grofs vnmut auf in jrem hertzen wiel: [38])
Vnd verleuſt er doch das leben ſein,
So iſt er doch ein furſt gar lobeſan.
Der frawen vnmut der war grofs,
Dafs ſy jren liebſten herrn muſt hinterlan.

X.   Geſätz.

Stoll.

Sie ſchifften hin mit reichem ſchal,
Do ſtund der graff allein ſo gar in groſſer not.
Er wand ſein hend vnd raufft ſein har,
Das er ſich von ſeiner frawen muſt alſo ſcheiden.
Er ſchrey das alſo laut erhall, [39])
O got, ſo ſchick mir deinen grimiglichen dot,
So wer mein leidt verſchwunden gar,
Ich hett gebuſt wer ich ein wilder heyden.

36) Darnach ward er entfremdet, entfernt.

37) in den Schoofs des Kleides.

38) erhob ſich, regte ſich.

39) wiederhallte, ertönte.

Abgeſang.

Do ſach er hin vnd ſy ſach her,
Do hetten ſy das achte jar vertrieben,
Gar ſchyer das neund vnd das iſt war,
Als man es noch viudt iu den buchern geſchrieben.
Do gedacht er jm in ſeinem mut:
Wo ker ich hin mein ſyn,
Seit ich mit hertzenleidt vmbvangen bin,
Do er der frawen nymer ſach.
Gar bald hub er ſich auff zu hant
Zu einem herrn er ſich verjach
Zu dienen in lamparterlant.⁴⁰)
Do ſaſs ein herr gewaltiglich,
Nach hohem adel ſtund jm all ſein ſyn,
Dem dient der graff ſo milt vnd gut,
Biſs eines tages gluck kam wider zu jm.

XI. Geſätz.

Stoll.

Dem graffen mochte nit miſſelingen,
Denn ſeinem herrn dient er eben vnd wol,
Deſs er genoſs zu aller zeit,
Als jr noch am letzten wert horen.
Nun wil ich von der frawen ſingen,
Die was ſo frum, ſeyt ich die warheit jehen ſol,
Das ſy in allen landen weyt
Mit nichte nye mochte toren.⁴¹)

Abgeſang.

Der kauffherrn der warn vier,
Jeglicher wolt des nachtes nur bey jr ſchlaffen,

---

40) in der Lombardei.
41) daſs ſie nirgend eine Thorheit begieng.

Sy lieſſ zu dem alten ſchyer,
Mit heller ſtime ſo ſchrey ſy laut waffen, [42]
Vnd claget dem alten man jr not.
Der alte begunde hedencken ſich,
Er ſprach, liebes frewelin, ich wil retten dich.
Er trat zu den iungen dar:
Nun hort jr iungen herrn alle geleich,
Der frawen ſolt jr nemen war,
Wyſt jr nicht das der edel kunige von frankerich
Hat aufsgebotten in alle landt,
Das man jm bring ein frewlein mynniglich,
Er gibt umb ſie ein gantzes lant,
Es iſt alſo fur war als ich euch ſprich.

XII. G e ſ ä t z.

S t o l l.

Die edelen herren alle geleich [43]
Dye ſprachen, er hat vns geben ein trewen rat,
Wir ſullen jm gehorſam ſein,
Was mochten wir an der frawen preyſs erjagen.
Sy ſchifften ab mit ſo reichem ſchal,
Mit groſſer freud 'gen ſabegot [44] in die ſtat,

---

42) rief ſie laut um Hülfe. Von dem Ausruf all' armi! iſt
vermuthlich auch dieſe Redensart, W a f f e n ſ c h r e y e n,
wie die Wörter L ä r m und A l l a r m entſtanden.

43) Weil die fünfte Zeile jedes Stollen auf die erſte reimen
muſs, ſo vermuthete L e ſ ſ i n g, dieſe erſte ſey etwa ſo
zu leſen:
    Die edelen herren geleich all.
Vielleicht aber iſt die fünfte Zeile verſetzt, und ſollte
heiſſen: „S i e ſ c h i f f t e n a b mit ſchal ſo reich.‟ Denn
dieſe erſte Zeile kommt Geſ. XIII. wörtlich wieder vor.

44) Der vielleicht ſehr entſtellte Name irgend einer Stadt
in Frankreich.

Des frewet fich das frewlein fein,
Dem kunig liefs man die mer gar bald do fagen.

Abgefang.

Der kunig mit groffer wirdigkeit
Der liefs jm pringen famat vnd feyden,
Zu dem fchiffe er fich bereit,
Do verfchwant der frawen faft jr leiden.
Er entpfieng das werde frawlein vnd nam jr eben war,
Die kaufleutt tratten zu famen wol an ein fchar,
Er gab vmb fy ein gantzes lunt,
Vnd viij marck des arabifchen golds,
Do wart der frawen leyd bekannt,
Do fy hort das er fy haben wolt.
Sy fprach, jr wert mir geben frift,
Ein tag ein wochen ein monat vnd ein jar.
Der kunig fprach, fraw das fol fein,
Von euch mag ich mich nicht fcheiden zwar.

XIII. Gefätz.

Stoll.

Der edel kunig von franckenreich
Der fchicket aufs in alle deutfche land,
Wer preifs vnd ere eriagent wolt,
Vnd das der keme in kurtzer ftunde.
Die edelen herren alle geleich
Die wurden froh dafs jn die botfchafft ward bekant,
Ir keiner nye fo liftig ward,
Der die fraw mit nichti erkennen kunde.

Abgefang.

Vnd der herr do der graff bei was,
Der kam geritten zu der kurzweile.

Der kunig des ſelben nit vergaſs,
Er hieſs ſy zu jm treten an die zeile. [45])
Er ſprach, du lieber vetter mein, leih mir einen man,
Der vor der frawen gar wol born [46]) kan.
Er ſprach, es iſt jetz vnd ein jar,
Do kam ein man zu mir in groſſer armut,
Des ſultu eben nemen war,
Furwar er iſt vor ſchanden wol behut.
Man lieſs jm bringen reiches gewant,
Vnd lieſs jn da für die frawe ſtan,
Des freuet ſich das frawlein fein,
Do ſy jren liebſten herren ward ſichtig an.

XIV.   G e ſ a t z.

S t o l l.

Des morgens do man nun wolt ſtechen,
Do pat der graff den aller liebſten herren ſein,
Das er jm auch beholffen wer
Wol zu dem ſchimpff [47]) vnd zu der kurtzweil.
Das er jn auch ein ſper lieſs zu brechen.
Er ſprach, vil gern du hertzliebſter diener mein,
Ich leih dir ſchilt roſs harnaſch vnd ein ſper,
Ein helm gut ſo gar kurtzer eyle. [48])

A b g e ſ a n g.

Do ſich der graff geleget an,
Vnd kreftiglich bereit zu dem ſchimpf,
Jr keiner mocht vor jm beſtan,

45) an die Schranken des Kampfplatzes.
46) gebehrden, betragen.
47) Scherz, Ergötzlichkeit.
48) Vielleicht in ſo gar kurzer Eile, d. i. alsbald, auf der Stelle.

Wer gegen jm ſaſs, der muſt ſich vor jm rimpfen.
Das derſach die kunigin ſo gut, ſprach wol vmb wol an,
Der hat hie das allerbeſt getan.
Do namen ſy den graffen zart
Vnd ſur die frawen in kurtzer ſtund,
Der ſchimpff der wart nit lenger geſpart,
Sie ſprang auf vnd.kuſſt jn an ſein roten mund.
So muſs es got gelobet ſein,
Das ich euch, lieber herr allhier gefunden han.
Das erſach der kunig ſo gut,
Er ſprach, zart frawe, wye ſol ich das verſtan.

XV. G e ſ a t z.

S t o l l.

Do ſprach die fraw ſo mynigliche,
O edler kunig vnd hertzliebſter bruder mein,
Das iſt der graff vnd ich ſein weip,
Den jr mit ewern furſten habt vertrungen.
 Do ſprach der kunig von franckenreich,
So muſs es got heut vnd ymer gelobet ſein.
Habt jr zwu ſelen vnd einen leip,
Freud manigvalt hat ſich vmb mich geſchwungen.

A b g e ſ a n g.

Er gab jm wider alles lant,
Vnd noch vil mer, des gyb ich euch mein trewe.
Der frewden wart jm vil bekant,
Manich hend die muſten ſich vernewen.
Er gab jm ſilber vnd rotes gold,
Darzu manchen werden man,
Der jm hinfur mit dienſt mag bey beſtan.
Sy namen vrlaub zu der ſtund,
Vnd zugen mit einander wider heim,

Der kunig kufft den grafen an feinen mund
Vnd auch dye aller liebfte fchwefter fein.
Er fprach, fo mufs euch got bewaren,
Das ift das beft, das ich euch gewunfchen kan.
Do faffen fye vil manig jaren
In hohen eren als fy vor hetten getan.

XV.

ÜBER

DIE CYRILLISCHEN FABELN

UND

DEN MEISTERSÄNGER

DANIEL HOLZMANN.

XV.

ÜBER

DIE CYRILLISCHEN FABELN

UND

DEN MEISTERSÄNGER

DANIEL HOLZMANN.

Durch die im Jahre 1782 von Herrn Prof. *Meifs-ner* herausgegebenen *Fabeln nach Daniel Holzmann* wurde ich zu einigen Nachfuchungen veranlafst, deren Refultate zur Aufklärung und Berichtigung deffen dienen können, was gedachter Gelehrter in feinem Vorbericht über die Entftehung diefer Fabeln gefammelt und mitgetheilt hat.

Auf den erften neunzehn Seiten diefes Vorberichts redet er durchgehends von dem Meifterfänger Holzmann als Selbfterfinder feiner Fabeln; und faft fcheint es, er habe das Geftändnifs, dafs er blofs Nacherzähler war, nicht blofs wegen der Weitläuftigkeit der dazu nöthigen Erläuterungen bis zuletzt verfchoben, fondern er fey wirklich erft nach Vollendung der Hälfte feines Vorberichts auf diefe Entdeckung gerathen. Doch, diefs foll durchaus kein Vorwurf wider ihn feyn; wenn gleich die eigentliche Bewandnifs, die es mit der Quelle diefer Fabeln hat, fo unerwähnt nicht geblieben, und

unter andern auch, wie fchon ein Rezenfent be-
merkt hat, von Gottfched in feiner Kritifchen
Dichtkunft berührt ift.

Weit mehr wunderts mich, dafs Herr Meifs-
ner die Frage nicht genauer erörtert hat, wer
denn der heil. Cyrillus gewefen fey, dem man
diefe Fabeln gewöhnlich beilegt; oder vielmehr,
wer von den Vielen diefes Namens, deren Fa-
briz *) nicht weniger als achtzehn aufzählt, von
denen gemeint fey, die einen Cyrillus als ihren
erften Urheber nannten? Das Anfehen Balbin's,
der fich noch dazu blofs auf eine Nachricht des
Bolland in den *Actis Sanctorum* beruft, **) ift hier

---

*) *Biblioth. Gr.* Vol. VIII. p. 555. L. V. c. 27.

**) Ein Ungenannter theilte im *Deutfchen Mufeum* v. 1783,
  II, wo ich diefe Unterfuchung zuerft bekannt machte,
  S. 313, zu diefer Stelle folgende Erinnerung mit: „Es ift
  „Fahrläffigkeit, wenn Balbin fich auf den Bolland
  „beruft, der an dem März von den *Actis Sanctor.* kei-
  „nen Antheil mehr hatte; und falfch ift es, wenn er fagt,
  „dort ftehe eben das, was er von Cyrill's Fabeln vor-
  „gebracht hat. Denn Henfohen und Papebroch,
  „die damaligen Herausgeber jenes weitfchichtigen Werks,
  „fagen (Vol. II. m. *Mart.* §. 39.) nichts Beftimmtes, fon-
  „dern laffen vielmehr die Frage, welcher Cyrill Ver-
  „faffer der Fabeln fey, mit dem Corderius unentfchie-
  „den. Zugleich führen fie die Meinung des Labbé und
  „Miräus von dem blofsen lateinifchen Urfprunge diefer
  „Fabeln an, fetzen es dann nur noch als eine unbeftätig-
  „te mündliche Muthmafsung eines ungenannten Gelehr-
  „ten hinzu, dafs Cyrill, der Slaven Apoftel, diefe
  „Apologen gefchrieben habe, und fchliefsen endlich:
  „*Inveftigandum effet, num eius exftet aliquod in Slavo-*
  „*rum fcriptis veftigium.* Keine Spur alfo von hier nach-
  „gewiefenen Spuren! — Uebrigens hat Balbin auch in

-doch ſchwerlich entſcheidend genug. Dieſe beru-
fen ſich wieder auf den A u b e r t u s M i r ä u s, der
den dalmatiſchen C y r i l l, den ſogenannten Apoſtel
der Slaven, im neunten Jahrhunderte, für den Ver-
faſſer der ſogenannten Cyrilliſchen Apologen hält.
Wie wenig aber der B a l b i n mit der Literarge-
ſchichte dieſer Fabeln bekannt war, ſieht man ſchon
daraus, daſs er zu glauben ſcheint, der Jeſuit C o r -
d e r i u s, deſſen Namen er nicht einmal zu nennen
wuſste, habe ſie im griechiſchen Original aufgefun-
den, und daſs er ausdrücklich hinzufügt, eben die-
ſer Jeſuit habe ſie ins Lateiniſche überſetzt. Beides
iſt falſch; und ſo wird auch das Uebrige ſo gar zu-
verläſſig nicht ſeyn. Doch geſetzt, es wär' es auch;
geſetzt, die gedachten Fabeln wären ins Slavoniſche

„ſeinen M i ſ c e l l a n e i s Tomo qui inſcr. Hagiographus,
„p. 4. faſt eben dieſe Unrichtigkeiten." — —
L e ſ ſ i n g führt in ſeinem Entwurfe zur Geſchichte
der Aeſopiſchen Fabel (Verm. Schr. B. II, S. 252,) die hier
angezogene und eine frühere Stelle in den Actis Sanctor.
gleichfalls an, und ſetzt hinzu: „Cyrillus, der Sla-
ven Apoſtel, lebte um 875. Aber auch ſo alt iſt der Apo-
logenſchreiber nicht, und meine Muthmaſsung iſt wahr-
ſcheinlicher " — Was dieſs aber für eine Meinung gewe-
ſen ſey, geſteht der Herausgeber, Hr. Münzdirektor L e ſ-
ſ i n g, nicht zu wiſſen; auch fand er davon nichts in den
Papieren ſeines ſel. Bruders. Mir iſt dieſe Meinung gleich-
falls völlig unbekannt. — Hielt er vielleicht einen ſpätern
Cyrillus aus Konſtantinopel, den dritten General des
Karmeliterordens, der vom J 1197 bis 1226 lebte, und den
F a b r i c i u s Bibl. med. et inf. Lat. T. I. p. 1262 anführt,
für den Urheber dieſer Fabeln? Seine Schriften waren we-
nigſtens lateiniſch. Aber der Zuſatz epiſcopi auf ihrer Ue-
berſchrift läſst dieſe Vermuthung nicht wohl zu.

überfetzt, befänden fich — man verfteht nicht
recht, ob flavonifch oder lateinifch? — in meh-
rern böhmifchen Bibliotheken: fo würde felbft hier-
aus noch nicht weder auf ihre urfprüngliche Abfaf-
fung in griechifcher Sprache, noch auf die Gewifs-
heit diefes ihres Urhebers zu fchliefsen feyn.

Mehrere Literatoren, z. B. Cave, Oudin,
Fabricius, Placcius und Du Pin, fetzen
diefe Apologen unter die dem berühmten alexandri-
nifchen Cyrillus beigelegten Schriften, Selbft
Gesner, den Herr Meifsner anführt, oder
vielmehr Simler, der diefen Artikel nachtrug,
that ein Gleiches. Und diefs fcheint wirklich auch
die Meinung derer gewefen zu feyn, die den ältern
Abfchriften und Abdrücken diefer Fabeln den Na-
men Cyrillus vorfetzten, wenn ich gleich von
beiden nicht behaupten kann, dafs irgend eine un-
ter ihnen die Beftimmung feines Vaterlandes hinzu-
gefügt habe. Der alexandrinifche Cyrill
war bei weiten der berühmtefte, felbft berühmter
als der ältere aus Jerufalem; und jener wird ge-
wöhnlich verftanden, wenn Cyrill fchlechthin
angeführt wird.

Unter feine Werke aber hat freilich weder ein
älterer Sammler derfelben, noch ihr vollftändigfter
Herausgeber, Aubert, diefe Fabeln aufgenom-
men, weil ihre Aechtheit gar zu zweifelhaft und
unerwiefen ift. Unter diefen Werken giebt es in-
defs zwei Vertheidigungsfchriften: einen *Apolo-
geticus pro XII. Capitibus adverfus Orientales Epi-
fcopos,*

fcopos, und einen *Apologeticus ad Theodofium
Imperatorem.* Da nun Gesrer fagt, die Cyrilli-
fchen Fabeln führten zuweilen auch die Ueber-
fchrift: *Apologeticus Quadripartitus,* und
die ültern lateinifchen Drucke diefen Titel wirk-
lich haben, fo wür' es vielleicht möglich, dafs die
Titel jener beiden Schriften den, freilich auf A p o -
l o g e n fehr folöciftifch angewandten Titel: *Apo-
logeticus* entweder veranlafst hätten, um fie,
weil Cyrillus doch einmal *Apologeticos* ge-
fchrieben hatte, ihm defto wahrfcheinlicher beile-
gen zu können; oder dafs eine in dem mittlern Zeit-
alter fehr gewöhnliche literarifche Verwechfelung
der Titel entftanden, und man, wenn von einem
Apologeticus die Rede war, nicht lange verlegen
gewefen fey, ihn dem heil. Cyrillus beizulegen.

Denn es ift in der That eben fo wenig zu glau-
ben, dafs diefer Cyrillus, oder dafs jener Sla-
ven-Apoftel diefes Namens, wirklich die Fabeln,
von welchen hier die Rede ift, verfertigt habe,
und dafs fie jemals griechifch vorhanden gewefen.
Da fich Hr. Prof. Meifsner, feiner Verficherung
nach, mit dem Studium der Fabel und ihrer Literar-
gefchichte fchon lange befchäftigt hat, fo wird er
auch längft fchon wiffen, wie mifstrauifch man in
Fällen diefer Art gegen die Angaben der Verfaffer,
befonders des mittlern Zeitalters feyn mufs, und
wie gewöhnlich es war, den Fabelfammlungen die-
fer Zeiten durch die Namen berühmter Fürften,
Staatsmänner, Gelehrten, u. f. f. ein befondres An-
fehen ertheilen zu wollen. Auch haben alle die

oben angeführten, und aufser ihnen noch mehrere
Gelehrte die Aechtheit diefer Cyrillifchen Apologen
bezweifelt, und der Meinung, dafs fie fpäter von
irgend einem unbekannten Verfaffer in lateinifcher
Sprache zufammengefchrieben find, einmüthig bei-
geftimmt. Wer auch nur eine mäfsige Belefenheit
in den fo zahlreichen Fabeln, Apologen, Para-
beln und Moralifationen der lateinifchen Mönche
des zwölften und dreizehnten Jahrhunderts hat,
wird ihre ganze Manier und Schreibart in diefen
vorgeblich Cyrillifchen Fabeln gar bald entdecken.
Dafs fie zu den gangbarften Lefereien des damaligen
und etwas fpätern Zeitalters gehört haben müffen,
beweifen fchon die gar nicht feltenen Abfchriften
und Abdrücke davon, welche man in öffentlichen
Bücherfammlungen antrifft.

Defto fahrläffiger und unverzeihlicher war der
Wahn des Jefuiten Balthafar Corderius, ei-
nes der Auffeher der akademifchen Bibliothek zu
Wien, der bei der neuen Aufftellung derfelben eine
Handfchrift diefer lateinifchen Fabeln fand, und fie
als ein Anekdoton herausgab. Da Hr. Meifs-
ner diefe Ausgabe nicht aus eigener Anficht kennt,
und diefs vielleicht bei mehrern Literatoren der Fall
feyn möchte, fo will ich fie hier mit wenig Worten
näher befchreiben. Sie ift zu Wien 1650 in Sedez
ganz fauber gedruckt, und hat den Titel: *Apologi
Morales S. Cyrilli, ex antiquo MS. Codice nunc pri-
mum in lucem editi.* Auch Corderius läfst die
Frage unentfchieden, ob diefe Apologen den hiero-
folymitanifchen oder den alexandrinifchen, oder

irgend einen andern Cyrillus zum Verfaffer ha-
ben, weil er ihrer im Photius, im Sixtus Se-
nenfis, und beim Poffevin nicht erwähnt faud.
Die Wienerifche Handfchrift, nach welcher er fie
abdrucken liefs, war aus der Bibliothek zu Ofen,
und von dem Bifchofe Johannes Faber dem un-
garfchen Könige Matthias Corvinus gefchenkt.
Sie war auf Pergament fehr anfehnlich gefchrieben,
aber dabei fo fehlerhaft, dafs faft keine Periode ih-
ren gehörigen Sinn und Zufammenhang hatte. Cor-
derius gefteht daher, dafs er die wahre Lesart
meiftentheils nur habe errathen müffen, und hofft
fie dereinft, nach Auffindung des griechifchen Ori-
ginals, berichtigen zu können. Eine unerfüllte,
und vielleicht nie zu erfüllende Hoffnung!

In der That find auch die Abweichungen diefer
Ausgabe von den alten Drucken fo auffallend, und
die willkührlichen Abänderungen ihres Urhebers fo
grofs, dafs es jener Entfchuldigung wohl bedurfte.
Vornehmlich ift diefs der Fall gleich zu Anfange
des Buchs; denn in der Folge fcheint Corderius
entweder des Umänderns überdrüfsig, oder mit
dem Charakter feiner Handfchrift bekannter gewor-
den zu feyn. Um dem Lefer davon einigen Begrif
zu machen, wähle ich nur den Anfang des Prolo-
gus. Diefer ift in dem vermuthlich älteften Abdru-
cke in Folio folgender:

Secundum Ariftotelis fententiam in problema-
tibus fuis quanquam in exemplis in afcendendo
gaudeant omnes in difciplinis moralibus, hoc ta-
men amplius placet, quoniam ftructura morum

imagine picta rerum fimilitudinibus palatium vir-
tutis oftendit. Eo quod ex naturalibus animali-
bus, moribus et proprietatibus rerum quafi de vi-
vis imaginibus humanae vitae qualitas exemplatur.
Totus enim mundus vifibilis eft fchola, et rationi-
bus fapientiae plena funt omnia.

Und in der Corderifchen Ausgabe:

Secundum Ariftotelem in problematis, magna
vis eft exemplorum, in moralibus maxime difcipli-
nis, cum in rebus naturalibus et animalibus, qua-
fi vivis quibusdam imaginibus, humanae vitae qua-
litas exemplatur. Totus enim mundus vifibilis
quafi quaedam fchola eft, in qua rationibus pruden-
tiae plena funt omnia.

Von den älteften Drucken diefer lateinifchen
Fabeln habe ich ihrer zwei aus der Herzogl. Wolfen-
büttelfchen Bibliothek vor mir. Der eine ift, wie
gefagt, vermuthlich der ältefte von allen, und wahr-
fcheinlich der nämliche, der von Simler in der
Gesnerfchen Bibliothek gemeint, und Herrn Meifs-
ner von Leipzig aus mitgetheilt ift. Er ift in Folio,
auf ftarkes Papier, offenbar noch im funfzehnten
Jahrhunderte gedruckt, ohne befondres Titelblatt,
mit der Ueberfchrift: *Speculum fapientiae beati Ci-*
rilli epifcopi alias quadripartitus apologeticus voca-
tus. In cuius quidem prouerbiis omnis et tocius fa-
piencie fpeculum claret. Feliciter incipit. Das Ko-
lophon am Schlufs wiederholt diefe Worte mit ge-
wöhnlicher Abänderung der beiden letzten in *Finit*
feliciter, ohne jedoch Ort und Jahr des Drucks an-
zugeben.

Der zweite Abdruck ist in klein Oktav, dem größern übrigens völlig gleich, und hat eben die Ueberschrift auf einem besondern Titelblatte, mit einem der gewöhnlichen Holzschnitte des Buchdruckers Jean Petit, oder Johannes Parvus, zu Paris bezeichnet, unter welchem auch der Name IℰHAN PETIT eingeschnitten ist. Fabritius und Andre setzen diese Ausgabe in das Jahr 1502; sehr wahrscheinlich, aber ohne durch ausdrückliche Bestimmung in dem Buche selbst berechtigt zu seyn.

Der *Spiegel der wyfsheit, durch kurtzwylige fabeln, viel schöner sitlicher vnd christlicher lere angehende, im iar Chri ti M. D. XX. vfs dem latinischen vertütscht,* ist allerdings nichts anders, als eine deutsche Uebersetzung der Cyrillischen Fabelsammlung. Am Ende des Buchs steht: *Endet sich hie das buch des spiegels der wyfsheit, beschriben durch Cyrillum Bischof, zu Basel vfs tütsch transferiret, vnd gedruckt durch Adam Petri im iar nach Christus geburt MDXX.* Hier sieht man, dafs der von Hrn. Meifsner gerügte Fehler in der Angabe des Griebnerischen Bücherverzeichnisses, welche den Cyrill selbst zu einem Bischofe in Basel macht, kein Schnitzer des deutschen Ueberfetzers gewesen, sondern dort erst durch Weglassung des Komma nach dem Worte Bischof entstanden sey. Im Jöcher ist man der Fehlgriffe dieser Art schon zu gewohnt, um sich einen Augenblick zu wundern, dafs dieser Mifsverstand in seinem Gelehrtenlexikon einen neuen Cyrillus, der nie gelebt, hervorgebracht hat, von dem er nichts weiter, als dieses Buch in dieser

Ueberfetzung anzuführen wufste. *) Auch die Drei-
ftigkeit befremdet hier fo fehr nicht, mit welcher
Urftifius und Grynäus als Gewährsmänner
diefes Artikels angeführt werden, wovon Jener
wenigftens in feiner *Epitome* und der ihr beigefüg-
ten *Serie Epifcoporum Bafilienfium* von keinem Bafel-
fchen Bifchofe diefes Namens kein Wort erwähnt.

: Alfo nur zu Bafel verfertigt und gedruckt ift
diefe Ueberfetzung, deren Urheber fich an der'Spi-
tze feiner kurzen Vorrede blofs mit den Anfangs-
buchftaben. *B. S. M.* genannt hat. In diefer Vorrede
äufsert er auch feine Zweifel an der Aechtheit und
an dem griechifchen Urfprunge diefer Fabeln, auch
an der Meinung, dafs Cyrillus von Alexandrien
ihr Verfalfer fey. Die Gründe diefer Zweifel find
in der That fo unerheblich nicht, und beziehen fich .
auf zwei in den Apologen felbft vorkommende Stel-
len. In der einen (B. I. Kap. XV.) werde gefagt,
es gebe nur fünf Vokale; und diefs gelte zwar von
der lateinifchen, nicht aber von der griechifchen
Sprache, welche fieben Vokale zähle. Ferner
komme in diefer Saumlung eine Fabel vom Meere
und von der Donau vor, (B. III. Kap. XXIII.) „da
„es ihm aber fremd nehme, dafs einer zu Alexan-
„drien viel von der Donau fchreiben wollte, die
„doch weit obwärts Konftantinopel ins Meer rinne,
„fo er an der Hand hätte das grofse berühmte Waf-
„fer Nilum, das bei der Stadt Alexandria in das

*) Auch Herr Panzer hat in feinen *Annalen der ältern
deutfchen Literatur*, S. 445, fich bei der Anzeige diefer Ue-
berfetzung auf den Jöcher bezogen.

„Mittel - Erdreich - Meer fließe." — Dieſer letzte Umſtand wäre vielleicht der Meinung nicht ganz un- günſtig, daſs der böhmiſche Cyrill, der Slaven Apo- ſtel, wo nicht Urheber dieſer Fabeln, doch wenig- ſtens unter der Angabe ihres Urhebers gemeint ſey.

Ich kann dieſen innern Gründen eines nur all- zu gerechten Zweifels noch ein paar andre hinzuſe- tzen, die vielleicht auch etwas triftiger ſeyn möch- ten. In dem ſechſten Apolog des erſten Buchs fin- de ich den Horaziſchen Vers: *quandoque bonus dor- mitat Homerus* angezogen, auf den ein griechiſcher Schriftſteller wohl nicht leicht auch nur angeſpielt hätte. So ſtehen auch im 27ſten Kapitel des dritten Buchs die beiden lateiniſchen Verſe, deren Urheber ich nicht gleich nachzuweiſen weiſs, und die auch wohl ſchwerlich klaſſiſcher Herkunft ſeyn möchten:

Si fortuna dedit dudum mihi dulcia, quare
Dedigner ſub ea paucula dura pati?

Wäre die Zeit der Erfindung der Orgeln in der Ge- ſchichte der Muſik mit Gewiſsheit auszumachen, ſo würde mir auch die Erwähnung derſelben (B. II: Kap. XXVI.) einen Zweifel an dem vorgeblichen Alterthume dieſer Fabeln erregen. Denn aus den Worten: *nonne ſupidius ſolles in organis canunt?* ſieht man offenbar, daſs hier nicht von Waſſeror- geln die Rede ſey. Doch mehr als Alles ſcheint hier, wie ich ſchon oben bemerkt habe, die ganze Manier und Schreibart der Fabeln wider ihren grie- chiſchen Urſprung zu zeugen: jene holprichte, ver- dorbene Latinität, jene geſchrobene Phraſeologie des ſcholaſtiſchen Zeitalters, jene Menge dieſen Zei-

ten fo eigenthümlicher Kunftwörter und abftrakter
Terminologien, die man überall in ihnen antrifft,
und für die wohl fchwerlich Originalwörter in der
griechifchen Sprache vorhanden waren. Hie und
da fchienen mir auch einzelne Sprüche aus dem *Se-
neka* entlehnt zu feyn; doch kann ich darin irren,
weil ich mir nicht die Zeit nehmen mochte, diefe
Vermuthung näher zu prüfen. Kurz, Desbillons
dünkt mir in feinem Urtheil, welches Herr Meifs-
ner S. XXIV. feines Vorberichts anführt, diefen
Fabeln nicht zu viel zu thun, und den ihm dort ge-
machten Tadel eben fo wenig, als jene das ihnen
auf diefes eleganten neulateinifchen Dichters Koften
ertheilte Lob, zu verdienen.

Und nun noch einige Worte über den Augsbur-
gifchen Meifterfänger Daniel Holzmann, der
diefe Fabeln, oder vielmehr die deutfche Ueberfe-
tzung derfelben in Reime gebracht hat. Zwar über
ihn felbft und feine perfönlichen Umftände weifs ich
zu dem Wenigen, was Herr Meifsner davon bei-
bringt, nicht viel hinzu zu fetzen. Sein Geburts-
und Sterbejahr habe ich bisher nicht auffinden kön-
nen. In dem Artikel, welchen ihm Herr Hofrath
Adelung in feiner *Fortfetzung des Jöcherfchen Ge-
lehrtenlexikon* gegeben hat, fteht blofs, dafs er in
der letzten Hälfte des fechszehnten Jahrhunderts ge-
lebt, um 1570 fich als Bürger und Meifter zu Augs-
burg, 1580 aber zu Wien aufgehalten habe. Au-
fser feiner Bearbeitung der Cyrillifchen Fabeln wird
dort noch von ihm angeführt: *Neu klägliches Lied
von der fchröcklichen Witterfnoth und Wolkenbruch,*

beschehen zwo Meilwegs um Crems und Stein d. 13.
May 1580; und eine in der Bibliothek der Gesell-
schaft der freyen Künste in Leipzig befindliche Hand-
schrift: *Funfzig schöner auserlösener Hystorien, Pa-
rablen vnd Exempel, vilerley Weifs vnd Arten in
rechtmäfsige wohl scandirte Reimen gemacht,* auf
deren Titel es heisse, dafs H o l z m a n n dieses Buch
1584 zu Wien gemacht, und dafs er von Augsburg
gebürtig gewesen sey.   Diesen letzten Umstand be-
stätigt auch seine Unterschrift der Zueignung seiner
Fabeln. — Nur mit wenig Worten wird seiner von
dem jüngern Herrn v o n S t e t t e n unter den Augs-
burgischen Meistersängern gedacht. [*]) Er nennt un-
sern H o l z m a n n einen Maler und Dichter, und
sagt, er habe seine Kunst an *Cyrilli Spiegel natürli-
cher Weisheit* verschwendet, und ihn im J. 1574 in
deutschen Reimen bey Philipp Ulhard mit Holz-
schnitten herausgegeben.   Sind diese Holzschnitte
von ihm selbst, wie Herr v o n S t e t t e n hiedurch,
und weil er ihn einen Maler nennt, anzudeuten
scheint, so beweisen sie freilich eben so wenig Ta-
lent für Zeichnung und Schnitt, als seine Fabeln
Dichtergabe verrathen.   Dafs er Kürschner gewesen
sey, wird, wie schon Herr M e i f s n e r angemerkt
hat, in dem Wiedeburgischen Auszuge aus dem be-
kannten Jenaischen Meistergesangbuche gesagt.
   Der ganze Titel seiner Fabelsammlung, den Hr.
M e i f s n e r aus seinem mangelhaften Exemplar
nicht geben konnte, ist folgender:

[*]) *Kunst-, Gewerb- und Handwerks-Geschichte der Reichs-
stadt Augsburg.* (Augsburg 1779. 8.) S. 531.

Spiegel der natürlichen Weyſsheit, durch den al-
ten in Got gelerten Biſchof Cyrillum mit ſünf
vnd neuntzig Fabeln vnd ſchönen Gleichnuſſen
beſchriben, yetzund von neüem inn Teutſche
Reymen, mitt ſchönen Figuren, auch hüpſchen
Auſslegungen, yederman nutzlich vnd lieblich
zu leſen.   Gemacht durch Danieln Holtzman,
Burgern zu Augſpurg.

Die Zueignungsſchrift der Ausgabe von 1571 be-
ſteht aus vier Blättern, und iſt an Bürgermeiſter
und Rath der Reichsſtadt Efslingen gerichtet, wo
Holzmann zweimal Schule gehalten, d. i.
ſich als Meiſterſänger zweimal in einer Singſchule
der Zunft hatte hören laſſen. Die erſten drei Seiten
dieſer Zuſchrift betreffen blofs den allgemeinen
Werth der Fabeln, Gleichniſſe und Beiſpiele; auf
der vierten Seite macht er erſt den Uebergang zu
ſeiner Arbeit.   Was er dabei von dem heil. Cy-
rillus ſagt, iſt faſt ganz aus der proſaiſchen deut-
ſchen Ueberſetzung genommen, die er, wie ich ſo-
gleich zeigen werde, nur allein gekannt zu haben
ſcheint. Von dieſer iſt es auch ohne Zweifel zu ver-
ſtehen, wenn er ſagt, es ſeyen von der erſten und
letzten Edition des *Spiegels der Weisheit* wenig Ex-
emplare mehr vorhanden.   Dieſe Seltenheit nun,
und der innere Werth des Buchs, dem ſeiner Mei-
nung nach „auſserhalb göttlicher bibliſcher Schrift
„nit vil andre vorgehen ſollen,“ bewog ihn, es in
deutſche Reime zu bringen, und die Moralen oder
Auslegungen mit bibliſchen und andern Sprüchen
aus den alten weiſen Meiſtern und Philoſophen zu

erläutern. Ueber ſeine Sorgfalt für die Reinigkeit
dieſer Reime ſetzt er noch einiges hinzu, und eifert
mit voller Orthodoxie eines ſchulgerechten Meiſter-
fängers wider die Miſsbräuche anderer Reimer ſei-
ner Zeit.

Ich beſitze ſelbſt eine nach drei Jahren wieder-
holte Ausgabe*) dieſer Fabeln v. J. 1574, eben die,
welche von Stetten und Adelung anführen.
Im Ganzen iſt ſie der ältern ſehr ähnlich; aber in
die Stelle der Zuſchrift an den Rath zu Eſslingen
iſt hier eine andre an Hans Vehlin zu Unger-
hauſen gekommen, die kürzer, faſt aber gleichen
Inhalts mit jener ältern iſt. Nach dieſer Zuſchrift
ſteht folgende gereimte

> *Vorred an den Leſer.*
> Ich bitt ain yeden dem diſs Buch
>   Zu leſen kummt, das er durchſucht
> Zuvor Anfang Mittel vnd End
>   Eh er ſich zu dem Vrtail wend.
> Manicher iſt dahin gericht,
>   Das er verſchmächt alle Gedicht.
> Es verſchmächt offt manicher Man
>   Ain ding darumb das ers nit kan.
> Auch wirt ain ding belder veracht,
>   Dann nachthun oder beſſer gemacht.
> Man findet auch ſolliche Gſöllen,
>   Die Maiſter über all ſein wöllen.
> Zu frech vnd rhümig iſt das Maul,
>   In that vnd wercken ſeind ſie faul.

*) Herr *Koch* führt in ſeinem *Compendium der deutſchen
Literargeſchichte,* 2te Aufl. S. 248. noch eine Ausgabe von
1572 an, die mir unbekannt und faſt zweifelhaft iſt. Der
von 1574, die dann die dritte in drei Jahren ſeyn würde,
gedenkt er nicht.

Ich wird noch werden aufsgericht,
Sam ich hab andren nach gedicht.
Befindt es fich, ich will gedultig
Leyden dife Nachred fam fchuldig.
Mein Sinn vnd gmüt nit dahin ftet,
Das ich yemandts Autoritet
Wöll fchwechen vnd das mir zufchreiben,
Ich lafs yedem fein Dicht beleiben.
Das ich aber etwan einfier,
Etliche Sprüch vnd allegier,
Die ein andrer zu feinem brauch
In feinem gedicht meldet auch,
Da kan ich gäntzlichen nichts für.
Lefen ift auch erlaubet mir.
Ich hört mein tag kein gute Lehr
Die nit aufs Büchern zogen wer.
Ich hab ain yetlichen Autor
Gewonlichen gemeldt zuvor
Vnd mir fein Ehr zugmeffen nicht
Sam ich bett feine Sprüch gedicht.
Lefs ein andrer auch fleifsiglich,
Vielleicht findt er noch mehr dann ich.

Im ähnlichen Tone findet fich zu Ende des Buchs
ein gereimter Befchlufs, worin fich unfer Mei-
fterfänger über die Unvollkommenheit feiner Reime-
reien entfchuldiget, feinen Tadlern im Voraus zu
begegnen fucht, der Welt und Gott bekennt, dafs
er ein armer Sünder fey, und zuletzt fchliefst:

Dafs Gottesforcht vnd zucht facht an,
Das wünfcht vns Daniel Holtzman.

Aus der ganzen Periode des Meiftergefanges,
vollends aus diefem fchon fpätern Zeitpunkte der-
felben, fteht freilich nichts Sonderliches noch Poe-
tifches zu erwarten; alles ift hier fchlecht und

recht; denn Genauigkeit der Sylbenzählung war
diesen Verseschmieden Alles. Auch das Verdienst
Holzmann's um die Cyrillischen Fabeln ist
ziemlich unbedeutend. Dadurch verliert es frei-
lich wenig, dafs er sie nicht aus dem lateinischen
Originale, sondern aus der deutschen Uebersetzung
nahm; denn dem Verdachte, in den er als Kürsch-
ner leicht gerathen könnte, dafs er vielleicht das
Latein nicht verstanden habe, hat er durch die sei-
ner ältern Zueignungsschrift eingestreuten lateini-
schen Blümchen hinlänglich vorgebeugt. Aber dafs
er dieser Uebersetzung, die sich in der That, ihrer
Kürze und kernhaften Sprache wegen, weit besser
liest als seine Reimerei, so sklavisch nachtrat, und,
wenn er von ihrem wörtlichen Ausdrucke ja ein-
mal abwich, sogleich ins Schaale und Langweilige
verfiel, beweist allerdings, dafs er auch in der
Dichtkunst blofser Handwerker war. Seine in den
äufserst langweilig ausgesponnenen Moralen ange-
brachte Belesenheit möcht' ich ihm eben so wenig
zum Verdienst anrechnen; denn das war nicht nur
Sitte, sondern Pflicht, jedes Meistersängers. Doch,
die Würdigung dieser Holzmannischen Arbeit war
eigentlich meine Absicht nicht. Herr Meifsner
selbst hat ihre Fehler sehr richtig gezeigt; und die
Schönheiten, die er diesen Fabeln beilegt, hätte er
gewifs nicht so hoch in Anschlag gebracht, wenn
er nicht Anfangs einen verkannten Originaldichter
in ihm entdeckt zu haben geglaubt hätte. Die
Freude über solch eine Entdeckung wird so leicht
leidenschaftlich und parteiisch, verleitet den Freund

und Forfcher des Alterthums fo leicht, da Schön-
heiten und Originalzüge zu finden, wo ein kühler
unbefangener Lefer oft nur fehr alltägliche Manier
wahrnimmt.   Und diefe Täufchung ift ja fo menfch-
lich! fo, verzeihlich! —

Zum augenfcheinlichen Beweife, dafs H o l z -
m a n n, , wie gefagt, nur den deutfchen Text vor
Augen gehabt, und denfelben meiftens ganz wört-
lich befolgt habe, will ich zum Schlufs noch eben
die Fabel zur Vergleichung hieher fetzen, die Herr
M e i f s n e r als Probe von H o l z m a n n s Verfen fei-
ner Vorrede eingerückt hat.   Sie lautet in Profe fo:

*„Es hat vff ein zyt gefehen ein Turteldublin, dafs
ein Spatz mit vngemafter vnküfcheit vmbging. Dar-
umb kam es zu jm fprechend: Mein lieber bruder
warumb verzerft du dich felbft mit folcher vngeftü-
miger vnreynigkeit, vnd güffeft dich felb vfs mit fo-
licher vnmafs? Weyftu nit das die thier, die fich
folichs handels vil pflegen, nit lang leben? Schon
dyn felbs, hab ruw, vnd thu alle ding mit mafs. Er
antwurt. Haftu erfaren dafs etwas luft in dem Werk
ift, was verwunderftu dich dann? Ich wird darzu
gezogen alfs ein fifch zum angel, der einmal anbif-
fen hat. Vff das hat die Turteldub geantwurt. Ich
merk wol, du wirft nit geburt halb fondern lufts halb
darzu getriben. Ich bitt dich gedenk was du do ver-
lürft. Sich, du verlürft das aller reyneft mark, den
wunderbaren fomen der geberenden natur, die wur-
tzelich vffenthaltung des fleyfch, in das gefchöpfft
wird die kofsparlich ader der rychtum vnd tugend.
Darum hab acht, was du gůdiger zerftöreft, was du*

zerſtreweſt, was du hinwirſſſt, vnd was du vnge-
rechter behalter mit dyner natur handleſt. Du vnder-
druckſt die ordnung der welt, vnd übertrittſt das na-
türlich geſatz, welche zwey vſswiſen, das man ſolich
werck ordnen ſol frucht zu überkummen, nit luſt ſu-
chen. Aber du verlaſſeſt vnd verſaümſt die frucht,
als ein verkerer, vnd güſst uſs den fruchtbaren ſo-
men zu einem luſt der augenblicklichen wert. Was
mere? Der iſt fürwar ein gantzer narr, der ſich
ſelbſt mit luſt zerſtört, vnd iſt ſo vil vnſinniger, ſo
vil ſchedlicher er ſich verderbt."

Holzmann hat dieſs in folgende Reime gebracht:

Ainsmals ain Turteltaüblin zart
   Sach, wie ein Spatz ſer gayler Art
Mit vngemaſster Vnkeuſchhait
   Sich vmgabe inſonderheit.
Derhalb das Taüblin an dem Ort
   Sprach zu dem Spatzen diſe Wort:
Mein Bruder, wie magſt du ſelbs dich
   Verzeren ſo mutwilligklich
Mit der Vnrainigkeit on Maſs,
   Vnd geüſt dich aus on Vnterlaſs?
Du waiſt, das die Thier nit lang leben,
   Die ſich auf diſe Ding begeben.
Schon dein ſelbſt vnd thu haben rhu,
   Alle Ding thu mit maſs darzu.
Dem Turteltaüblin an der ſtett
   Der Spatz die Antwort geben thett:
Haſtu erfaren zu der friſt
   Daſs etwas Luſts in dem Werk iſt,
Was thuſt du dann verwundern dich?
   Wiſs, darzu wird gezogen ich,
Als ain Viſch nach dem Angel gat,
   Der ainmal angebiſsen hat.

Da ſprach die Turteltaub hergegen,
Ich merk, das nit von Geburt wegen,
Sondern von Luſts wegen allein
Du dich ſelbſt verzereſt mit Pein.
Ach thu bey dir zu Hertzen füren
Was du dardurch thueſt verlieren.
Das allerreineſt Mark ſo pur,
Den Gebärſamen der Natur,
Die Wurtzel deines Flaiſch ſo gut,
Dein kreftiges vnd beſtes Blut,
Deſsgleichen auch dein zarte Jugent,
Die aller beſt Ader der Tugent.
Warumb thuſt du dann dich erfröwen
Ab dem, der dich nur thut zerſtröwen?
Betracht was du hinwürffſt allwegen,
Vnd dir vnnütz erwölſt hergegen.
Du vndertruckſt die Ordnung gar
Vnd das natürlich Gſatz fürwar,
Welche nit zum Luſt vnd Vnehren
Das Werk gemacht hond, ſonder zu mehren
Die frucht in aller Welt ſanfftmüthig,
Vnd nit zu dem Luſt gail vnd wütig.
Du aber verſäumbſt die gut Frucht
Durch dein ſchnöde gayle Vnzucht,
Geüſt den fruchtbaren Samen aufs
Zu ainem Luſt on allen Graufs.
Dein Luſt kaum ain Augenblück wert,
Auch iſt dieſer ain Narr auf Erdt,
Der ſich ſelbſt thut mit Luſt verderben
Vnd ſich ſelbſt bringet zu dem Sterben.

XVI.

PRIAMELN.

Bb

XVI.

P R I A M E L N.

In feinen letzten Lebensjahren hatte L e f f i n g den Vorfatz, unter der Auffchrift, *Altdeutfcher Witz und Verftand*, eine Sammlung von Sprüchwörtern, Apophthegmen und Denkverfen altdeutfcher Dichter und andrer Schriftfteller zu veranftalten, die er zum Theil aus verfchiedenen Handfchriften der Wolfenbüttelfchen Bibliothek, zum Theil aus gedruckten Büchern zu wählen dachte. Dafs diefe Sammlung, von folch einem Kenner ächten Witzes und Scharffinns angeftellt, fehr verdienftlich, und nicht blofs dem Ruhme unfrer ältern, auch von diefer Seite zu fehr verkannten, Schriftfteller, fondern zugleich der Ehre unfrer Nation, beförderlich gewefen wäre, leidet wohl keinen Zweifel. Aber auch diefes Vorhaben des viel umfaffenden, viel entwerfenden Mannes, der überall, wo er Lücke und Bedürfnifs in der Literatur entdeckte, fogleich bereitwillig und entfchloffen war, jene auszufüllen, und diefem abzuhelfen, blieb, gleich fo manchem andern unausgeführt, und der dazu bereits gefammelte Vorrath, der uns jetzt im Druck mitgetheilt ift, *) war nicht fehr beträchtlich.

*) S. *Leffing's leben*, Th. III. S. 2⁹0.

In der Reihe poetifcher Denkfprüche würden
dann gewifs die, von welchen hier die Rede feyn
wird, eine der erften Stellen erhalten haben. L e f-
fing war zu fehr Kenner unfrer ältern Poefie, um
ihre beffere und ftärkere Seite, ihr wahres und vor-
zügliches Verdienft, zu verkennen oder zu überfe-
hen. Diefes Verdienft ift nicht Dichtung, nicht Schil-
derung, nicht leidenfchaftlicher Ausdruck, nicht
Wohlklang und Vollendung der äufsern Poefie; fon-
dern Nachdruck und Gedankenfülle in moralifchen
Winken, Sprüchen, Lehren und Bemerkungen.
Daher feine Vorliebe für das Sittengedicht, *der Ren-
ner*, auf deffen Abfchrift und Berichtigung er fo
viel Mühe verwendete.

Der Zeitpunkt, in welchem unfre Poefie von
diefer moralifchen Kraft am meiften genährt und be-
lebt wurde, war der Ablauf des dreizehnten, bis
zur Hälfte des funfzehnten Jahrhunderts. Zwar
finden fich auch in den frühern Gedichten der foge-
nannten Minnefinger manche treffliche Spuren fitt-
lichen Gefühls und gnomologifchen Scharffinns;
aber doch nur fparfam und beiläufig. In den fpä-
tern Gedichten der Meifterfänger aber find fie gar
zu fehr mit langweiliger und verbrauchter Betrach-
tung untermifcht. Denn eben auf ausgedehnte
Spruchreden, vollends wenn fie recht fchriftmäfsig
klangen, legte der Meifterfänger das vornehmfte
Verdienft feiner Verfe.

Gerade in die Zeit des Ueberganges von der er-
ften diefer beiden Perioden zu der zweiten fcheinen

die meiften kleinen Stücke zu gehören, die ich hier
mittheilen werde. Ich nehme fie aus einer Hand-
fchrift der Herzogl. Wolfenbüttelfchen Bibliothek,
die Leffing befonders werth hielt, aus eben der,
welche er im fünften Stücke feiner Beiträge als die
zweite befchreibt, worin die Bonerifchen Fabeln
enthalten find. *) Er felbft verfprach einige von die-
fen Gedichten in jenen Beiträgen bekannt zu ma-
chen, weil fie ihn viel zu fehr vergnügt hätten, um
nicht diefes Vergnügen je eher je lieber mit feinen
Lefern zu theilen.

In einem Briefe an Herder **) hat fich Lef-
fing felbft über diefe Gedichte näher erklärt. Nach-
dem er bemerkt hat, dafs er von eigentlichen Lie-
dern bei unfern Alten wenig oder nichts gefunden
habe, was der Erhaltung werth fey, fetzt er hinzu:
„Dem poetifchen Genie unfrer Vorfahren Ehre zu
machen, müfste man auch wohl mehr das erzählende
und dogmatifche, als das lyrifche Fach wählen. In
dem Fache, welches aus jenen beiden zufammenge-
fetzt ift, getraute ich mir z. E. eine Sammlung Fa-
beln und Erzählungen zu liefern, wie fie kein Volk
aus fo frühen Zeiten in Europa beffer haben müfste.
Und gleichwohl waren es weder Erzählungen noch
Fabeln, was ich unter dem Namen deutfcher Volks-

---

*) *Beiträge zur Gefchichte und Literatur*, St. V. S. 23.

**) *Leffing's Schriften*, Th. XXIX. S. 492. Vergl. *Her-
der's Literarifchen Briefwechfel* im *Teutfchen Merkur*,
Auguft, 1782, S. 169 ff. und meinen *Beitrag zur Bragur*,
B. II. S. 332.

gedichte bekannt machen wollte, sondern es wa-
ren theils P r i a m e l n , theils B i l d e r r e i m e. —
Priameln, wovon jetzt noch kaum der Name mehr
bekannt ist, waren im dreizehnten und vierzehnten
Jahrhunderte eine Art von kurzen Gedichten, die
ich gern das ursprünglich deutsche Epigramm nen-
nen möchte; alle moralischen Inhalts, obgleich
nicht alle von dem züchtigsten Ausdrucke. Die Bi-
bliothek besitzt davon ansehnliche Sammlungen, von
mehr als Einer Hand geschrieben."

Die Benennung P r i a m e l ist gewiss nichts an-
ders, als Entstellung des lateinischen Worts *praeam-*
bulum, woraus zunächst P r ä a m b e l wurde, das
man auch beim F r i s c h findet. In dem von *Ober-*
lin herausgegebenen *Scherzischen Glossar* steht das
Wort P r i a m e l selbst, mit folgendem Beispiele:
„*Ordn. des gerichts, a.* 1482. *des ersten macht*
„*ein Harfer ein* P r i a m e l *oder Vorlauf daz er die*
„*luit im uff ze merken beweg.*" Das Besondre die-
ser kleinen Gedichte besteht nämlich darin, dafs zu
mehrern Subjekten, oder auch zu mehrern Vorder-
sätzen, deren eine ganze Reihe nach einander auf-
geführt wird, am Ende ein einziges gemeinschaftli-
ches Prädikat, oder ein lange aufgesparter und ge-
meinschaftlich auf jene ganze Reihe anwendbarer
Nachsatz hinzu kommt, worin entweder die Gleich-
heit oder Unverträglichkeit jener Subjekte und Vor-
dersätze angegeben, oft auch ihr gleicher Werth
oder Unwerth bestimmt wird. Manche darunter
haben zugleich Ein oder mehr Gesellschaftsstücke,

oder Parodieen, neben fich, worin das nämliche
Prädikat, oder deffen Gegentheil, auf andre Sub-
jekte angewandt wird. Freilich entfteht durch diefe
ähnliche Form und deren öftere Wiederholung eine
gewiffe Eintönigkeit, die für den, der mehrere fol-
che Stücke nach einander lieft, bald ermüdend wird.
Für fich genommen hat aber doch diefe Form etwas
fehr Epigrammatifches, und die beiden wefentlichen
Beftandtheile des Sinngedichts, die *Leffing* in fei-
nen *zerftreuten Anmerkungen* über diefe Dichtungs-
art fo glücklich entwickelt hat, nämlich E r w a r -
t u n g und A u f f c h l u f s, wiewohl diefer letzte
nicht immer gleich überrafchend und befriedigend
ift. Denn, wie H e r d e r mit Recht bemerkt, die
Erwartung ift bei diefem altdeutfchen Sinngedichte
etwas l a n g, und, nach deutfcher Art und Kunft,
etwas l e h r h a f t.
　　Wer die Verfaffer der in der gedachten Hand-
fchrift zufammengetragenen Gedichte gewefen find,
wird bei der erften Abtheilung derfelben gar nicht,
und bei der zweiten fehr allgemein und unbeftimmt
durch die Worte der Ueberfchrift angegeben; *von*
etwen vill mayftern tichtern die die hernach gefchri-
ben priamel geticht vnd ymaginirt haben. Als der
fchneprer freydanck palbirer etc. vnd ander meyfter
mer. Von den drei hier genannten Verfaffern ift
der S c h n e p p e r e r wohl kein anderer, als der
aus der Gefchichte unfrer deutfchen Bühne bekann-
te H a n s v o n R o f e n b l ü t, der jenen Beinamen
führte. Aus dem *Freidank* aber find grofse Stücke

überall eingefchaltet, und faft das ganze Gedicht
unter diefer Auffchrift fteht in dem Manufkripte,
wovon hier die Rede ift.   Der fogenannte Palbirer
aber ift wahrfcheinlich eben der Hanns von
Wurms Palbirer, von dem in diefer Sammlung
ein Stück vorkommt, das mit feinem Namen
fchliefst; auch wohl einerlei Perfon mit dem, zwar
zu Nürnberg lebenden, vielleicht aber aus Worms
gebürtigen, Hans Folz dem Barbierer, ei-
nem der zwölf alten Meifter der nürnbergifchen
Meifterfängerzunft, von dem fich noch ziemlich
viel Reimereien handfchriftlich in der Bibliothek zu
Wolfenbüttel befinden. *)

So verfchieden übrigens der Inhalt und der
Werth diefer alten Verfe ift, fo ungleich ift auch
wohl ihr Alter und die Lebenszeit ihrer Verfaffer.
Meiftens fcheinen fie, die aus dem *Renner* und *Frei-
dank* gezogenen ausgenommen, aus dem funfzehn-
ten Jahrhunderte zu feyn.   Manche einzelne Stücke
find indefs auch wohl frühern Urfprunges, befonders
die Spruchreime, die damals, als fie hier gefammelt
wurden, vermuthlich fchon fehr gangbar und wah-
re Volkspoefie waren.   Die Handfchrift felbft ge-
hört wahrfcheinlich auch noch in das funfzehnte
Jahrhundert, wenn gleich ihr gröfserer Theil, wel-
cher diefe Gedichte enthält, offenbar ein neueres

*) S. darüber (Hrn. Biblioth. *Langer's*) *Verfuch über
Hanns Folcz, einen deutfchen Volksdichter aus dem funf-
zehnten Jahrhundert,* in *Meufel's Hiftor.-liter.-biogr.
Magazin,* St. 4. S. 118. 133.

Anfehen hat, als ihr Anfang, der die erften 85 Bo-
nerfchen Fabeln liefert, und dem L e f f i n g, wie-
wohl mit einigem Zweifel, das Zeitalter auf der
Gränze des vierzehnten und funfzehnten Jahrhun-
derts zuerkannte. *) Dafs aber der übrige Theil der
Handfchrift noch nicht in der erften Hälfte des funf-
zehnten Jahrhunderts, fondern aufs frühefte mit
dem Ablauf deffelben könne gefchrieben feyn, das
beweift fchon eine Stelle in einem darin befindlichen
längern Gedichte, *von mancherley unnützer arbeit,*
worin die Buchdruckerei mit beweglichen Typen
als eine fchon bekannte, und nicht mehr ganz neue
Erfindung erwähnt wird:

Welch puchtrucker funff Jar hat getruckt,
Der hat ein Jar wol puchftaben wider auszuckt.

Aehnliche Gedichte enthält auch eine andre
Handfchrift der Wolfenbüttelfchen Bibliothek, in
der gleichfalls die Bonerfchen Fabeln voran ftehen.
Am Schluffe diefer letztern ift die Jahrzahl 1481
bemerkt; das Uebrige, was diefer Band enthält,
und ich anderswo genauer befchrieben habe, **)
fcheint um eben die Zeit zufammengetragen zu feyn,
obgleich nicht Alles von einerlei Hand ift. Man-
che der hier vorkommenden moralifchen Verfe und
Priameln hat diefe Handfchrift mit jener gemein;
einige wenige, die fie eigen hat, und des Aufbehal-
tens würdig fchienen, habe ich hier mit beigefügt.

*) *Beiträge zur Gefchichte und Literatur*, V. 20.
**) S. die *Leffingfchen Beiträge zur Gefchichte u. Lite-
ratur*, St. V. S. 195.

Nicht auf alle, aber doch auf die meiften folgenden
Gedichte trifft der ganze Charakter zu, den ich
oben von den Priameln gegeben habe. Ich laffe
diefen Probeftücken meiftens ihre alte Geftalt, was
die Wortform und Mundart betrifft; nur der fehr
ungleichen und vernachläffigten Rechtfchreibung
und Interpunktion hab' ich hie und da nachgehol-
fen, und fie dadurch lesbarer zu machen, gefucht.

I.

Heut fo feyn wir gut gefellen
Und morgen wieder ob wir wöllen,
Die wahrheit ift gen himmel zogen,
Und die treu ift über meer geflogen.
Frömmkeit ift todt und gar vertrieben,
Untreu ift hie zuletzt geblieben.
Wenn ich möcht' haben ein'n Eifenhut,
Der für Lügen und Trügen wäre gut,
Und einen guten Schild für Schelten,
Den wollt ich theur und wohl vergelten;
Und möcht haben ein' Panzer und Kragen
Für alles Siechen und Wehtagen,
Und ein' Küras für ein böfes weib,
Dafs darin ficher wär' mein Leib,
Und für alles unglück ein fchnelles pferd,
Was in der Welt hin und her fährt,
Und allem übel möcht' entlaufen,
Das wollt ich ein'm theur gnug abkaufen;
Und für das alter ein gute falben,
Die wollt ich ftreichen allenthalben;
Und für den tod ein gutes fchwert;
Diefs all's wär taufend gulden werth.

II.

Was gott der herr ein'm gönnen will,
Es fey gleich lützel ') oder viel,
Eh dafs der menfch auf erden kömmt,
Das bleibt ihm alles unzertrümmt:
Weib, kind, glück und ehr,
Hoch ftand, fchön.²) und gut gebehr,
Wie arm er ift und fo elend,
Und wär dort nieden zu orient,
Und wär das fein dort oben zu weften,
Noch wird es ihm allfammt zu letzten,
Hat ihm das gott verfehn zu hagt; ³)
Hätt' ihm all' Welt ganz abgefagt,
Derfelbig' menfch müfst' ja das haben,
Und wär es in neun mauern vergraben.

III.

Viel mancher will all' welt anplerrn,
Und feyn doch gegen ihr' weiber narrn.
Was mancher ein' woche gewinnen kann,
Das wiert ihm fein weib ein feyrtag an; ')
Und was er über jahr kann erlaufen,
Um das mufs er ihr kleider kaufen;
Und thät er gern all's was er follt,
Noch ift fie ihm wed'r treu noch holt;
Und was ihr kann daneben werden,
Und follt' fie das ganz haus umkehren,
Das ift verfreffen, vertrunken und verhurt,
Wie gern der mann verftellt den furt. ²)
Er fehlt der glofs mit exponir'n, ³)

II. 1) wenig. 2) Schönheit. 3) zu feinem Glück und Behagen.
III. 1) Das legt ihm fein Weib an Einem Feiertage an ih-
ren Leib. 2) So gern der Mann ihr auch in den Weg
treten, es ihr auch verwehren möchte. 3) Er verfehlt
feiner Erwartungen und gemachten Rechnungen.

Und hätt' er aller menschen hirn,
Er muſs sich laſſen taüſchen und äffen;
Es wär' denn, daſs ihn ein glück thät treffen,
Daſs sie vier'n auf die achſel flug. 4)
Und wenn er drum ein leidkappen trug,
Und wollt faſt drum zannen 5) und klagen,
Daſs man ihm's aus dem hauſ' thät tragen,
So sollt jedermann got bitten drum,
Daſs er viel ein böſere num. 6)
Wollt er die leut' darum anschnappen,
So gieng' ihm der ritt an in der kappen. 7)

IV.

Grofse arbeit weichen leuten,
Und harte bärt' auf linden haüten,
Härter weg' schrollen 1) und linde füſs',
Und grofse fünd', der man nicht büſs,
Fuß zwängen 2) und haar mit schwefel machen, 3)
Und enge wamms, daſs die neſtel krachen, 4)
Daſs man der pein nicht bergen kann,
Und all' nacht auf der gaſſen gan,
Es regne, schnei', kalt oder warm,
Und in dem hauſ' so englich arm,
Zu unzeiten lang in die nacht geseſſen,
Und weib und kind viel warm's gefreſſen,
Bricht ihm und aller welt denn ab,
Daſs man nur geld den huren hab',
So kommt er denn, und laurt und horcht,
Auf schlagen, werfen, er sich beforgt;
Derselb' menſch steht so müſsig freylich

---

4) daſs sie von vier Trägern zu Grabe gebracht würde.
5) die Zähne blecken, sich ungebehrdig stellen.　6) näh-
me.　7) so wär' er im Kopfe verrückt.
IV. 1) hartes Pflaster.　2) die Füſse einklemmen.　3) das
Baarthaar mit Schwefel abfengen.　4) die Bänder reiſſen.

Vor gott und all feinen heilig,
Die laffen ihn wohl die wänd' angaffen,
Und alles, das gott hat erfchaffen,
Und auch das himmelreich, gottes haus,
Denn der teufel fchlägt fein nicht aus.

V.

Ein würzgart und ein rofenkranz,
Mägd' und Knecht' und fchöner tanz,
Gut' koft, füfs' wein und fchöne frauen,
Vogelgefang und blumen in auen,
Schöne menfchen und höflich [1]) gewand,
Gelds genug und gefund alfant, [2])
So wollt ichs treiben ewigleich,
Wenn droben wär' kein. himmelreich.

VI.

Redten die pfaffen als [1]) gern latein,
Als gern fie trinken guten wein;
So fünd' man manchen gelehrten mann,
Der mehr latein künnt' denn er kann;
Und wollten auch all ftudiren deft me, [2])
Wenn jeder ein weib hätt' zu der eh.
Ich liefs mir auch eine Platte fcheer'n;
Ich hab wohl wein und weiber alfo gern.

VII.

Ein weib nach hübfchheit als ich fag, [1])
Müfst haben eins weibs haupt von prag,
Ein büfchlein von einer von frankreich,
Und zwei brüftlein von oefterreich,

V. 1) hofmäfsig, vornehm. 2) allefamt, oder allezeit.
VI. Die vier erften Zeilen find aus dem *Renner*, Bl. 85. —
1) eben fo. 2) defto mehr.
VII. 1) von der Schönheit, wie ich fie wünfchte.

Ein' kehl und rücken von hrabant,
Von Kölln weiber ihr' weisse hand,
Zwey weisse füsslein dort her vom rhein,
Von bayern soll der litten seyn,
Vnd die red' dort her von swaben,
So thäten sie die frauen begaben.

VIII.

Wer in zwanzig jahren nicht wird schlank,
Und in dreissig jahren nicht wird krank,
Und in sünf und dreissig nicht wird stark,
Und in vierzig jahren nicht wird karg,
Und in sünf und vierzig jahren nicht hat muth,
Und in sünf und sechszig nicht hat gut,
Und in sünf und siebenzig jahren nicht wird weis,
Und in sünf und achtzig jahren nicht wird greis,
Und in sünf und neunzig jahren nicht gefangen,
Und in hundert jahren nicht erhangen,
Und soll er das alles überleben,
So hat ihm gott viel glücks gegeben.

IX.

Wär' ich gebor'n von schnöder art,
Viel böser, denn ein mensch je ward,
Und wär' mein ahnherr ein hundschlager [1]) gewesen,
Und hätt die bein' bei dem galgen aufgelesen,
Mein' bas' hätt zaubern und kind verthan, [2])
Dass sie drum auf dem kreuz müsst stahn;
Und wär' mein vetter ein schelmschinder,
Und hätt' geschunden pferd' und rinder,
Mein' Muhm' hätt wetter und blitz gemacht,
Und den teufel in einen sack bracht,

IX. 1) eines Nachrichters Knecht.   2) Kinder ermordet,
oder Wechselbälge gelegt.

Und wär' mein fchwäher fo böf' und fmech, [3])
Dafs er dieb' und mörder anfpräch,
Und hätt mein gefchwey [4]) all die verrathen,'
Die je den henkern fürgetraten,
Und thät mein bruder auf dem rad' umwalgen, [5])
Und hieng' mein vater dabei am galgen,
Und läg' mein' fchwefter beim henker all nacht,
Und hätt den juden chriftenkinder bracht, ·
Und wär mein fohn ein henker und hauet' aus,
Und wär mein' mutter im hurhaus,
Und fräfsen mein'n ftiefvater auf dem rad die raben,   ⟨
Und hätt' mein' töchter unter dem galgen begraben,
Und wärn hinkend, huffalz, [6]) fchwarz wie ein kohl',
Naslos, krummmaulig und warzenvoll,
Rotzig, geifrig, und augenrinnen,
Raüdig, ftinkend, und voll finnen,
Ausfätzig, lahm, und hätten den erbgrind,
Und wärn bankart', baftart' und hurkind,
Und wärn betteln in fpitaln gelegen,
Und thäten dazu die gälgen fegen,
Und wärn alle worden fom henker wund,
Und ich wär über die all ein ausbund,
Und wär ein kirchenpruchtel [7]) und heiligthumdieb;
Noch hätt ich geld, fo wär ich lieb, [8])
Dafs jedermann mein thät begehr'n,
Das ein'm frommen armen nicht konnt' wer'n. [9])
Ey fchand und geld! die je folch's thäten,
Die koren [10]) all an lucifers ketten.

---

3)-fchmachvoll, verworfen.   4) Schwiegerfchaft.
5) fich umwälzen.   6) von verrenkten, fchiefen Hüften.   ·
7) Kirchenräuber.   8) Ich wünfchte, diefe Zeile, die
der langen Erwartnng einen fo auffallenden Auffchlufs
giebt, wäre die letzte diefes, feiner widerlichen Bilder
ungeachtet, nachdruckvollen Stücks.   9) werden, wi-
derfahren.   10) gehören,

X.

Ein fchreiber[1]) der lieber tanzt und fpringt,
Denn dafs er in der kirchen fingt,
Und lieber vor den metzen hofirt,
Denn dafs er einem priefter miniftrirt,
Und lieber in einen hurenwinkel fchlüff, [2])
Denn dafs er zu der predigt lief,
\Und lieber drey tag buhbrief fchrieb,
Denn dafs er bey einer vefper blieb,
Und lieber auf der gaff fchwanzirt,
Denn dafs er in den büchern ftudirt,
Wenn aus einem folchen ein frommer priefter wird,
So hat ihn gott mit grofser gnad' berührt.

XI.

Seit man die engen fchuh erdacht,
Zoten[1]) und lappen an die kleider macht,
Und in einer hofen mehr neftel trug denn drey,
Und ein menfch den andern nicht wollt ftehn bey,
Und die alten recht wollten verkehrn,
Und priefterfchaft nimmer wollt haben in ehrn,
Und nimmer auf den bann wollt achten,
Den etwan die frommen päbfte machten,
Und die reichen die armen würden verfchmähen,
Und der bauern fpotten und anblähen, [2])
Buben und huren in rauhem rocken wirren gehn, [3])
Seit würds nie wohl in der welt ftehn.

XII.

Ein fpieler, der alle fpiel' wohl kann,
Und dreifsig jahr hat gefpielt und kein' fluch hat than,
                                        Und

X. 1) Ein junger Geiftlicher, wie im Englifchen *a clerk*
von *clericus.*   2) fchlüpfte.
XI. 1) Zotteln, Franfen.   2) anfahren.   3) fich im
Rockenfelde umher treiben.

Und ein wirt, dem all tag gaſt' zukommen,
Und kein'n gaſt nie hat übernommen,
Und ein kaufmann, der allzeit wahr ſeit, [1])
Und ein ſchneider, der all ſleck wieder geit, [2])
Und ein weber, den man hält für ein'n alten,
Der nie kein garn hat behalten,
Und ein müller, der zu ſeinen tagen iſt kommen,
Und nie die metz zu voll hat genommen,
Und ein jud', der hat ein'n grauen bart,
Der nie kein'm chriſten feind ward,
Die ſieben wollt ich lieber bey einander ſehen,
Denn ein'n ſchneider an einer alten hoſen nähen.

XIII.

Seht, wo der Sohn vor dem vater geht,
Und der lay ohn' den prieſter zum altar ſteht,
Und ſich der knecht über den herrn ſetzt,
Und der bau'r für den edelman wildpret hetzt,
Und die henne kräht für den hahn,
Und die frau will reden für den mann;
So ſoll man den ſohn ſtrafen und matten, [1])
Und dem layen ſcheeren eine narrenplatten,
Und den knecht hinter die thür ſtellen,
Und ſoll dem bauern eine kuh ſällen,
Und die henne an einen ſpieſs jagen,
Und die frau mit knütteln ſchlagen;
So hat man ihn'n allen den rechten lohn geben;
Gott haſst ſelbſt ein unordentlichs leben.

-XIV.

Seht, wo der vater fürcht't das kind,
Und ſich läſst führen eh er wird blind,

XII. 1) die Wahrheit redet. 2) wiedergiebt.
XIII. 1) ihm Geldbuſse auflegen. In Hamburg wird die
Einnahme der Acciſe noch die Matten genannt.

C c

Und der wirth im haufe gefchleiert geht,
So er wohl gut und übel verftcht,
Und wer den böfen ehrt und den frommen verfmecht,
Und den herren dnzt und erzt den knecht,
Und die gelehrten fpielen und fchwören,
Dafs ihn'n das die layen müffen wehren,
Der arbeiter lang fafien mufs auf den tag,
- Und der müffiggeber früh füllet den fack,
Und der bau'r ftreitet, und der ritter fleucht,
Vnd der arm wahr fagt, und der reiche leugt:
Ift dann dem kleid nicht das hintre hervor gekehrt,
So hat mit der fchneider des handwerks nicht recht
                                    gelehrt.

XV.

Ein arzt, der zähn-wehtage könnt' vertreiben
Mit rechter kunft an mann und weiben,
Und das podagra an bein und' füfsen
Mit recht bewährter kunft könnt' büfsen, [1])
Und das fieber und auch peftilenz
Könnt' büfsen um recht ringe referenz, [2])
Und blinde leut könnt machen gefehen,
Als ihn'n kein leid je wär' dran gefchehen,
Und lahm' und krüppel könnt' machen gerad,
Dafs fie hinfür nicht mehr berührt der fchäd,
Und könnt' den kahlen leuten machen haar,
Dafs ihn'n das wüchf' tag, nacht und jahr,
Und fünderlich könnt' machen rein,
Als man fie taufft aus dem taufftein:
Würd' der bei den künften allen betteln gehn,
So müfst' es ja gar übel in der welt ftehn.

XV. 1) heilen.   2) um geringen Arztlohn.

XVI.

Welch mann ein hnhn hat, das nicht legt,
Und ein' fchweinsmutter, die nicht junge trägt,
Und hat ein'n ungetreuen knecht,
Der ihm gar felten arbeitet recht,
Und eine katz, die nimmer fäht kein' maus,
Und ein weib, die buhlt aus dem haus,
Und ein' magd, die geht heimlich mit ein'm kind:
Der hat gar ein unnütz hausgefind.

XVII.

Ein fünder, der in feinen fünden verzagt,
Und ein priefter, der aus der beicht' fagt,
Und ein müller, der da fälfchlich mitzt, [1]
Und einer, der an der unch fitzt, [2]
Und einer, der frevelich in dem bann leit, [3]
Um rechte fach, und nichts darum geit, [4]
Und ein richter, der dem armen fein recht kürzt,
Und ihm ein hütlein darüber ftürzt, [5]
Und ein herr, der neue zolle ftift't,
Damit man land und leut' vergift't:
Führen die fieben gen himmel in der engel fchaar,
So fähit je ein frommer karthäufer auch dar. [6]

XVIII.

Effen und trinken ohn' dankbarkeit,
Als uns die heilig fchrift feit, [1]
Und ohn' andacht gen kirchen gangen
Mit grofser hoffart und mit prangen,
Und predigt hör'n, und dran nicht kehren
Als uns die frommen priefter lehren,

XVII. 1) mifst. 2) aufser der Ehe eine Peifchläferin hat.
S. *Frifch*, S. 216. 3) im Banne liegt. 4) giebt.
5) fein Unrecht zu bemänteln weifs. 6) auch dahin.
XVIII. 1) fagt.

Und almofen geben zn ruhm und geficht,
Als oft von manchem menfchen gefchicht,
Und rath geben aus falfcher treu,
Und beichten ohn' alle fcham und reu:
Die werk' feyn gott als ²) lieb und genehm,
Als wenn ein' fau in die judenfchul' käm'.

XIX.

Kommt kunft gegangen vor ein haus,
So fagt man ihr, der wirth fey aus;
Kommt weisheit auch gezogen dafür,
So findt fie zugefchloffen die thür;
Kommt zucht und ehr' derfelben maafs,
So müffen fie gehn diefelbe ftrafs';
Kommt lieb' und treu, die wär' gern ein,
So will niemand ihr thorwart ¹) feyn;
Kommt wahrheit denn und klopfet an,
So mufs fie lang' vor der thür ftahn;
Kommt gerechtigkeit auch vor das thor,
So findt fie ketten und riegel vor:
Kommt aber der pfenning geloffen,
So findt er thür und thor offen.

XX.

Weisheit und witz von trunknen leuten
Und wiedergeben nach beuten, ¹)
Und auch alter weiber fchön', ²)
Und zerbrochner glocken getön',
Und junger weiber witz und finn,
Und alter männer lieb' und minn',
Und alter träger pferde laufen,
Der dinge foll man kein's theuer kaufen.

2) eben fo.
XIX. :) ihr Pförtner, der fie einläfst.
XX. 1) was erbeutet ift.   2) Schönheit.

XXI.

O! welt, dein name heifst fpothilt, [1]
Mein' zung dich lobt, mein herz dich fohilt;
Nun wollt ich gerne fchn den mann,
Der aller welt recht thun kann;
Die arbeit wäre gar verlor'n.
Wer harten ftahl mit blei will bohr'n,
Daffelhe gieng' viel rechter zu, [2]
Denn dafs er aller welt recht thu'.

XXII.

Ein' orgel, glock' und wollen bogen, [1]
Und böfe kinder ungezogen,
Ein filzhut, und ein's dünnen ftockfifch's leib,
Ein nufsbaum und ein faules weib;
Ein alter efel, der nicht mehr mag tragen,
Die achte thun nichts ungefchlagen.

XXIII.

Die knaben [1] in den hohen hüten,
Die an [2] dem tanz toben und wüten,
Dafs oft der fchweifs thut von ihn'n rinnen,
Eh fie der metzen huld gewinnen,
Und oft die ganze nacht umfchliefen, [3]
Und werden oft begoffen, dafs fie triefen,
Mit lauten, harfen und clavizimmel,
Den'n wird die höll' faurer denn der himmel. [4]

XXI. 1) Spott, Schande. Ueber die Zufammenfetzung mit
Hilde oder Hilt, von A'del, f. *Frifch.* — Diefer
Vers erinnert an den Ausruf beim *Shakfpeare* im
Othello: Frailty, thy name is Woman!   2) wäre weit
eher möglich.
XXII. 1) Ein Werkzeug der Hutmacher und Tuchbereiter
beim fogenannten Bogenfchlagen.
XXIII. 1) Die jungen Leute. 2) bei. 3) umherfchwär-
men.   4) Die andre Handfchrift liest: „Den'n wird die
Hölle viel faurer, denn dem Kartbäufer der Himmel."

' XXIV.

Ein großer fünder in unkeufch was, [1]
Dem reu und leid fein herz befaß,
Daß er ihm ein'n priefter ausfuchte zu beichten,
Mit dem wollt' er fein' fünde leichten. [2]
Er fieng an und wollt' fein' fünd' austreiben
Die wüften fchwänk' und fonft von weiben,
Und fagt' auch fonft her fo manch unfur; [3]
Der pfaff fo jämmerlich weinen wurd', [4]
Das fach der fünder, und fprach gar fchier:
Mein lieber herr, feyd gnädig mir,
Und wollt mir darum ein' buß' verjehen, [5]
Die fünd' die foll nicht mehr gefchehen.
Der pfaff verhielt fich immer und grein, [6]
Und fprach nicht zu ihm weder ja noch nein.
Der fünder gedacht: wie foll ich than?
Mit meinen fünden wie wirds mir gahn,
Daß er mein' fünd' fo fehr hie haßt,
Und darum greinet alfo faft? [7]
Der pfaff der weinet, daß er mußt vernehen, [8]
Der fünder wurd' wieder zu ihm jehen: [9]
Herr, ob keiner fündt, [10] fo habt kein ftutzt, [11]
Und weinet nicht, und gebt mir ablutzt. [12]
Der pfaff fprach: ich wein' noch heut den tag,
Daß ich fein leider nicht mehr mag, [13]
Und fo wohl dazu han tügt, [14]

XXIV. 1) lebte in Unkeufchheit. 2) fich von feinen Sün-
den erleichtern. 3) manche ungebührliche, unfittliche
Handlung. 4) fieng an fo jämmerlich zu weinen. 5) an-
kündigen, auflegen 6) fchwieg immer ftill und weinte.
7) fo fehr. 8) vernehmen. 9) fprach wieder zu ihm.
10) hab' ich keine Sünde begangen. 11) fo nehmt kei-
nen Anftand. 12) Ablaß, Abfolution. 13) daß ich
deffen leider nicht mehr fähig bin. 14) und fo wohl
dazu getaugt habe.

Und auch vor zeiten so wohl hab' genügt.
Du hast so süs davon geredt,
Dass ich es noch so gerne thät';
Darum geb' ich dir buss' gar gering';
Sag, was beichtst du an solchem ding'?
Kein mann davon nicht beichten soll,
Wann es büsset sich alles selber wohl.

XXV.

Mich wundert oft, wie das besteht,
Dass mancher zu den leuten geht,
Und meint ihn'n schimpf *) und freud' zu machen,
Dass jedermann sein'r wort' sollt' lachen,
Und er der rechten maaß nicht kann,
Damit man fröhlich macht den mann,
Und niemand vor ihm hinzu mag kommen,
Vor seinem geschwätz und seinem brummen,
Und hat doch nyndert ²) form noch gestalt.
Und hätt' ich über ein'n solchen gewalt,
Ich straft' ihn mit der kunsten stecken, ³)
Dass er des pfeffers brüh' müst' lecken.

XXVI.

Ein grosser spieler einmal eins pflag, *)
Dass er da spielte nacht und tag;
Er ging hin heim, und sahe das
Ein mensch, ²) das voller teufel was;
Er hatt' verspielt all's, das er hatt';
In grossem zorn er jähen that:
Komm, teufel heraus, und fahr' in mich,
So gähn' ich auf und verschlinge dich.
Der teufel da bald zu ihm sprach:

XXV. 1) Scherz.   2) weder. Engl. *neither*.   3) mit
dem Stecken der Kunst, der Zucht.
XXVI. 1) that sich einst gütlich.   2) eine Weibsperson.

Wie gern ichs thät, wär' nicht ein' fach! [3]
Ich fcheu' nicht dein' bosheit, oder den wein, —
Der in dich je mocht' gangen feyn;
Allein ein tropf der irret mich,
Vor dem ich nicht mag fahr'n in dich,
Der kam dir heut' in deinen mund,
Da du dich fprengteft zu der ftund
Dort in der kirchen mit dem wedel [4]
Eh daß dir trunken ward der fchädel;
Und wie daffelb' nicht irrte mich, [5]
So wär' ich längft gefahr'n in dich.
Darum fo merkt ihr wohl dabey,
Wie nütz ein'm jeden der weihbrunn fey.

XXVII.

Dem blinden ift mit fchlafen wohl,
Wenn er wacht, ift er trauerns voll;
Viel beffer ift ein's igels haut,
Denn eine ungerathne braut.
Wenn unkraut wächfet ohne faat,
So es gutem korn übel gaht.
Durch fpiel und fchöner frauen lieb'
Wird mancher zu ein'm fchalk und dieb.
Wer vor finden gefeiern mag,
Das wär' ein rechter feiertag.

XXVIII.

Ach elend, berichte mich,
Wie lange foll ich bauen dich?
Wär' elend für trauern gut,
So wär' ich auch wohlgemuth;
Oder hätten die armen fo gut leben,
Als es den reichen ift gegeben,

---

3) wenn nur Eins nicht wäre.　　4) mit dem Weihfprengel.　　5) hielte mich das nicht ab.

Hätt' ich dann die wahl der zweyer gleich,
So wär' ich lieber arm als reich.

XXIX.

Morde, raub', henk' und ftiehl,
Und treib all bosheit, wo man will,
Und treib das alfo lange zeit an,
Bis dafs du wirft ein alter mann;
Haft du geld, kleinod, und gute wat; ')
Die herren nehmen dich noch in rath.

XXX.

Wo du nicht treue findeft bey,
Da lafs von, wie lieb es dir fey.
Weh ihm, der das je lieb gewann,
Das er nicht täglich fehen kann!
Ach Gott, wie gern ich wiffen wollt',
Auf wen ich mich verlaffen follt'!
Mancher thut auch forgen um mich,
Beffer wär', er forgt' um fich.
Der möcht' viel lieber längft feyn todt,
Wer gern hätt', und nicht hat.

XXXI.

Meid' thoren und auch thoren kind;
Streit' mit niemand um den wind;
Weisheit ich dich lehren foll,
Vor deinem feinde hüt' dich wohl.
Grofs reichthum und auch grofs armuth
Diefe zwei find niemand gut.
Aber es ift jetzt der welt lauf,
Einer ab, der andre denn auf;
Heute reich, und morgen arm,
Jetzund kalt, darnach warm;

XXIX. 1) gute Kleider.

Heut trocken, gefund, krank und nafs,
Morgen geftorben, darnach ein aafs;
Heute lieb, und morgen leid;
Das ift der welt ftetigkeit.

XXXII.

Trag nicht lange deinen zorn,
So bift du von art wohl geborn.
Mit zorn follft du dich nicht rächen,
Böfe gelübd' im zorn follftu brechen.
Gute gelübde follft du halten,
So magft du wohl in ehren alten.
Wenig wiffe, doch viel befinn',
Tag und nacht tracht nach gewinn.
Wer dich lobt, dem glaube nicht,
Glaube dem, der dein eigen herz ficht.

XXXIII.

Kein pfaff ward nie fo krank und alt,
So ward kein winter nie fu kalt,
Dieweil das opfer auf dem altar währt,
Dafs er vor kält' nach kohlen gert.
Liefsen die bauern ihr opfern unterwegen,
So gäb' er ihnen gar bald den fegen.

XXXIV.

Sehen, hören und wünfchen umfunft,
Gedenken weisheit und lehren kunft
Fromm gegen gott und mäfsigkeit,
Wahrheit, zucht und treue arbeit,
Und fromm' ehleut' die gute kinder bärn,
Die vierzehn ding' kann niemand wehr'n.

XXXV.

Mancher dünkt fich ein weifer mann;
Hätt' er fo wenig, als ich han,

Er wär' ein narr gleich als ich bin;
Reichthum hat mancherlei gewinn.
Armuth verdrücket witzes viel;
All' kunst ohn' gut ist affenspiel;
Gewinn hat mit gewinn sein' pflicht,
Ein kummer ist ohn' den andern nicht.
Gut ohn' kunst ist der thoren glanz;
Kunst mit gut trägt der ehren kranz. *)

XXXVI.

Selig ist der, dem gott glück zu reibt,
Noch feliger, dem gott im herzen bleibt,
Noch feliger, der all übel von ihm scheibt,
Aber felig, der fein' zeit recht vertreibt;
Viel feliger, den gott an fein' hof fchreibt;
Ganz felig, der fromm ist und fromm bleibt.

XXXVII.

Alters freud' und abendfchein
Mögen einander wohl gleich feyn.
Sie tröften wohl und fahren hin,
Als im regen eine müde bien'.
Wir wünfchen alters alle tag',
Und fein' ankunft macht uns neue klag';
So wird auch leider unfre jugend
Oft verzehrt mit mancher untugend.
Wer die in fein alter bringt,
Von ew'ger freude der fich längt.
Alter allen dingen ihre kraft
Nimmt, und fchwächet meifterhaft. **)

---

*) Diefe Verfe find, mit etwas andrer Lesart, aus dem
  Renner, Bl. 63. a.
**) Die beiden letzten Zeilen ftehen gleichfalls im *Renner*,
  Bl. 116.

XXXVIII,

. Ein frommer mann, der gern recht'thät,
Da niemand guten glauben an hät,
Und den man für ein'n frommen in den rath erwählt,
Und den ein büttel für einen fchalk zählt,
Und dem ein könig gäb' dafs er zur nahrung käm',
Und dem's ein fchindveffel wieder nähm',
Und dem ein wirth gut' herberg' zufagt,
Und den der hausknecht wieder ausjagt,
Und dem die wirthin hint'n und vorn auffchliefst,
Und den die magd mit waffer begiefst,
Der kann von grofsem Unheil fagen,
Und folcher möchte billig klagen.
Wenn ihn gott in fein himmelreich liefs',
Und ihn Sankt Peter wieder ausftiefs'.

XXXIX.

Wenn man einen einfältigen betrügt,
Und man auf einen frommen lügt,
Und feindfchaft zwifchen ehleuten macht,
Der dreier arbeit' der teufel lacht.

XL.

Wem glück und feld' [1]) hier ift befcheert,
Der ift daheime, wie er fährt; [2])
Will aber glück nicht zu dem mann,
So hilfet ihm nichts was er kann;
Und doch niemand geleben mag
Dreyfsig jahr und einen tag,
Und ihm gebricht leib oder guts,
Und auch dazu weisheit und muths.
Wir ftreben auf erden nach nichts fo fehr
Als nach gut, hoffart und ehr;

XL. 1) Segen, Heil.   2) Der ift überall zu Haufe.

Und fo wir das denn alles erwerben,
So legen wir uns denn nieder und fterben.

XLI.

Welch mann ein'n leib hat nicht zu fchwer,
Und eine tafch' die nimmer wird leer,
Und ein haus das voll nahrung ftaht,
Und darin fromme ehehalten ¹) hat,
Und melke küh und feifte fchwein'
Und fromme knecht, die gehorfam feyn,
Und ein'n hund der des nachts wohl hüt't,
Und ein weib, die allzeit gut,
Und auch in ihren ehren ift ftet,
Der mann hat ein gut hausgeräth.

XLII.

Welch priefter ift zu krank und zu alt,
Der nicht hat pabft's oder bifchofs gewalt,
Der felten in den büchern lieft,
Und allweg' gerne trunken ift,
Und in der fchrift ift übel gelehrt,
Und an fein'n finnen ganz verfehrt,
Und nie kein' predigt hat gethan,
Und dazu wär' in des pabftes bann,
Und an der beichte fäfs' und fchlief',
So man ihm beicht' von fünden tief,
Und nicht wüfst', was ein' todfünde wär',
Das wär' nicht ein guter beichtiger.

XLIII.

Mein herz das ift fo wunderlich,
Dafs es will haben tägelich,
Und bey der nacht ift es nach fehnen

XLI. ₁) Dienftboten.

Nach fchönen frauen diefer und jenen.
Was die augen den tag han gefehen,
Und keine kein wort nie gejehen,
Die will es haben zwey oder drey;
Schaut, ob das nicht wunderlich Herze fey?

XLIV.

Welch mann hat einen lehrknecht,
Der ihm kein' arbeit machet recht
Und fonft ein'n knecht der viel ausmeirt, [1])
Der gern frifst und gern feirt,
Und ein' magd, die all' nacht auffen leit, [2])
Und ein' faugamm', die ein kind treit, [3])
Und einen fohn der all's verfpielt,
Und ein weib, die ihm abftiehlt,
Und hat fein fchwieger [4]) auch im haus,
Und andre ihr' freund' die tragen aus,
Und darf das mit ein'm wort nicht wehrn,
Bey [5]) fchlagen und raufen und maulpern, [6])
Der ift zum märt'rer als wohl genoft, [7])
Als Sankt Lorenz auf dem röft.

XLV.

Wer einen raben will baden weifs,
Und darauf legt fein'n ganzen fleifs,
Und an der fonne fchnee will dörren,
Und allen Wind in ein'n truchen [1]) fperren,
Und ungelück will tragen feil,
Und narr'n will binden an ein feil,
Und einen kahlen will hefcheer'n,
Der thut auch unnütz' arbeit gern.

XLIV. 1) der oft aus dem Haufe, oder von der Arbeit
läuft.   2) liegt.   3) trägt, fchwanger ift.   4) eine
Schwiegerin.   5) durch.   6) Maulgebehrden, fcheele
und zornige Mienen.   7) genefen, gediehen.
XLV. 1) in einen Schrank oder Kaften.

XLVI.

Niemand liebers auf erden, denn dich,
Das weifs niemand denn gott und ich.
Ich hatt' mich gut's zu ihr verfehen,
Doch' ift mir leid viel drum gefchehen;
Noch hoff' ich gott und ihr allein,
Will ich ewig ihr beyder feyn.
Darum will ich ihr'r nicht vergeffen,
Zu dienft hab' ich mich ihr vermeffen;
Drum feh' ich gern ihre geftalt,
Denn fie erfreut mich mannichfalt.

XLVII.

Welch mann des dienfts nicht fahren lat,
Defs er mehr fchadens denn nütz hat,
Der will felbft den fchaden mehren,
Und fich des bettels kaum ernähren.

XLVIII.

Wer geifs' in einen garten läfst,
Und einem ofen die kachel ausftöfst,
Und weiffe fchleier an keffel reibt,
Und einen ftöfset, der da fchreibt,
Und in ein' küche läffet fchwein',
Und auf ein' gaffe giefset wein,
Und welcher anders nicht entkan,
Der verdient felten guten lohn.

XLIX. *)

Von dem zinken, quater und es ¹)
Kommt mancher in des teufels nefs.
Von quater, zinken und von dreien
Thut mancher waffengo fchreien. ²)

*) Mit einigen Abändrungen aus dem *Renner*, Bl. 59. *b.*
XLIX. 1) Zahlen im Würfelfpiel.   2) um Hülfe, Allarm
rufen.

Von es, fefs und von taufs
Hat mancher gar ein ödes haus.
Von quater drei und von zinken,
Mufs mancher lauter waffer trinken.
Von zinken drei und quater
Weint oft mutter, kind und vater.
Von zinken quater und fefs
Mufs jungfrau metz und agnes
Oft gar lang' unberathen bleiben,
Will er die läng' das fpiel an treiben.

L.

Bei dem fo wollt ich gerne wefen,
Der behend wär mit fchreiben und lefen.
Langfam maler und auch fchreiber,
Feifte fchwein und auch efeltreiber.
Den efeln gehören fchläge zu
Den langfamen händen grofs unruh.
Nach hübfchheit follen diefelben trachten,
Der behendigkeit gar wenig achten.
Behend und gut behält die kron',
Langfam und böf' hat kleinen lohn.
Des kleinen will man nimmer achten,
Nur auf behendes thut man trachten.
Langfam das fchleicht recht als ein dieb,
Die behendigkeit die hat man lieb.
Weit und breit in allen enden,
So man langfamkeit faft thut fchänden.
Die hübfchheit ift der augen zier
Ob behendigkeit des' glaub du mir.
Den armen magft du machen reich,
Hübfchheit ift dir nicht gleich.
Ja wol mit der langfamen hant,
Behendigkeit geht durch alle land.
Fürften und herren thut fie begaben.
Die langfamen die will niemand haben.

LI.

LI.

In baiern zeucht man viel der fchwein,
Der treibt man viel hinab an rein.
In pohland in winden bös gebaü;
Die ungarn laufig und ungetreu.
In mähren ouch deffelben gleichen;
Die fwamfelder tückifch fchleichen.
Vogtländer kühdieb' und auch rauben
Der rocken zan mit dem ketzers glauben,
Den thät der hufs in böheim pflanzen.
Die fchweizer gern fechten und tanzen.
In öftreich viel käsbrüh und langes haar;
In kärnthen mancher trunkner thor.
Preuffen und fachfen trinken zu.
An der fee mit fifchen wenig ruh,
Und in weftphal göttlich gericht.
Am rhein fchön' frauen, als man fpricht.
In meiffen teutfche fprach' gar gut,
In franken manches edle blut
Wehütwe hodels frommes volk,
In flaudern mancher grofse fchalk.
Elfaffer fchelten, fluchen und fchwören,
Die fchwaben überflüffig zehren,
Vor allen landen fie doch geben
Buben, henker, gemeiner weiber leben.
Es ift ein gut land, aber felten komm' ich heym;
Die flemynger ich dergleichen meyn.
In den landen findt man reich und arm.
Schwaben hüpft auf mit leerem darm. *)

---

*) Diefes Stück ift, wie man leicht fehen wird, nicht feines
Werths, fondern feines charakteriftifchen Inhalts wegen,
mit ausgehoben. Man fieht unter andern daraus, dafs
diefe Gedichte erft nach Johann Hufs, wahrfcheinlich
aber doch nicht lange nach ihm, alfo in der erften Hälfte

LII.

Ein' lieb' gen einen und nicht mehr
Das wär' allen frauen ein' ehr.
Ich meint' ich hätt' die lieb' allein,
Da hättens unfer vier gemein.
Doch foll kein mann an dem verzagen,
Seit pfaffen und juden betbücher tragen.

LIII.

Armut mit grofsem güfften und ruhm,
Hoffart, geuden ohn' allen reichthum,
Mannheit ohn' alle kraft und ftärk',
Weisheit, darin man thorheit merk,
Adel ohn' gut, mit lafter und fchand',
Grofs' herrfchaft auch ohn' burg und land,
Und grofses alter ohn' alle weisheit,
Volk ohn' zucht und alle befcheidenheit,
Und grofser reiehthum auch ohn' ehr,
Und wo in ftädten auch nicht gericht wär',
Und auch gewalt ohn' alle gnad',
Defs der unfchuldig' mufs haben fchad',
Und jedermann dann lebt ohn' furcht,
Und jungfrau, die nicht ihr' ehr' beforgt,
Und weiher, die nicht haben fcham,
Der'n jed's gewinnt ein'n böfen nam.

LIV.

Wer im kalten bade foll fchwitzen,
Und lang' unter den kopfen foll fitzen,
Und mit ein'm fcharteten meffer fcher'n,

---

des funfzehnten Jahrhunderts, gefchrieben find. — Merk-
würdig ift auch das Lob, welches Z. 17. fchon damals.
der Meifsnifchen Mundart ertheilt wird. — Z. 19 ift mir
ganz unverftändlich.

Und alle jahr zwei lofung' fchwör'n,
Und viel auffetzen, fo einer verleuft,
Verliefen mit gleichen, fo einer wohl fcheufst,
Und arbeiten um ehe geffen brot, ·
Und fo man ein orten gerechnet hat,
Viel bezahlen und orten geben,
Und urtheil' nehmen, die ein'm nicht find eben,
Und von dem pfänder viel pfand löfen,
Schweigen und überfehen den böfen,
Und feinen zorn nicht laffen aus,
Und tragen viel rüg' auf das ruthhaus,
Und viel verliefen und keins finden,
Und wen der henker an ftrick thut binden,
Und fonft trauren, forgen und fluch,
Und geben, ein'm juden zwifachen gefuch,
Und wem die fchuh die füfse drücken,
Und wer nicht gehn kann denn auf krücken,
Lang' predigt hören, umdringen um beicht',
Wer die ftück' zu kurzweil gleicht,
Oder gleicht fie für des himmels zefsen,
Der ift für den himmel in der höll' gewefsen.

LV.

Welcher mann fein'm ehlichen weib ift feind,
Und allweg' mit ihr zankt und greint,
Und felten mit ihr gütlich redt,
Und fie verfchmäht zu tifch und bett,
Und zu andern weibern thut nafchen,
Und ihn'n lugt unten zu der tafchen,
Und ift mit ausgeben nicht arg,
Und doch daheim nicht g'nau und karg,
Das geld ift mir der münze gleich,
Darum man kauft das ew'ge reich.

LVI.

Ein thörichter rather in ein'm rath,
So man weife fach zu handeln hat,
Und ein unbarmherziger richter,
Der am rechten wär' ein böfer fchlichter,
Und ein ungelehrter beichtiger,
Der nicht wüfst', was ein todfünd' wär',
Und ein mefsner, der ein folch's verhielt,
Das er felber in der kirchen' ftieblt,
Und ein thorwart, den weins kraft befäfs',
Dafs er des nachts der fchlüffel am thor vergäfs',
Und ein kartheufer, der mehr nimmt denn das fchul-
　　　　　　　　　　　buch weift,
Das allweg' in feinen beutel reift,
Wer die ab fetzet und andre an,
Der thät kein grofse fünd' daran.

LVII.

Bürgfchaft, damit man manchen verderbt,
Davon grofs fchad' und feindfchaft erbt,
Und trunkenheit, davon man fchwacht,
Die oft ein'n mann zum narren macht,
Und grofs' lügen fagen ungenother ding',
Und jungfraun fchwächen, das mancher wiegt ge-
　　　　　　　　　　　ring,
Und verleuft darum oft fchilt und fchwert,
Dafs man fie oft um die meuler bert,
Und weib, die folcher lieb nur thut belangen,
Auf der mann' feiten, da die tafchen hangen,
Und böfe gefellfchaft, die manchen verführt,
Dafs er ein fchwengel in einer feldglocken wird;
Welch junger mann nach ehr'n will ringen,
Der hüt' fich vor diefen fieben dingen.

LVIII.

Wer holz auf kraufen tifchen haüt,
Und arbeis auf einen ftieg ftreut,
Und ameifen trägt in ein bad,
Und dornen wirft in enge pfad',
Und federweis thut in ein bett,
Und neue faat danieder tret,
Und trinkgefchirr mit nufsfchalen fchwankt,
Der arbeit't, defs ihm niemand dankt.

LIX.

Welcher lay fein faften und fein' andacht
Spart bis an die fafsnacht,
Und an den tanz demüthigkeit,
Und zu fchön'n frauen reu und leid,
Und in ein weinhaus fein gebet,
So er kartet und fpielt im bret,
Und feinen witz bis er wird voll,
Der taugt zu keinem karthäufer wol.

LX.

Welch mann fich vor dem alter beforgt,
Und ungern zahlt und viel ausborgt,
Und will mit ein'm die wett' hin fpringen
Ueber weite graben und tiefe klingen,
Und allzeit mufs hüten feiner frauen,
Und darum will ftechen und hauen
Und will ringen mit einem bär'n,
Der macht ihm felber unruh gern.

LXI.

Wenn ein reicher einen armen verfchmäht,
Und wenn ein greif eine mücke fäht,

Und wenn ein kaifer böfe münze fchlägt,
Die drei haben fich felber gefchwächt.

LXII.

Gott gebe dafs ich lange leb',
Dafs ich wenig hab' und viel geb',
Und viel wiff' und wenig fag',
Und antwort' nicht auf alle frag'.

LXIII.

Wer von den fchneidern hofen kaüft,
Und von den mefsnern wachs das abtraüft,
Und edelgeftein von perlen und ringen
Kauft von knaben die täglich nach brod fingen,
Und von den webern garn und knaül,
Und von den fchindfeffeln gereifig zeug,
Und von ein's wirths knecht haber und heu,
Und bier von ein'm knecht ein's bierbraü,
Und kauft von ein'm weinbuben wein,
Die ding' mögen wol alle geftohlen feyn.

LXIV.

O lieber gott und werther chrift,
Das armuth mein fo wenig vergifst,
Und mir kein reichthum nie verhiefst,
Und mich hier in der armuth liefst,
Die hat fo gar in mich genift't,
Und bift fo gar ein' öde kift',
Kein augenblick man dein vermifst,
Ein karger wirth im hauf du bift,
Lieben freund', vor armuth all's zufchliefst,
Den riegel vor die thür auch fchiefst,
Armuth, du manchen niederftiefst,

Dafs ihm fo mancherlei gebrift,
Und zahlet gern wenn er wüfst',
Und hat kein geld dazu kein' frist,
Und weifs nicht wo des geld's ein pfenning ift.

LXV.

Hab am gericht ein'n weifen muth,
Wehr' dich defs der dir unrecht thut,
Dafs du nicht ein rechtes recht verlieft,
Und lug gar eben wefs du's geniefst,
Und gib den liedlohn deinem knecht,
Gib andern auch das dich deucht recht,
Und lug dafs dich kein zorn beftaht,
Wenn all dein' weisheit ein ende hat,
Und fürchte gott vor allen dingeh,
So mag dirs nimmer miffelingen.

LXVI.

An maafs, an fprach' und an gewand
Sind unterfchieden alle land',
An fitten und auch an gewohnheit,
Mit effen trinken, unterfcheid
Der welt dinge ficht überall ·
An fprach, an maafs, und an der zahl.

LXVII.

Wie lieb, wie fchön, wie zart, wie frey,
Wie heimlich deine frau dir foy,
Was dir zu leib und ehre gaht,
Das fag' ihr nicht, das ift mein rath.
Was frauen wiffen, ift behalten und verfchloffen
Als der ein waffer in ein fieb hat gegoffen.

LXVIII.

Es wundert manchen noch bis heut,
Daſs bürger ſchöner ſeyn denn edelleut'.
Das bat ein'n hübſchen klugen ſinn,
Viel mancher herr zeucht ein zu ihn'a
Und ʒehret lang' in einer ſtadt,
So der bürger ſitzt in dem rath,
Oder mit kaufmannſchaft auszeucht,
Dieweil ſein weib kein'n herren ſcheucht,
Den hat ſie lieber denn den mann,
Das mögt ihr ſelber wohl verſtahn.
Eine verſagt, eine gewährt,
Alſo redt man heuer und fährt,
Daſs die bürger viel edler ſind.
Manch bürger iſt ein's fürſten kind,
Der in einer ſtadt ein bürger iſt,
Und pflegt mit handel manchen liſt,
Und iſt ein wohl geſchickter mann.
Wer kann es aber all's verſtahn?

LXIX.

Durch faulheit, ſpiel und frauenlieb'
Wird noch mancher zu einem dieb',
Das dünket mich ein tummer muth,
Wer ihm ſelbſt ſolchen ſchaden thut,
Seinem nachbarn zu ſchad und leid,
Es ſchadt ihn'n und gereut ſie beid'.
Wann mancher hat ein herrlich amt
Der ſich der ehren hehlt und ſchamt.
Was je geſchah und noch geſchicht,
Das iſt fürwahr ohn' urſach nicht,
Deſs ſteht viel an des glückes rad,
Es iſt viel leicht oft gut als ſchad.
Viel mancher mir ein' ſtrafs' oft wehrt,

Die er oft felber gar gern fährt.
Kein dieb dürft' unrecht thun noch ftehlen,
Könnt' er nicht lügen und verhehlen.
Der müffiggang der hat das recht,
Er macht zum dieb manch faulen knecht.

LXX.

Manch mann kommt da manch man ift,
Manch mann weifs nicht was manch man brift. ')
Wüfste manch man wer manch mann wär',
Manch mann erböte manch mann ehr.
Manch mann frauen und priefter ehrt,
Und feine kinder das befte lehrt,
Und fchämt fich auch wenn er übel thut,
Der hat ein's weifen mannes muth.

LXXI.

Selig ift die hand, die den mund nährt,
Selig ift der mund, der nimmer fchwört,
Selig ift der, der feine zeit wol anleit ')
Selig ift der, der wider die fünde ftreit't,
Selig ift der, dem gott giebt ein felig end,
Selig ift der, der zu himmel länd't,
Selig ift das, das recht thut auf erden,
Selig ift das, das dem teufel nicht kann werden,
Selig ift der, der kein'n zorn in ihm treit, ²)
Selig ift der, der nicht trägt hafs und neid,
Selig ift der, der niemand abfchneid't fein' ehr',
Selig ift der, der fein'n feinden giebt gute lehr',

LXX. 1) gebricht, was manchem fehlt.
LXXI. 1) anfegt. 2) trägt.

Selig ift der, der an pfenning reicht [3]
Selig ift der, der hier fein' ding' recht eicht, [4]
Selig ift der, der hier wol ftirbt,
Allerfeligft ift der, der das reich gottes erwirbt.

LXXII.

Unfelig ift der, der gott übel behagt,
Noch unfeliger, der nie wider übel facht,
Mehr unfeliger, dem gott feine gnad' verfagt,
Auch unfelig, der fein' fünd' nicht klagt,
Viel unfeliger, der in fein'n fünden verzagt,
Ganz unfelig, der in die hölle wird gejagt.

ANHANG. *)

HÜBSCHE PRIAMEL VON DEM TOD, WIE MAN IHN
ANSIEHT FÜR EINE GRAUSAMLICHE GESTALT, SO
FINSTER, MAGER UND TRAURIG.

Wer bift du, den ich hier anfioh, [1]
Ein feltfam creature,
Das ich fah fo graufamlich
Auf erd kein' creature?

[3] mit feinem Gelde ausreicht.   [4] ordnet und einrichtet.

*) Diefe Reime, bei welchen die ehedem fo oft benutzte
Idee eines Todtentanzes zum Grunde zu liegen
fcheint, ftehen gegen das Ende der Wolfenbüttelfchen
Handfchrift, aus welcher die vorhergehenden kleinern
Gedichte genommen find. Priamel find fie, wie man-
che von jenen, nur uneigentlich überfchrieben. Auch
fcheinen fie, fchon durch ihre mehr lyrifche Form, eine
fpätere Entftehung zu verrathen.

[1] anfehe.

Auch bift du an dem leichnam dein
So finfter und fo mager,
Defs ich durch dein' geftalt in pein
Steh trauriger und zager. ²)

Der Tod fpricht:

Ich bin der, den da fürchten gar
All creatur'n auf erden,
Vergangen, künftig, ich nicht fpar',
Entgegen mufs mir werden.
Ein richter fcharf, hart und geftreng'
Bin ich allen den'n, die leben,
Mir zinft und zollt ihr' aller meng',
Keins mag mir widerftreben.

Der Menfch.

Mich wundert wann du kommft fürwahr,
Ich nie fah des geleichen,
Kein naf und mund, fteht alles gar
Dir wol fo läfterleichen.
Ob ich dich lang' anblicken follt',
Vor ohnmacht würd' ich finken,
Mein leben das wär' fchier verzollt,
Da hülf' kein widerwinken.

Der Tod.

Ich komm' von enden aller gefchlecht,
Wurm, kröten und der fchlangen,
Damit du mich hier fiehft zurecht
Umgeben und behangen.

²) zaghafter.

Dazu mir fchmerz, weh, angft und ach
Dort nimmer mehr entreiffen,
So mich der höllifche drach'
Mit fchwefel und pech wird fpeifen.

Der Menfch.

Wie ftehft du denn fo gar elend,
Und allenthalb zerfchliffen,
Dein kahles haupt, arm', bein' und händ'
Ift alles fo zerriffen.
Dazu ift alles dein gebein
Nirgend mit haut bedecket,
Fleifch, adern ift dir keins gemein,
So gar bift du entdecket.

Der Tod.

So ich denn nicht fo graufam wär',
Noch ftünd' fo gar betrübet,
So lebt't ihr alle forgenleer,
Sieh, diefe fach' mich übet,
Zu künden dir und andern allen,
Und thu' das zeugnifs geben,
All' die ihn'n jetzund wol gefallen,
Werden mir gleich und eben.

Der Menfch.

Sag' urfach deiner graufamkeit,
Und fo fchnödiglich gezähnet,
Dazu dein mund nicht lebfen treit, ')
Unfalls bift du gewöhnet.

') trägt, hat, keine Lippen.

XVI. Priameln.

Dazu betrübet mich der ftank.
Her aus dem halfe deine,
Ich fah nie creatur fo krank
An all fein'm leib' erfcheinen.

Der Tod.

Du fragft das du zwar felber fchier
Wirft gar in kurz erkennen,
So leibes kraft fich fernt von dir
Und durch mein' noth wirft brennen.
Und fo der elementen art
Dich läfst und dein' nature,
Das wird auch an dir nicht gefpart
Mein' form' und mein figure.

Der Menfch.

Sag, möchten wir nicht fiegehaft
Vor folchem trübfal werden
Kunfthalben und durch kräuter kraft,
Der' doch viel ift auf erden,
Auf dafs wir ftets regieren hie
Gefund, jung und in freuden
Anders denn was ihr'r durch dich je
Von hinnen ift gefcheiden?

Der Tod.

Thörlich fragft du, ich bin zu ftark,
Es wuchs nie kraut im garten
Wider mein' art, ich bin zu arg,
Du darfft darauf nicht warten.
Wann kräuter, wurz, erz und geftein
Ich gleich als dich verderbe,

Was wollt ft du denn hier thun allein,
So ich es all's erfterbe?

Der Menfch.

Sag, was trägft in den hände· ·ein
Ein'm halben zirkel gleiche?
Gar fcharf und fpitzig dünk· · feyn,
Wer kann davor entweichen?
Sag, was man mit dem waffen treib'?
Ein'm mader [4], wär' es eben.
Ich glaub' es fcheid' die feel' vom leib'
All'n denen, die da leben.

Der Tod.

Ich fag' dir, mit dem inftrument
Thu ich danieder ftreichen.
Was ich vom aufgang bis zum end'
Der welt nur mag erfchleichen.
Von mittemtag gen mitternacht
Auf erd', in luft und meere
Was darin lebt, defs hab' ich macht,
Dafs ich es all's abkehre.

Der Menfch.

Seit du denn je ein andrer bift, [5]
Unzeitigs follt du meiden
Und mäh' das zeitig' allefrift
Sonft würd'ft du fcheltwort' leiden.
Dazu würd'ft du geheiffen fchier

---

4) Einem Mäher. 5) Die rechte Lesart ift vermuthlich ein
mader (Mäher) für ein andrer.

Falſch, unrecht, untugendliche,
Du wärſt auch widerwärtig mir,
Und wär dein' ſtand nicht ſugenliche. [6]

Der Tod.

Und trauſt du mir nicht ewiglich,
Doch mäh' ich wo mich g'lüſtet,
Jung, alt, arm, reich, grofs, klein nehm' ich,
Wer ſich hält drum entrüſtet,
Du ſelber wirſt mir nicht entgahn,
Wann für mich hilſt kein' maure, [7]
Du mufſt mir auch dein' federn lan
Vor deinem ungewitter.

Der Mehſch.

Ich hab' zwar lang' erkennet dich
Mit deinen faulen fiſchen,
Wiewol mancher meint hüten ſich,
Du ſollſt ihn nicht erwiſchen
Noch du ihn bluffling [8] fälleſt an,
Dadurch ich vor dir zitter',
All's das da lebt, mufs federn lan
Vor deinem ungewitter.

Der Tod.

Wiewol ich niemand ſchonend bin,
Doch giebt gott zeit und weile,
Dadurch ich je nach meinem ſinn
Ein'm nicht alsbald ereile.

---

6) nicht zweckmäfsig.   7) Vermuthlich, des Reims und
des Schluſſes der folgenden Strophe wegen: kein zittern.
8) jählings.

Noch büßt ihr nicht, ihr baut als für,
Noch länger hier zu haufen,
Darum ich täglich hab' mein fpür',
Wie ich euch mög' erknaufen.

Der Menfch.

Ich weifs wol, du enfchon'ft niemand,
Defs bift du ungerechte,
Seit du in dreier hande ftand
Hin nimmeft all' gefchlechte
Der menfchen, thier', und der gewächf'
Dem herrfcheft du auf erde.
Ich trau dem höchften gott, er räch's,
So nimmer fterben werde.

Der Tod.

Ach nun haft du's doch vor gehört,
Sey nur nicht ungeduldig,
Was jetzund lebt und lebet fort,
Ift mir ein fterben fchuldig.
Dafelbft enkümm're dich nicht um,
Sieh, wie du dich bewahreft,
Dafs du hernach nicht auffen um
Mit den verdammten fahreft.

———————

XVII.

ALTDEUTSCHE · LIEDER.

XVII.
ALTDEUTSCHE LIEDER.

Der Deutfche hat für die Ueberrefte der alten Dichtkunft feines Vaterlandes bei weiten das günftige Vorurtheil nicht, welches der Welfche, der Franzos und Engländer für das Alterthum der feinigen hat. Er fchätzt den Werth jener Denkmäler weit geringer, und ift daher gegen ihre Erhaltung und Auffuchung, und gegen die Bekanntfchaft mit ihnen ziemlich gleichgültig. Und diefe Gleichgültigkeit findet man nicht etwa nur bei denen Gelehr-, ten, die fich Gegenftände ihrer Wifsbegierde gewählt haben, welche mit der Forfchung ihrer Sprache und der alten poetifchen Literatur in keiner nahen oder unmittelbaren Verbindung ftehen. Selbft die fogenannten Liebhaber der fchönen Redekünfte find gemeiniglich allzu fehr mit der vermeinten Vollkommenheit des gegenwärtigen Gefchmacks zufrieden, und allzu ekel gegen das ihnen feicht und gefchmacklos dünkende Alte, um fich mit dem wahren Werthe oder Unwerthe deffelben genauer bekannt zu machen. Sie bleiben an der Gränze jenes wäfsrichten Erdftrichs ftehen, der zwifchen dem neuern Gebiete unfrer fchönen Literatur, und zwifchen dem vom dreizehnten bis um die Mitte des fechszehnten Jahrhunderts fo fruchtbar angebauten und ergiebigen Boden in der Mitte liegt. Eben je-

ner wäfsrichte Erdftrich — ich meine die Poefie
des vorigen und der erften dreifsig bis vierzig Jahre
des jetzigen Jahrhunderts — fchreckt fie zurück.
Und fo fetzen fie der Blüthe des deutfchen Witzes
eine fehr begränzte Periode, die kaum ein halbes
Jahrhundert umfafst.

So ganz allgemein ift indefs diefer Kaltfinn gegen
die frühere Vorzeit jetzt nicht mehr. Es fey dahin
geftellt, ob beffere Einficht, oder blofser Nachah-
mungstrieb daran Urfach ift, der es auch hierin den
Ausländern gleich thun wollte; wenn wir gleich
noch lange fo viel nicht gethan haben, als diefe, be-
fonders die Engländer; wenn wir gleich lange noch
fammeln und beitragen müffen, ehe wir folch ein
Werk erwarten können, dergleichen *Thomas
Warton* in den drei Quartbänden feiner, leider
durch den Tod ihres Verfaffers unterbrochenen,
Gefchichte der englifchen Poefie geliefert hat. Oder
fürchtet man etwa, der Erfolg werde die Mühe die-
fes Sammelns, diefes Beitragens, nicht hinreichend
belohnen? Sollt' es auch feyn, dafs wir manche ver-
werfliche Arbeiten von geringem oder gar keinem
dichtrifchen Werth unter den Reften unfrer alten
Poefie anträfen; fo würde doch fchon der Sprach-
forfcher gar fehr feine Rechnung dabei finden; die
deutfche Sprache felbft würde dadurch reicher, ei-
gentbümlicher, kernhafter werden können; der
Ergänzung nicht zu gedenken, welche ein beträcht-
licher Theil unfrer Gelehrtengefchichte dadurch er-
halten könnte.

Schon feit mehrern Jahren hab' ich mir ein un-
terbaltendes Nebengefchäft daraus gemacht, aus
einer Menge alter, befonders mufikalifcher Lie-
derfammlungen aus dem fechszehnten und der
erften Hälfte des fiebenzehnten Jahrhunderts einige
der beften Stücke hervorzufuchen. Es find faft lau-
ter Volkslieder, die grofsentheils fchon ältern Ur-
fprungs feyn mochten, die zur gedachten Zeit all-
gemein bekannt waren, und die immer noch, aus
mehr als Einer Urfache, der Vergeffenheit entzogen
zu werden verdienen. Folgende Proben, die ich
aus meinem gefammelten Vorrathe mittheile, wer-
den vielleicht Aufmunterung für Andere, denen Zu-
fall oder Nachfuchung mehr folche Ueberbleibfel
des alten Volksgefanges in die Hände bringt, auf fie
zu merken, fie aufzubewahren, und durch ihre Bei-
träge eine zahlreiche Sammlung diefer Art zu beför-
dern, die ein fchätzbares Denkmal der lyrifchen
Poefie unfrer Vorfahren werden könnte.

I.

VOM ALTEN HILDEBRANDT.
EIN SCHÖNER MEISTERGESANG.

Meifter Hildebrand, mit dem Beinamen
der Alte, kommt fehr oft in den beiden letzten
Abtheilungen des bekannten *Heldenbuchs* vor, als
Hofmeifter, Gefährte und Dienftmann Diete-
richs von Bern. So lange es nicht ausgemacht

ift, wer unter diefem letztern gemeint fey, würde
man fich auch umfonft bemühen, die unter dem
Namen Hildebrand gemeinte hiftorifche Perfon
aufzufinden. Hier ift es der Ort nicht, Vermu-
thungen darüber beizubringen. In dem Heldenbu-
che felbft fagt die der älteften Ausgabe von 1509 an_
gehängte Nachricht *von dem Gefchlecht der Riefen
und Helden* über feine Abkunft: *Der alt hiltbrant
vnd fyn gefchwiftern waren Hachen vnd fyner ge-
fchweyfter bruderkindt.* — *Hiltbrant vnd fyn ge-
fchweyftern find von hertzog bechtungs gefchlechte.
Hiltebrant der alte was Herbrant fune. Hertzog
bechtung was hiltbrant vnd fyner gefchweyftern grofs-
vätter.* Diefe Gefchwifter waren der Mönch Yl-
fan und eine Schwefter, die Amelolt von Gar-
ten heirathete.

Es giebt indefs eine eigne altdeutfche Ritterge-
fchi he in Verfen unter folgendem Titel: *Herr Die-
trich von Bern oder von dem allerküneften Weygand
Herr Ditterich von Bern vnd von Hiltebrandt feynen
treuen Meifter.* Sie ift zu Heidelberg 1490, fol. und
hernach mehrmals gedruckt;*) und ihr ift der hier

*) S. *Panzer's Annalen der ältern deutfchen Literatur*,
S. 118 — Herr Prof. *Walch* in Meinungen giebt in fei-
ner *dritten Einladungsfchrift, von einigen alten deutfchen
Büchern*, S. 7 ff. Nachricht davon. Im zweiten Bande
der *Bragur*, S. 446 erwähnt Herr *Nyerup* eines Ab-
drucks von diefem Ritterroman zu Nürnberg 1661. 8. und
des demfelben angehängten *Liedes von dem alten Hilte-
brand*, welches er mit den feinem Exemplare beigefchrie-
benen Varianten einer ältern Ausgabe in gedachter Zeit-

folgende Meiftergefang angehängt. Die Versart
nicht nur, fondern der ganze Charakter deffelben,
ftimmt mit dem Tone des Heldenbuchs fo fehr zu-
fammen, dafs mir diefes Lied wo nicht gleichzeitiger,
doch nicht viel fpäterer Entftehung zu feyn fcheint,
wenn man gleich bei dem, felbft in der erften Aus-
gabe fchon ziemlich fpätern Abdrucke, und mehr
noch in den folgenden, die Sprache verfchiedentlich
umgeändert hat. Daher die Varianten, von denen
ich hier jedoch nur die anmerken will, welche
Herder, ohne feine Quelle genau anzugeben,
nachgewiefen hat. *) In der Geftalt, worin ich hier
diefen Meiftergefang mittheile, hab' ich ihn auf ei-
nem halben Bogen in Oktav vor mir, der weder
Druckort noch Jahrzahl hat, vermuthlich aber in
den Anfang des fechszehnten Jahrhunderts gehört.
Die Schreibweife hab' ich nicht beibehalten.

> Ich will zu Lande ausreiten
> Sprach fich ¹) Meifter Hildebrandt;
> Der ²) mir die Weg thut weifen
> Gen Bern wol in die Land?
> Sie find mir unkund gewefen
> Gar manchen lieben Tag,

---

fchrift mitzutheilen verfprach, bisher aber noch nicht ge-
liefert hat.

*) S. *Deutfches Mufeum*, v. J. 1781, B. I. S. 268.

1) Diefer rückgängige Gebrauch des Worts fprechen
kommt in dem Heldenbuche und andern alten Gedichten
fehr oft vor.

2) Vermuthlich ift Wer die richtigere Lesart; obgleich
der auch fonft wohl als Fragewort vorkommt, wobei die
Auslaffung des Wer ift zum Grunde zu liegen fcheint.

In zwey und dreyſsig Jahren
Frau Utten ³) ich nie geſach.

Willtu zu Land ausreiten,
Sprach ſich Herzog Amelung, ⁴)
Was begegnet dir auf der Heiden?
Ein ſtolzer Degen ⁵) jung.
Was begegnet dir in der Marke? ⁶)
Der junge Hildebrand;
Ja, ritteſt du ſelbſt zwölfte,
Von ihm würdſt du angerannt.

Rennet er mich den anne
In ſeinem Uebermuth,
Ich zerhau ihm ſeinen grünen Schild, ⁷)
Das thut ihm nimmer gut.
Ich zerhau ihm ſeine Bande ⁸)

---

3) Utte, Vtte, oder Ytte, wie ſie im Heldenbuche ge-
ſchrieben wird, war des alten Hildebrand's Frau.

4) In Herder's Abdruck (den ich in der Folge mit H.
bezeichne) Abelung. Wahrſcheinlich kein Anderer,
als Amelot oder Amelolt von Garten, dem der
Berner während ſeines Auszuges ſein Land, und den
Hildebrand, deſſen Schwager er war, ſeine Frau Ytte
empfahl.

5) H. „ein ſchneller Degen jung" — Degen oder Te-
gen von dem alten Worte thegun oder degan, taugen, ein
tüchtiger, muthiger Krieger. Leſſing läſst in ſeiner
Emilia Galotti den Prinzen vom Odoardo ſagen:
„Ein alter Degen, ſtolz und rauh, ſonſt bieder und gut."

6) Mark, auch Marche, lat. Marcha, ein Gebiet, eine
durch Gränzen abgeſonderte Gegend.

7) Dieſen Schild erhielt der junge Hildebrand von Wolfdie-
terich, nach der Erzählung des Heldenbuchs gegen das
Ende des zweiten Theils, wo er blau in einem grünen
Felde beſchrieben wird.

8) H. „Ich zerhau ihm ſeine Brinne" d. i. ſeinen Panzer.

Mit einem Schriemenfchlag, [9])
Und [10]) dafs er ein ganzes Jahre
Seiner Mutter zu klagen hab.

Und das follt du nicht thune,
Sprach fich von Bern Herr Dieterich;
Denn der junge Hildebrand
Ift mir von Herzen lieb.
Du follt ihm freundlich zufprechen
Wohl durch den Willen mein,
Dafs er dich laffe reiten,
So lieb ich ihm mag feyn.

Da er zum Rofengarten [11]) ausreit
Wohl in der Berner Mark,
Da kam er in grofse Arbeit;
Von einem Helden ftark,
Von einem Helden junge
Ward er da angerannt.
Nun fage du mir, viel Alter, [12])
Was fuchft du in meines Vaters Land?

Du führft einen Harnifch lauter und rein,
Recht wie eines Königs Kind;
Du willt mich jungen Helden,
Mit feh'nden Augen machen blind.
Du follt'ft daheime bleiben

---

9) H. „mit einem fohirmen Schlag." — Schriem oder
fchräm hiefs fo viel als fchräge. Sonft hiefs auch ein
kurzer, fpitziger Haudegen im mittlern Latein *fcrama
faxa*. S. *du Cange's Gloffar.*

10) Vielleicht richtiger: Umb.

11) Der Rofengarten zu Worms ift aus der dritten Abthei-
lung des *Heldenbuchs* bekaout.

12) fehr Alter, wie hernach: viel Junger.

Und haben gut Hausgemach [13])
Bey einer heiffen Glute.
Der Alte lacht und fprach:

Sollt ich daheime bleiben,
Und haben gut Hausgemach?
Ift mir doch bey allen meinen Tagen
Zu reifen aufgefatzt, [14])
Zu reifen und zu fechten
Bis auf meine Hinnefahrt;
Das fag ich dir, viel Junger,
Drauf grauet mir der Bart.

Dein'u Bart will ich dir ausraufen,
Das fag' ich dir, du alter Mann,
Dafs dir dein rofenfarbes Blut
Ueber die Wangen foll abgahn.
Dein'n Harnifch und dein'n grünen Schild
Mufst du mir hier aufgeben,
Dazu auch mein Gefangner feyn,
Willt du behalten dein Leben.

Mein Harnifch und mein grüner Schild
Die haben mich oft ernährt;
Ich traue Chrift vom Himmel wohl,
Ich will mich deiner erwehr'n.
Sie liefsen von den Worten,
Und zogen zwey fcharfe Schwert;
Was die zwey Helden begehrten,
Des wurden fie gewährt.

Ich weifs nicht, wie der Junge
Dem Alten gab ein'n Schlag,

13) häusliche Pflege und Pequemlichkeit.

14) auferlegt, zur Pflicht gemacht.

Defs fich der alte Hildebrand
Von Herzen fehr erfchrack.
Er fprang hinter fich zurücke
Wohl etlich Klafter weit; **¹⁵**)
Nun fage du mir, viel Junger,
Den Streich lehrte dich ein Weib. **¹⁶**)

Sollt' ich von Weibern lernen,
Das wäre mir immer Schand';
Ich hab viel Ritter und Grafen **¹⁷**)
In meines Vaters Land;
Auch find viel Ritter und Grafen
An meines Vaters Hof,
Und was ich nicht gelernet hab',
Das lern' ich aber noch.

Er nahm ihn in der Mitten **¹⁸**)
Da er am fchwächften was,
Und fchwang ihn hinter fich zurücke
Wohl in das grüne Gras.
Nun fage du mir, viel Junger,
Dein Beichtvater will ich feyn, **¹⁹**)

15) *H.* „wohl fieben Klafter weit."

16) Vermuthlich wird hier die Fraw Chrimhilt gemeint, die ihren Rofengarten zu Worms durch zwölf ftarke Riefen bewachen und vertheidigen liefs, für deren Einen der alte Hildebrand den Jungen zu halten fcheint.

17) *H.* „Ich hab viel Ritter und Knechte." Offenbar beffer, fetzt *H.* hinzu, da die Ritter und Knechte im Lande den Rittern und Grafen zu Hofe Z. 5. diefer Strophe entgegen gefetzt werden.

18) *H.* „Er erwifcht ihn bei der Mitte."

19) *H.* „Dein Beichtvater will ich wefen."

Bift du ein junger Wolfinger, [20])
Von mir follt du genefen feyn. [21])

Wer fich an alte Keffel reibt,
Empfahet gerne Rahm;
Alfo gefchiehet dir Jungen
Von mir alten Mann. [22])
Deinen Geift mufst du hier aufgeben [23])
Auf diefer Haiden grün,
Das fag' ich dir gar eben,
Du junger Helde kühn.

Du fageft mir viel von Wolfen;
Die laufen in das Holz.
Ich bin ein edler Degen
Aus Griechenlande ftolz.
Mein' Mutter heifst Frau Utte,
Ein' gewaltige Herzogin,
Und Hildebrand der Alte
Der liebfte Vater mein.

Heifst deine Mutter Frau Utte,
Ein' gewaltige Herzogin,
So bin ich Hildebrand der Alte,
Der liebfte Vater dein.
Er fchlofs auf feinen grünen Helm,
Und küfste ihn auf feinen Mund;

---

20) Im Heldenbuche wird gefagt, dafs die Wolfinger
ihren Namen von dem in ihrem Schilde gemalten Wolfe
und Ringe erhalten haben.

21) H. „von mir magft du genefen.“ d. i. errettet, be-
freit werden.

22) Vermuthlich: „von mir viel alten Mann.“

23) H. „Deine Beicht follt du hier aufgeben.“

Nun mufs es Gott gelobet feyn,
Wir find noch beyde gefund.

Ach-Vater, liebfter Vater,
Die Wunden die ich Euch hab gefchlagen,
Die wollt ich dreymal lieber
In meinem Haupte tragen.
Nun fchweig, mein lieber Sohne,
Der Wunden wird wohl Rath;
Nun mufs es Gott gelobet feyn,
Der uns zufammen gefüget hat.

Das währet von der None [24]
Bis zu der Vefperzeit;
Allda der junge Hildebrand
Zu Bernen einher reit. [25]
Was führt er auf feinem Helme?
Von Gold ein Kreuzelein.
Was führt er auf feiner Seiten?
Den liebften Vater fein. [26]

Er führt' ihn in feiner Mutter Haus, [27]
Setzt' ihn oben an den Tifch,
Und bot ihm Effen und Trinken;
Das daucht feiner Mutter unbillig.
Ach Sohne, liebfter Sohne mein,
Der Ehren ift zu viel,

[24] Die None ift, wenn der Tag von Sonnenaufgang in zwölf Stunden getheilt wird, die neunte Stunde deffelben, oder um drei Uhr Nachmittags. So auch im Englifchen: *noon, afternoon*. Die Vefperzeit dann um fechs Uhr Abends.

[25] H. „gen Bern einhin reit.‟

[26] H. „an feinem Helme‟ und „an der Seiten.‟

[27] H. „Er führt ihn mit in feinen Saal.‟

Dafs du einen gefangenen Mann
Setzeft oben an den Tifch.

Nun fchweigt, meine liebfte Mutter,
Und höret was ich Euch thu fagen:
Er hätte mich auf der Haiden
Schier gar zu Tode gefchlagen.
Nun hört mich, meine liehe Mutter,
Kein Gefangener foll er feyn;
Er ift Hildebrand der Alte,
Der liebfte Vater mein.

Ach Mutter, liebfte Mutter,
Nun bietet ihm Zucht und Ehr.
Da hub fie an zu fchenken
Und trugs ihm felber her.
Was hatt' er in feinem Munde?
Von Gold ein Ringelein,
Das liefs er in den Becher finken
Der lieben Frauen fein.

II.

BALLADE.

Eins von *Drey Neuen Weltlichen Liedern,* die im
Jahr 1647 auf einem halben Bogen fehr fchlecht,
und in eben der Geftalt gedruckt find, wie man der-
gleichen noch jetzt auf Meffen und Jahrmärkten
herumzutragen, abzufingen und zu verkaufen pflegt.
Der Inhalt ift, wie bei folchen Liedern gemeiniglich,
eine klägliche Mordgefchichte; aber der natürliche,
und mitunter naïfe Ton der Erzählung fcheint mir

diefes Lied der Aufbewahrung-würdig zu machen.
— In dem *Aufsbund ſchöner Teutſcher Liedlein*, zu
ſingen vnd' auf allerley Inſtrument zu gebrauchen
(Nürnb. 1552, längl. 8v.) finde ich im Regifter
des zweiten Theils ein Lied angezeigt, das gleich-
falls mit den Worten: *Es liegt ein u. ſ. w.* anfängt.
Da ich aber von diefer muſikaliſchen Sammlung nur
die Diskantſtimme in Händen habe, und diefe die
erfte Zeile nicht mitfingt, fo finden fich hier nur die
drei letzten Zeilen der erften Strophe, die mir fehr
das Anfehen einer Parodie auf nachftehendes Lied
haben. Wäre diefs; fo würde diefes letztre dadurch
faft um hundert Jahr älter, als der oben angezeigte
Abdruck. Jene drei Zeilen heifsen:

> Das ift gar wol erbawet
> Von zimmet vnd von negelein,
> Wo findt man folche mauren?

Es liegt ein Schlofs in Oefterreich,
Das ift ganz wohl erbauet
Von Silber und von rothem Gold,
Mit Marmorftein vermauert.

Darinnen liegt ein junger Knab'
Auf feinen Hals gefangen,
Wohl vierzig Klafter tief unter der Erd',
Bei Nattern und bei Schlangen.

Sein Vater kam von Rofenberg
Wohl vor den Thurm gegangen:

„Ach Sohne, lieber Sohne mein,
„Wie hart liegſt du gefangen!“

Ach! Vater, liebſter Vater mein,
Gar hart lieg’ ich gefangen,
Wohl vierzig Klafter tief unter der Erd’,
Bei Nattern und bei Schlangen.

Sein Vater zu dem Herren gieng:
„Gebt mir los den Geſangnen;
„Drei hundert Gulden will ich euch geben
„Wohl für des Knaben ſein Leben.“

Drei hundert Gulden die helfen da nicht,
Der Knabe der muſs ſterben.
Er trägt von Gold ein Ketten am Hals,
Die bringt ihn um ſein Leben.

„Trägt er von Gold ein Ketten am Hals,
„Die hat er nicht geſtohlen;
„Es hat ſie ihm ein zart Jungfraülein verehrt,
„Dazu hat ſie ihn erzogen.“

Man bracht den Knaben wohl aus dem Thurm,
Und gab ihm das Sakramente:
„Hilf, reicher Chriſt vom Himmel hoch!
„Es geht mir an mein Ende!“

Man bracht den Knaben zum Gericht hinaus,
Die Leiter muſst’ er ſteigen:
„Ach Meiſter, lieber Meiſter mein,
„Laſs mir doch ein kleine Weile!“

Eine kleine Weile die laſs ich dir nicht;
Du möcht’ſt mir ſonſt entrinnen.
Langt mir ein ſeiden Tüchlein her,
Daſs ich ihm ſein’ Augen verbinde.

„Ach

„ Ach! meine Augen verbinde mir nicht,
„ Ich muſs die Welt anſchauen";
„ Ich ſeh ſie heut, und nimmer mehr,
„ Mit meinen ſchwarzbraun Augen."

Sein Vater beim Gerichte ſtund,
Sein Herz wollt' ihm zerbrechen :
„ Ach Sohne, lieber Sohne mein,
„ Deinen Tod will ich rächen."

Ach Vater, liebſter Vater mein,
Meinen Tod ſollt Ihr nicht rächen,
Bringt meiner Seelen ein' ſchwere Pein
Um Unſchuld will ich ſterben.

Es iſt nicht um das Leben mein,
Noch um mein'n ſtolzen Leib;
Es iſt um meine Frau Mutter daheim,
Die weint allzu ſehre.

Es ſtund kaum an den dritten Tag,
Ein Engel kam vom Himmel :
Man ſollt ihn vom Gericht nehmen ab,
Sonſt würde die Stadt verſinken.

Es ſtund kaum an ein halbes Jahr,
Des Knaben Tod ward gerochen,
Es wurden mehr denn dreihundert Mann
Um's Knaben willen erſtochen.

Wer iſts, der uns dieſs Liedlein ſang?
So frei iſt es geſungen.
Das haben drei Jungfräulein gethan
Zu Wien in Oeſterreiche.

————

Ff

III.

Folgendes, gleichfalls zu der Balladengatlung gehörende Lied, das höchft wahrfcheinlich eine hiltorifche Begebenheit zur Grundlage hat, und einen frühern Urfprung, aus der Zeit der Ritterfehden, verräth, nehme ich aus einem einzelnen Abdruck v. J. 1646, worin es unter der Auffchrift: *Zwey weltliche Lieder*, u. f. f. dem Liede: *Wilhelmus von Naffawen*, beigefügt ift.

   Es ift nicht lang, dafs es gefchah,
Dafs man den Lindenfchmidt reiten fah
Auf einem hohen Roffe;
Er reit't den Rheinftrom auf und ab,
Er hats gar wohl genoffen.

   Frifch her, ihr lieben Gefellen mein,
Es mufs einmal gewaget feyn;
Denn Wagen thut gewinnen.
Wir wollen reiten Tag und Nacht,
Bis wir ein' Beute finden.

   Dem Markgraf von Baden kam die Mähr,
Wie man ihm ins Geleit' gefallen wär,
Das that ihn fehr verdriefsen;
Wie bald er Junker Cafparn *) fchrieb,
Dafs er ihm follt' eine Reife dienen.

   Junker Cafpar zog dem Baürlein ein Kappen an,
Er fchickt' ihn alizeit vornen an

---

*) Unter diefem Junker **Cafpar** wird vielleicht der berühmte **Cafpar von Frundsberg** gemeint, deffen Kriegsthaten *Adam Reifsner* in einem eignen Werke (Frankfurt 1572. fol.) zugleich mit denen feines Vaters, **Georg's v. Frundsberg,** erzählt hat.

Wohl auf die freyen Strafsen,
Wenn er den edeln Lindenfchmidt fünd',
Denfelben follt' er verrathen.

Das Baürlein fchiffte wohl übern Rhein,
Er kehrte zu Frankenthal ins Wirthshaus ein:
Wirth, habt Ihr nichts zu effen?
Es kommen drey Wagen, find wohl beladen,
Von Frankfurt aus der Meffen.

Der Wirth der fprach dem Baürlein zu:
Wein und Brod hab' ich genug,
Im Stall da ftehn drey Roffe,
Die find des edeln Lindenfchmidts,
Er nährt fich auf freyer Strafsen.

Das Baürlein dacht' in feinem Muth:
Mein' Sach die wird noch werden gut,
Den Feind hab' ich vernommen.
Wie bald er Junker Cafparn fchrieb,
Dafs er follt' eilend kommen.

Der Lindenfchmidt hatt' einen Sohn,
Der follt' den Roffen das Futter thun,
Den Haber thät er fchwingen.
„Steh auf, herzliebfter Vater mein,
„Ich hör' die Harnifch klingen."

Der Lindenfchmidt lag hinterm Tifch und fchlief,
Sein Sohn thät ihm fo manchen Ruef,
Der Schlaf hatt' ihn bezwungen.
„Steh auf, herzliebfter Vater mein,
„Dein Verräther ift fchon kommen."

Junker Cafpar zu der Stuben eintrat;
Der Lindenfchmidt von Herzen fehr erfchrack:
„Lindenfchmidt, gieb dich gefangen!

„Zu Baden an dem Galgen hoch,
„Daran ſollt du mir hangen.“   /

    Der Lindenſchmidt war ein freyer Reutersmann;
Wie bald er zu der Klingen ſprang:
„Wir wollen erſt ritterlich fechten.“
Es waren der Andern allzu viel,
Sie hieben ihn zu der Erden.

    Kann und mag es denn nicht anders ſeyn,
So bitt’ ich um den liebſten Sohne mein,
Wohl um den Reutersjungen.
Haben ſie Jemand Leids gethan,
Dazu hab’ ich ſie gezwungen.

    Junker Caſpar der ſprach Nein dazu:
Das Kalb muſs folgen der Kuh,
Es wird anders nicht geſprochen.
Und wenn der Jüngling ſein Leben behielt,
Seines Vaters Tod würde gerochen.

    Sie wurd’n alle drey nach Baden gebracht,
Sie faſsen nicht länger als Eine Nacht
Wohl zu denſelben Stunden,
Da ward der edle Lindenſchmidt gericht’t,
Sein Sohn und Reutersjunge.

—————

IV.

Ohne Angabe des Jahrs, vermuthlich aber um
die Hälfte des vorigen Jahrhunderts find auf einem
halben Oktavbogen *Zwey Klagelieder* gedruckt, *ſo
nach König Carolus von England, kurz nach ſeinem
ſeligen Abſchied gemacht ſeyn*, von denen ich hier
das zweite und beſſere mittheile. Wie bekannt,

wurde diefer unglückliche König im J. 1649 ent-
hauptet.

Auf, König Carol, zu dem Sterben!
Dein Sarg und Richtplatz ift gemacht.
Gieb deiner Liebften, deinen Erben,
Und deiner Krone gute Nacht.
Auf! diefes trüben Tages Schein
Wird deines Lebens Ende feyn.

Fahrt wohl, Ihr Seele meiner Seelen,
Fahrt wohl, Ihr meine Königin;
Ich will Euch meinem Gott befehlen,
Der fchütz' und tröft' Euch Euren Sinn,
Dafs Euch das blutige Gefchrey
Von mir nicht früh zum Tode fey.

Fahrt gut, ihr meine lieben Kinder,
Fahrt nun mit eurer Mutter gut!
Fahrt wohl, und denkt nicht defto minder,
An eures lieben Vaters Blut.
Mein Tod bringt mich zur Seligkeit,
Euch aber in betrübte Zeit.

Fahr wohl, mein Volk in meinem Reiche,
Fahr wohl; ich wünfche dir getreu,
Dafs dir mein Blut und meine Leiche
Zu deinem guten Frieden fey.
Thu deinen Schlag getroft an mir;
Mein chriftlich Herz vergiebt es dir.

Wirft du mich fchon nicht grofs beklagen,
So werden dennoch Chriften feyn,
Die von dem Herzen werden fagen,
Dein fchnelles Urtheil fey nicht fein.
Ueb dennoch deinen Neid an mir;
Mein chriftlich Herz vergiebt es dir.

Du eileft fchnell mit mir zum Grabe,
Du eileft, und beweifeft nit,
Dafs ich den Tod verdienet habe,
Bift Kläger und auch Richter mit.
Ob folches Urtheil gut und fein,
Mag Gott und Welt ein Richter feyn.

Man hat in zweimal taufend Jahren,
Und weil die Chriftenheit befteht,
Dergleichen Urtheil nicht erfahren,
Als über König Carln ergeht;
Wohlan, mein Volk, fahr fort mit mir,
Mein, chriftlich Herz vergiebt es dir.

Fahr hin, du leicht verwelkte Krone,
Mein feligs Ende bringet mir
Was Beffers, als du bift, zum Lohne,
Es ift nur Sorg' und Laft mit dir;
Ich taufche mir für deinen Schein
Die Krone der Gerechten ein.

V.

Die Sprache der Zärtlichkeit bei unfern alten
Liederdichtern ift innig, treuherzig, ungefchmückt,
wie ihre Liebe war. Man weifs, wie fehr diefer
Charakter den Ueberreften des alten Minnegefanges
eigen ift; er fehlt aber auch den fpätern Liedern,
wenigftens einigen derfelben, nicht ganz. Die Ver-
fchiedenheit der meiften Dichter und der gewöhnli-
chen Liebe unfrer Zeit läfst freilich fürchten, man
werde einigen der hier folgenden Lieder keinen fon-
derlichen Gefchmack abgewinnen: aber der wahre
Naturausdruck vermag doch immer, auch über

verwöhnte Gemüther, ſehr viel. Verehrt doch der
Franzoſe noch jetzt ſeinen Marot, und die noch
ältere Sprache der Galanterie aus den Zeiten des
Ritterthums!

Die beiden zunächſt folgenden Lieder ſind aus
einer muſikaliſchen Sammlung, die den Titel hat:
XXX Newer lieblicher Gaillardt *) *mit ſchönen luſti-
gen Texten, ſo bey allerhandt ehrlichen Geſellſchaf-
ten, Gaſtereyen vnd anderem Wohlleben zur Frewde
ganz bequem — — componirt vnd publicirt* von
Nicolao Roſthio, F. S. Capellmeiſter zu Altenburg.
1593. 2 Theile, in 4.

> Nächten, **) da ich bey ihr was,
> Schwatzten wir dann dieſs, dann das,
> Auch ſehr freundlich zu mir ſaſs,
> Sagt', ſie liebt' mich ohn' all Maaſs.
>
> Nächten, da ich von ihr ſcheid',
> Freundlich wir uns herzten beyd',
> Verhieſs mir bey ihrem Eid,
> Mein zu ſeyn in Lieb und Leid.
>
> Nächten, da ich von ihr gieng,
> Sie mich ganz freundlich umfieng,
> Dazu ſehr fern mit mir giong,
> Und war gar ſehr gut all Ding.
>
> Heute, da ich zu ihr kam,
> Da war alles wieder zahm,

*) Die Gaillarde war eine ehedem ſehr gewöhnliche
Tanzart, die durch das Menuet verdrängt iſt. Die Mu
ſik dazu iſt gleichfalls gewöhnlich im Dreivierteltakt.

**) d. i. geſtern Abend, wie im Engliſchen: *laſt night.*

Böfen Befcheid ich da bekam,
Mufst' abziehn mit Spott und Scham.

VI.

'Frau Nachtigal, mach dioh bereit,
Der Tag bricht an, es ift hoch Zeit;
Du follft mein treuer Bote feyn
Wohl zu der Allerliebften mein.

Die dein in ihrem Würzgärtlein *)
Thut warten mit grofs Angft und Pein,
Manch heiffen Seufzer ihr raus dringft,
Bis ihr von mir gut Botfchaft bringft.

So mach dich auf, fäum' dich nicht lang,
Fahr hin mit fchön und fröhlich'n Gfang,
Sprich ihr mein'n Grufs ins Herz hinein,
Sag', ich woll' felbft bald bei ihr feyn.

Sie wird dich heiff'n zu taufendmal
Willkommen feyn, Frau Nachtigal,
Wird dir auch zeigen zur felben Stund
Ihr treues Herz mit Lieb' verwundt.

Durch Venus Pfeil ift es verletzt,
Drum du fie alles Leid's ergetz,
Sag, dafs fie ihren Unmuth lafs fall,
Richts nur recht aus, Frau Nachtigal!

VII.

Die drei folgenden Lieder ftehen in dem *Luftgarten Neuer Teutfcher Gefäng, Balleiti, Galliarden*

---

*) Unter Würzgarten verftand man Küchengarten; denn die
Wurzeln einiger Kräuter waren das einzige Gewürz un-
frer Vorfahren.

*vnd Intraden, mit 4. 5. 6 vnd 8 Stimmen, componirt
durch Hans Leo Haſsler von Nürnberg.* 1601. 4.
Das zweite läuft zwar auf ein Wortſpiel hinaus, iſt
aber doch drollig genug erzählt.

Mir träumt' in einer Nacht gar ſpät,
Wie ich mein ſein's Lieb bei mir hätt',
Thät mich freundlich umfangen;
Und ſprach zu mir:
Mein Schatz, zu dir
Trag' ich gar grofs Verlangen.

Und ich vor Freud' demüthiglich
Hergegen wiedrum zu ihr ſprich:
Ach Schatz, könnt'ſt du mir werden!
Denn dich allein
Im Herzen mein
Lieb' ich vor all'n auf Erden.

Drauf ihren ſchönen rothen Mund
Bot ſie mir her zur ſelben Stund;
Als ich mit ihr wollt' ſcherzen,
Erwacht' ich gleich,
Sie von mir weich,
Das macht mir Angſt und Schmerzen.

VIII.

Ein Bräutlein wollt nicht gehn zu Bett,
Nicht weiſs ich, ob ſie's hätt' verredt;
Ihr Baſ' die ſprach: geh, leg dich zu!
Wenn er dich heint nicht läſst mit Ruh,
So ruf nur mir, nicht anders thu.

Als der Bräutigam auf gut Glück
Vollenden wollt' ſein Meiſterſtück,
Da ſchrie die Braut: O Baſ', o Baſ',

O Baf'! fchrie fie ohn' Unterlafs;
Der Bräutigam dacht: was ift das?

.Und fagt' in folcher Brünftigkeit:
Ich kann nicht bafs, bei meinem Eid!
Denn es vermeint' der junge Mann,
Er hätt' der Sach ein Gnügen than:
Ein Jeder machts, fo gut ers kann.

Darum ward er fehr ausgelacht.
Die G'fchicht ich für wahrhaftig acht',
Weil man im gmeinen Sprüchwort fpricht;
Viel feltfams Ding im Ehbett gfchicht.
Das macht, jung' Ehleut' ruhen nicht.

IX.

Im kühlen Maien
Thun fich all' Ding' erfreuen;
Die Blümlein auf dem Feld' fich auch verneuen,
Und fingen die Mädlein in. ihrem Reihen:
Willkommen, Maien!

Zwey liebe Herzen
Seyn voller Freud' und Scherzen,
Vergeffen aller Schmerzen.
Kupido blind,
Das gar liftige Kind,
Gefellt fich dazu mit feinem Pfeil gefchwind.
Venus allwegen
Giebt dazu ihren Segen,
Auf dafs zwei Herzen fich thun in Lieb' bewegen.
Wem nun diefs Leben
Thut wohl gefallen eben,
Der foll fich ohn' Verzug der Lieb' ergeben,
Und mit den Mädlein fingen im Reihen:
Willkommen Maien!

X.

Aus dem *Aufsbund fchöner Teutfchen Liedlein,*
zu fingen vnd auff allerley Inftrument zu gebrauchen,
fonderlich auserlefen; Nürnberg. 1552. *längl. 8v.*

Herzliebfter Wein, von mir nicht weich,.
Ich lieb' dich ganz ohn' arge Lift,
Du bift allein an Allem reich,
Für dich kein Freund zu gleichen ift,
Und fchmeckft mir wohl;
Drum ich für voll
Ganz lob' dein' Farb' vor allem Schein,
Und wünfch' dir Heil,
Bift mir nie feil,
O Wein, denn ich kann dir nicht feind feyn.

XI.

Nachftehendes Lied hab' ich um zehn Strophen
abgekürzt, und von dem drauf folgenden von fechs
nur eine einzige Strophe, nämlich die erfte beibe-
halten. Beide find im J. 1615 einzeln gedruckt:

Silber und Gold gäb' ich darum,
Dafs ich ein fein braunes Mägdlein bekomm',
Die fein züchtig wär' und fromm.

Züchtig und fromm, fein freundlich dazu;
Hat fie die Tugend, fo hat fie genug,
Giebt uns Gott feinen Segen dazu.

Giebt uns Gott feinen reichen Segen,
So woll'n wir beid' in Freuden leben,
Seinem Willen nicht widerftreben.

Ich weifs mir einen, das ift mein Freund,
Wiewohl er ift mein ärgfter Feind;
Ein'n guten Abend wünfch' ich ihm heint.

Ein'n guten Abend, ein' fröhliche Zeit,
Daſs er mir bald ſein Töchterlein geit,
Die mir mein junges Herz erfreut.

Giebt er mirs nicht, ſo erfreut er mich nicht,
Hat ſie ein'n andern viel lieber als mich;
Giebt er mirs nicht, ſo ſtürb' ich gewiſs.

XII.

Schön wär' ich gern; das bin ich nicht.
Fromm bin ich wohl; das hilft mir nicht.
Geld hilft mir wohl; das hab' ich nicht.
Darum bin ich kein Buhler nicht.

XIII.*)

Ach Fräulein zart, du biſt mein Herz und Leben,
Niemand nach Gott, als du, kann Hülf' mir geben;
Warum tracht'ſt du denn nur mich zu betrüben?
Mach's wie du willſt, ſo will ich ſtets dich lieben.

Dein' ſchöne Geſtalt hat mir mein Herz umfangen,
Nach dir allein hab' ich all mein Verlangen;
Warum tracht'ſt du denn nur mich zu betrüben?
Mach's wie du willſt, ſo will ich ſtets dich lieben.

———

XIV.

Nun laſst uns fröhlich ſeyn
Beim guten kühlen Wein;
Was hilft uns Gut und Geld,
Wenn wir von dieſer Welt
Uns müſſen ſcheiden?

*) Die beiden folgenden ſind aus eben der Sammlung, worauß die Lieder VII — IX genommen ſind.

Der Wein erquickt mein Herz,
Macht mir all' Freud' und Scherz;
Ich hab' nicht grofses Gut,
Aber ein'n frifchen Muth
Beim kühlen Weine.

Denn wenn ich traurig bin.
Nimmt mir der Wein all's hin.
Gut Gefell, den bring' ich dir:
Ein Gläslein, zwei, drei, vier,
Von Grund mein's Herzens.

XV.

Ach Elfslein, liebes Elfslein mein,
Wie gern wär' ich bei dir!
So find zwei tiefe Waffer
Zwifchen mir und auch dir.

„Willt du dich laff'n abwenden drum,
„Weil der Waffer find zwei?
„Da doch fonft mancher ftolzer Knab'
„Leid't noch fo mancherlei."

Ach Lieb', das fchrecket mich allein,
Dafs ich nicht fahren kann;
Und wenn dann bräch' das Schiffelein,
Müfst' ich bald untergahn.

„Ach nein, das foll gefchehen nit,
„Ich felbft helf' rudern dir,
„Damit du nur in kurzer Zeit,
„Herzlieber, kommft zu mir."

Weil du's, fchön's Lieb', denn meinft fo gut,
Will ichs gleich wagen frei,
Allein das bitt' ich fleiffig dich,
Steh' mir ohn' Falfchheit bei.

XVI. *)

Wie wird mir denn gefchehen,
Wenn ich dich meiden foll,
Und ich dich nimmer fehe?
Viel eh ich fterben wollt?
Schön, adelich und fromm,
Mein's Herzens eine Kron';
Du haft mein Herz umfangen,
Ich kann nicht abelan.

Dein thu ich immer gedenken
All' Augenblick' und Stund;
Du thuft mein Herze kränken;
Dein rofenfarbner Mund,
Wenn ich dich fehe an,
Grofs Freud' hab' ich daran.
Du haft mein Herz umfangen,
Ich kann nicht abelan.

Wenn ich des Nachtes fchlafe,
Deucht mir, ich fey bei dir;
Und wenn ich denn erwache,
Find' ich Niemand bei mir.
Erft hebt fich Jammer an,
Wenn ich gedenk' daran.
Du haft mein Herz umfangen,
Ich kann nicht abelan.

Ich lefe, fchreibe, dichte,
Od'r was ich hebe an,
Wenn dich fieht mein Angefichte,
Grofs Freud' hab ich daran,
Wenn ich dein' fchön' Geftalt

*) Eins von *Zwey Schönen Newen Liedern*, gedruckt zu
Magdeburg, 1601. 8.

Sehe ſo mannichfalt;
Kommt das Unglück zuhanden,
Mein Herz im Leib' erkalt't.

Leucht't heller denn die Sonne,
Ihr beiden Aügelein!
Bei dir iſt Freud' und Wonne,
Du zartes Jungfraülein.
Du biſt mein Augenſchein;
Wär' ich bei dir allein,
Kein Leid ſollt' mich anfechten,
Wollt' allzeit fröhlich ſeyn.

Dein Gang iſt aus der Maaſsen,
Gleich wie der Pfauen Art;
Wenn du gehſt auf der Straſsen,
Gar oft ich deiner wart',
Ob ich gleich oft muſs ſtehen
Im Regen und im Schnee;
Kein' Müh ſoll mich verdrieſsen,
Wenn ich dich, Herzlieb, ſeh.

Ich ſeh auf breiter Haide
Gar manches Blümlein ſtahn;
Sie ſind gar wohl bekleidet,
Groſs' Freud' hab' ich daran.
Du übertriffſt ſie weit
Mit all deiner Schönheit;
Kannſt du mein eigen werden,
So wird mein Herz erfreut.

So ſag' ich doch fürwahre,
Du zartes Jungfraülein,
Wart mir doch nur ein Jahre,
Du ſollſt mein eigen ſeyn;
Wills Gott kommt auch die Zeit,
Die mich und dich erfreut;

Kein Menfch auf diefer Erden
Uns von einander fcheid't.

Wills haben der getreue Gott,
Muß es gefchieden feyn,
Und uns hinnehmen der bittre Tod,
Soll man uns alle beyd'
Mit aller unfrer Hab'
Zufammen in ein Grab
Legen und laffen ruhen
Bis an den jüngften Tag.

So bitt' ich all die Freunde mein,
Herlieb, und auch die Dein',
Daſs fie uns von Vergiſs nicht mein
Auffetz'n ein Kränzelein,
Und legen einen Stein:
„Allhier liegen begraben
„Zwei Herzen ohn' falfchen Schein."

Wer ift der uns dieſs Liedchen fang?
Dem Mägdlein ift er hold;
Von feinem Buhlen läſst er nicht ab,
Wenn er gleich fterben follt'.
Sein Herz im Leibe lacht,
Der dieſs Lied hat erdacht,
Der Hübfchen und der Zarten
Zu taufend guter Nacht.

————————

Verbefferungen:

S. 312, Z. 10 lefe man *Von* für *Won*
S. 402, Z. 12 -   -   mir - mit